品类升级战略

—— 肖大侠 著

企业管理出版社

图书在版编目（CIP）数据

品类升级战略 / 肖大侠著. -- 北京：企业管理出版社，2023.8

ISBN 978-7-5164-2832-0

Ⅰ.①品… Ⅱ.①肖… Ⅲ.①企业管理—品牌营销 Ⅳ.① F272.3

中国国家版本馆 CIP 数据核字（2023）第 069681 号

书　　名：	品类升级战略
书　　号：	ISBN 978-7-5164-2832-0
作　　者：	肖大侠
策　　划：	朱新月
责任编辑：	解智龙　刘畅
出版发行：	企业管理出版社
经　　销：	新华书店
地　　址：	北京市海淀区紫竹院南路 17 号　　邮　　编：100048
网　　址：	http://www.emph.cn　　电子信箱：zbz159@vip.sina.com
电　　话：	编辑部（010）68487630　　发行部（010）68701816
印　　刷：	天津市海天舜日印刷有限公司
版　　次：	2023 年 8 月第 1 版
印　　次：	2023 年 8 月第 1 次印刷
开　　本：	710mm×1000mm　　1/16
印　　张：	22.25 印张
字　　数：	269 千字
定　　价：	98.00 元

版权所有　翻印必究 · 印装有误　负责调换

推荐语 RECOMMEND

【知名商学院教授和经济学家】

1. 我经常讲一句话:"时来天地皆同力,运去英雄不自由。"怎么成为时代促成的品类冠军?肖大侠的《品类升级战略》是一本不错的品类思考指南,推荐研读。

——长江商学院战略创新与创业管理实践教授
创新研究中心学术主任、京东集团前首席战略官　廖建文

2. 面对新时代新技术浪潮的巨大冲击,传统战略、方法、流程及业务模式已然无法满足商业环境的多变需求,而当下数字与智能技术的发展与应用,亦带来了新技术和商业创造性思维的再组合。高效且成本效益高的决策至关重要,企业管理者要学会以品类来思考,以品牌来表达。

——长江商学院金融学教授
长江商学院教育发展基金会理事长　周春生

3. 品类的开创与定位的升级是企业创新的一种高维度打法,本书利用丰富的案例提供了一种从创意到落地的系统方法。

——中欧国际工商学院战略学教授　陈威如

4. 企业究竟应该如何应对存量竞争？肖大侠的新著《品类升级战略》巧妙地应用了营销中的细分和定位理论，并通过大量实战案例给出了非常重要且简单可行的答案。

——世界营销名人堂中国区评委
清华大学经济管理学院市场营销系博士生导师　郑毓煌

5. 打造爆品，聚焦品类，让新品牌迅速脱颖而出，站稳并逐渐发展为长红品牌；接下来就会不断面临品类升级议题。肖大侠的《品类升级战略》一书专注于从实战案例中提炼品类升级的方法与总结须注意的陷阱，诚挚推荐读者参考与学习。

——新加坡国立大学商学院兼任教授　周宏骐

6. 新时代新挑战，市场竞争和博弈风险日益加剧的同时，也意味着更多的机会和可能性，肖大侠的《品类升级战略》正是一本实用宝典——识别品类机会、关注品类内核、促发品类升级；全书逻辑清晰，案例丰富，肖大侠基于深厚学术功底娓娓道来，值得反复研读！

——中欧国际工商学院战略学及国际商务副教授　蔡舒恒

7. 高质量发展的核心是产业升级和消费升级，具体而言就是企业产品的品类升级。企业家要制定正确的产业升级和消费升级战略，首先必须深化和提升品类认知，肖大侠的《品类升级战略》对如何深化品类认知做了深入的分析，并提出了促进品类升级的理论框架和实践路径，实用性和操作性很强，值得每一个关注品类升级的企业管理者研读。

——著名经济学家、《新资本论》《新经济学》作者　向松祚

8. "品类升级"是一个具有创新性和前瞻性的概念，它与当前经济形势下企业转型升级的需要高度契合。肖大侠在书中深入剖析了品类升级战略的原则、方法和实践，并给予了广泛而精准的行业案例，对于中国企业实现从"硬价值制造"到"软价值创造"的战略升级具有重要参考价值。

——著名经济学家、万博新经济研究院院长　滕泰

9.本书提出了品类升级的策略理念和实践方法,深入剖析了背后的价值链、产业链和未来趋势,为企业转型升级提供了有益的思路。本书涉及的商业模式建构策略,能为企业管理者提供启示和借鉴。

——清华大学经济管理学院金融系教授
清华大学经济管理学院商业模式创新研究中心主任　朱武祥

10.新品类的心智空间无穷无尽,品类分化的机会源源不断。品类升级正在成为商业增长最重要的变革力量之一,越是不确定就越是要升级迭代。

——中欧国际工商学院金融与会计学教授　芮萌

11.肖大侠的新书《品类升级战略》凝结了他多年从事品类研究的深厚功底和丰富经验,通过碧莲盛不剃发植发这个案例,深度挖掘了品类升级的原则和路径,给当前宏观经济形势和民营企业转型发展困境提供了有力思路和行动建议,值得企业界人士阅读。

——著名经济学家、中国政法大学资本金融研究院院长　刘纪鹏

12.对于具有一定规模的企业,无论发展战略还是竞争战略,往往是举足轻重的领域。从品质、品牌到品类,反映了企业的战略思考,肖大侠的《品类升级战略》一书,值得关注企业战略的朋友们一读。

——南开大学商学院财务管理系教授　王全喜

13.经济转型与产业升级是未来企业发展需要共同面对的重大挑战和机遇。与此同时,AI技术与物联网技术将会引爆产业结构、市场形态及企业营运模式的变革和创新。如何谋求在此新背景下的企业生存与发展,品类运营和升级战略将是重要抓手之一。肖大侠的《品类升级战略》一书,通过其严谨的结构、翔实的案例及有效的实操工具,系统地诠释了相关问题,值得大家关注和阅读。

——日本大学商学院终身正教授,JETIA理事长　李克

14.看似寻常最奇崛,成如容易却艰辛。"升级战略"看似寻常,"品类升级"却别出心裁、出奇制胜,特别是对专精特新企业而言,"品类升级"更是其深化、

专业化、精细化、特色化和新颖化的制胜之术。肖大侠的新书不仅能为专精特新企业的成长和进阶提供方向和借鉴，还能为向"专精特新"发展和迈进的企业提供参考和指引，值得企业管理者和学术研究者研读和学习。

——江西财经大学工商管理学院院长

专精特新企业研究中心主任　胡海波

15. 人类已进入"云物移大智"时代。从隐形冠军理念看，企业研发和自定义满足客户个性化需求的 Only One（独一无二）品类，不仅是每个企业的"应该"，更是"必须"！肖大侠的新著《品类升级战略》给予了系统答案，值得拜读。

——赫尔曼·西蒙商学院（中方）常务院长　林惠春

16. 只有处理好品类和品牌的关系，才能代表品类凸显品牌价值。尤其是对于中华老字号、民族品牌的发展特别重要。

——中国传媒大学教授、国家广告研究院院长　丁俊杰

17. 后疫情时代是医药健康行业重塑、企业转型升级的重要窗口期。展望未来，如何寻找医疗健康行业重回增长轨道的新机遇成为值得观察的重要趋势。这本《品类升级战略》为许多医疗健康类企业管理者提供了宝贵的升级策略和思路，推荐研读。

——上海创奇健康发展研究院创始人和执行理事长

前中欧国际工商学院卫生管理与政策中心主任　蔡江南

【知名投资人】

1. 肖大侠的新书《品类升级战略》是一本有深度的商业图书。书中提供了深入的思考和实用的方法，通过多个实操案例向我们展示如何将品类升级纳入企业战略，非常值得阅读。

——摩根士丹利北京首席代表、执行董事　邹静

2. 品类是企业竞争和行业发展的关键，肖大侠深入探讨了如何通过品类升级推动企业增长和市场竞争力提升，更好地把握市场机会。对于投资人而言，

深入理解品类研究和营销策略有助于建立优质的投资组合并实现长期价值创造。

——远望资本创始合伙人　江平

3. 占据品类冠军的地位对于品牌的发展太重要了，这本书通过丰富的案例分析和经验总结，揭示了品类升级背后的逻辑和实践路径，为企业管理者看清行业未来趋势和企业价值提供了参考。我非常欣赏肖大侠的理念和洞见。

——宝洁（中国）校友会会长、宝捷会创新消费基金创始合伙人　黄勇

4. 新品类是新品牌的最大来源，大多数强势品牌是与新品类一起诞生的。在过去十多年，天图基于对新品类的理解，投中了许多新消费品类的冠军。

——天图投资创始合伙人、《升级定位》作者　冯卫东

5. 品类创新是企业增长的重要变革力量，肖大侠的《品类升级战略》这本书囊括了品类管理和升级的多个方面，展示了其实践路径和成功案例。在投资领域，我们也需要更加深入地理解和关注品类背后的价值链、产业链和未来趋势，更加精准地把握市场机会并实现长期价值增长。

——中信建投资本管理有限公司副董事长　沈中华

6. 品类升级是企业实现弯道超车、开创新局面的关键环节。肖大侠在其新书中分享了丰富的实践案例和深度思考，涵盖了多个行业和领域的案例分析，为企业管理者做品类升级规划提供了有力支持，值得推荐。

——兴旺投资创始管理合伙人　黎媛菲

7. 初创机构要想获得超额回报，需要找到一些关注度不是非常高、但基本面比较可靠的赛道，这叫"非共识"。我觉得肖大侠在碧莲盛植发做品类升级，选择"不剃发植发"这个品类，找到了正确的"非共识"。

——真成投资创始合伙人　李剑威

8. 成长靠品牌，成熟靠品类；小成看品牌，大成看品类。肖大侠的新书《品类升级战略》用丰富的行业案例与深入的理解洞察，向大家揭示了品类战略的底层逻辑，提供了品类升级的一般性路径与方法，值得学习、揣摩。对于操盘

企业的企业家与职业经理人来说，在了解学习的基础上，需要结合自身实际情况，大胆假设、小心求证后进行落地实践才是真正的考验。

——凯联资本董事总经理、亿欧智库创立人　由天宇

9. 今天企业要想活得好、活得久，就要有能力开创新品类、打造新品牌，在自己擅长的领域占据领先地位，并且不断快速迭代升级。

时代在快速发展，如果跟不上，淘汰你的时候连招呼都不打一声。如果因循守旧，没有开创新品类的能力，是无法存活的。

看看华为的成长历史，就是不断开创新品类、打造大品牌的历史！

肖大侠的书思维超前，逻辑清晰，案例典型，实战实用，对企业老板极具启发。

——华夏基石首席专家、《要学就学真华为》作者　谭长春

10. 新业态、新模式、新消费带动新品类的不断萌发，发展壮大。它们是数字广告产业创新发展的新动能和强引擎，形成了数字广告产业发展的新景观，带来前景广阔的增值空间。

推荐肖大侠的新书《品类升级战略》，重新理解品类升级所蕴含的潜力和价值。

——Global Innovation Investment（GII）董事长　王健

【品类冠军代表】

1.《品类升级战略》是一本极具启发性的商业创新思路指南，即在存量市场博弈中，通过品类升级和定位聚焦帮助企业产品跃升为品类冠军，为企业注入增长动力，实现持续的商业成功。

——瑞幸咖啡联合创始人和CGO　杨飞

2. 当前国内市场同质化严重，很多赛道都人满为患。如何突出重围、如何品类升级是很多企业主焦虑和迷茫的事情。《品类升级战略》是品牌研究达人肖大侠的杰作，书中有理论有案例，有言简意赅的总结，也有条分缕析的解剖，清晰透彻、可读可用。

——白小T创始人　张勇

3. 榴莲西施自创立之初就聚焦在榴莲零食糕点品类，凭借颜值与品质并存的产品实力，在同品类市场竞争环境中乘风破浪、独占鳌头，成为榴莲零食糕点品类代表品牌。这与肖大侠的新书《品类升级战略》中很多观点不谋而合，推荐阅读。

——榴莲西施创始人　施威

4. 作为中式滋补的领导品牌，小仙炖基于对用户痛点及需求的敏锐洞察，以及根植于对燕窝行业的认知，开创了鲜炖燕窝新品类。如果你也想在品类上有所思考，推荐研读肖大侠的《品类升级战略》这本书。

——小仙炖鲜炖燕窝董事长、CEO　苗树

5. 在这个充满竞争且不确定的时代，持续挖掘顾客消费心智、升级品类战略是我们持续获得商业成功的重要方法，肖大侠的这本书非常值得推荐。

——北京南城香餐饮有限公司总经理　周泽普

6. 遇见小面精准聚焦川渝面食这个品类，强调"文化有根"。特别推荐企业管理者品读肖大侠这本《品类升级战略》，它是一本兼具广度和深度的品类升级策略指南。

——遇见小面联合创始人　苏旭翔

7. 带着开放心态去读每一章节，肖大侠的《品类升级战略》提供了许多独到的思考和经验，一定会给企业的品类升级带来新的启示。

——小罐茶副总裁　梅江

8. 作为一家以潮汕牛肉火锅为代表的餐饮企业，新鲜牛肉和健康备受青睐，我们深刻认识到品类升级对于发展至关重要。肖大侠的《品类升级战略》提供了许多实用的思路和方法，值得深读。

——八合里海记牛肉火锅创始人　林海平

9. 什么是品类？从物理属性上说是商品的分类，从市场角度看是消费者的需求形成的潜在心智认知，打造爆品有"三板斧"：切品、单爆、拓宽。简单一句话：从细分品类找到机会进行单点引爆，形成品类冠军，再进行品类拓展。

这是近些年新消费品牌崛起的有效手段。但是品牌是一个巨大的系统工程，爆品只是确定了进入市场的姿势，而品类升级则是长期主义战略，推荐大家读肖大侠的《品类升级战略》，可以为你提供很多有价值的指导。

——"重力星球"潮玩 3C 联合创始人
原良品铺子 / 名创优品 VP　赵刚

10. 一直与时间做朋友的白酒新物种肆拾玖坊，通过创新性的场景和文化升级，完成了品类升级，塑造了真正穿越周期的能力，与"中生代"消费者产生共鸣、共振、共情。这与肖大侠的新书《品类升级战略》中很多观点比较相似，推荐阅读。

——肆拾玖坊创始人、CEO　张传宗

11. 叮叮懒人菜借助"活鱼鲜切"孵化超级单品——酸菜鱼，以细分品类优势占据消费者心智，年营收超 10 亿元，成为预制菜品类的头部品牌。企业管理者想要加速公司的品类升级，肖大侠的《品类升级战略》是不可或缺的行动指南。

——叮叮懒人菜创始人　唐万里

12. 作为新式茶饮的头部品牌，沪上阿姨鲜果茶持续引领鲜果茶品类。在"让消费者享受健康茶饮的美好"的使命驱动下，我们明白了品类升级在满足消费者需求和提高产品附加值方面的重要作用，不断拓宽品类边界，推动品类变大。

——沪上阿姨创始人、CEO　单卫钧

13. 嗨特购（HitGoo）为新一代零售创新品牌集合折扣店，以新业态、快时尚和新零售生活方式为主导，构建新消费场景，希望有机会成为新零售创新品类的代表品牌。

——嗨特购创始人　张强

14. 品类突围是产品创新的顶级范式。新一轮的产品爆发期已经到来，每一个品类的产品都值得重新做一遍，如何做到品类突围，在一个红海市场里找到未被发现的全新品类？又如何从 0 到 1 创造一个全新品类？这些或许都能在肖大侠的《品类升级战略》中找到答案。

——洛可可（LKK）创新设计集团董事长　贾伟

15. 从渠道为王，到流量为王，再至客户为王，一直是企业持续探索的方向。肖大侠以其"接地气"的方式，将"心智时代"企业数字化转型跃然纸上。对于交通能源领域的数字化创新，能链智电深知己责，肖大侠的"新品类时代六大机会""品类升级五要素"，让我们革故鼎新，豁然开朗。

——能链智电（NASDAQ：NAAS）创始人、CEO　王阳

16. 作为一家设计和销售旅行生活方式的高端品牌，ITO旅行一直以来坚持独立设计、自主创新的理念，始终坚持把"简约、鲜明、充满活力的现代美学"注入产品，专注"结构、工艺与使用体验的不断升级及试验性突破"，致力为"热爱生活、乐于发现、不断成长的旅行者"提供提升舒适度、愉悦感的无负担的旅行生活方式品类用品。在肖大侠的《品类升级战略》一书中，他阐述了"品类升级"的重要性，推荐给大家这本书，它将进一步帮助企业挖掘品类潜力，提升企业竞争力，同时提高消费者体验。ITO将陪伴旅行者一同自由探索，打开感官体验，沉浸享受这个美好真实、充满意趣的世界！

——ITO旅行高级副总裁　叶兵

17. 创业十年，越发觉得如果公司从开始的时候就制定了很好的品类战略，那么这家公司未来跑赢的概率要远远大于那些走一步看一步的公司。肖大侠在《品类升级战略》里深入浅出地介绍了品类升级的方法和不同时期的运营重点，更难能可贵的是，肖大侠把自己过去在品类升级上踩过的坑高度总结，精彩呈现。本书值得推荐！

——VIPKID联合创始人　张月佳

18. 品类的第一性内涵是用户需求，需求变迁带来品类升级，成功的品牌往往都对需求变迁的洞察很深，而这往往是创业公司最容易忽视的一点，很多公司在需求明确下有病乱投医，以为是营销投放出了问题。本书讲透品类升级的内在方法论，对创业团队诊断和审视自身问题有很大的帮助和指导意义。

——夸父炸串创始人　袁泽陆

19. 肖大侠的《品类升级战略》囊括了品类管理和升级的多个方面，无论您是从事市场营销、企业管理还是创业创新，这本书都将为您提供有价值的见解和指导。所有的创新都是基于人性洞察，这本书能让创业者从中获得启发！

——海底捞社区营运事业部总经理　张赢

20. 新消费时代，消费升级带来品类升级，也必然带来品牌升级和产品升级。率先在用户心智中烙印创新品类和品牌的瞬间联想，将为企业提供新的战略发展蓝海。肖大侠的《品类升级战略》一书深入分析了品类升级的策略和实施方法，不仅是一本理论指南，更是一本实战手册，为企业创造新的增长机遇提供了实战案例和借鉴经验，推荐给所有致力于推动实体经济发展的读者。

——青岛酷特智能股份有限公司董事长　张蕴蓝

21. 在矿泉水品类中，有一个绝对的"王者"——天然低氘矿泉水。5100西藏冰川矿泉水就是其中的品类代表。肖大侠的新书《品类升级战略》深入分析品类升级策略，为我们提供了有益的启示和思考。

——5100西藏冰泉矿泉水总经理　王越

22. 听闻肖大侠新书《品类升级战略》成稿，第一时间进行了拜读，书中对于"新品类时代"的机会进行了深度的剖析，对于品类升级也给出了非常具体的执行策略，不仅切入角度让人耳目一新，文中大量的真实案例也让品类升级的理论更加通俗易懂，特别适合营销管理人员学习和阅读。

——万达酒店及度假村市场营销中心总经理兼电商科技公司总经理　王鑫

23. 出海品牌行业内卷，竞争日趋激烈。vivo印度从蹒跚学步，到初有成效，仍然在国际化路上进行探索。我们在肖大侠的新书《品类升级战略》中看到了品类升级所包含的丰富内涵和发展机遇，它为我们提供了另外一种品类视角，值得vivo在国际化道路品牌建设上去实践，本书值得推荐。

——vivo印度首席执行官　陈志涌

24. 品类升级的核心关键点是品类思考和品牌表达。依文手工坊既是在企业变革中引入的新品类，又是坚持做有温度的品牌的体现。现在绣娘的数据库里已经收录了 2 万多绣娘，涵盖 37 个手工艺的品类。它们将被推给全球的品牌和设计师，一起去呈现中国故事，去做共同的美学创造。

——中国民间商会副会长、依文集团董事长　夏华

25. 在数字经济时代，市场营销是以用户为中心的个性化营销和体验营销，产品和服务将越来越细分出更加丰富的品类。企业必须高度重视品类营销，创新、定义并引领所在的品类。阅读肖大侠的新书《品类升级战略》能够帮助读者更好地理解并抢抓品类营销发展新机遇。

——用友集团副总裁
中国上市公司协会信息与数字化专委会主任　郭金铜

26. 回顾过往，基于对品类的谨慎思考，雷神科技找到了一套突围存量竞争的底层逻辑，成了游戏笔记本电脑品类的代表品牌。推荐肖大侠的《品类升级战略》，它可以帮助企业管理者从更高层面去认识品类升级所蕴含的潜力和价值。

——青岛雷神科技股份有限公司创始人、董事长　路凯林

27. 碳中和、新能源、种业、新材料、半导体、AI 技术……每一次科技的关键突破都会引爆品类的创新升级，为社会带来一点一滴的改变。这本《品类升级战略》能激发企业管理者对通过品类升级实现科技自强的思考，给予了宝贵的升级策略和思路，值得推荐研读。

——果壳网 CEO　姬十三

28. 开创并定义一个新品类，成为第一个进入潜在顾客心智中某一品类的代表，是赢得商战的关键。肖大侠的《品类升级战略》结合多元化的新老品类商业实战案例，从品类机会识别到经营管理，给出了系统化、体系化的应对良方，是新消费时代下品类营销的生产工具，值得企业管理者和从业操盘手阅读。

——荣耀中国区副总裁、电商部部长　关海涛

29. 作为新锐婴童食品品牌，秋田满满目前是辅食类目、零食类目、调味品类目等多个品类第一。在我看来，开创一个新品类不难，难的是开创一个成

功的新品类。要像做研究一样，不断去尝试，才能在众多可能中发现那个可以成长起来的品类，推荐肖大侠的《品类升级战略》，会给你带来深度思考。

——秋田满满创始人　刘幸鹏

30. 悟空祛痘作为祛痘领域的代表企业，用专业服务与精益求精的技术赢得顾客口碑，成为国潮优选品牌。读完肖大侠的《品类升级战略》，能产生深刻的共鸣。这本书可以帮助企业管理者更好地理解品类升级的意义和实现路径，并为未来的发展指明了方向。

——悟空祛痘合伙人　崔俊秀

31. 半天妖通过品类精准分割定位，一跃成为中国最大的单品连锁餐饮企业之一，市场上讲品类和品牌的书有很多，而《品类升级战略》是一本深入浅出、分析透彻、思考有度的好书，推荐给大家，非常值得一读。

——半天妖烤鱼合伙人、品牌官　朱小平

32. 探寻品类本源，引领商业风潮。《品类升级战略》勾勒出品类升级的蓝图，深入剖析供求关系，挖掘原始需求。肖大侠以独特的视角和深入的研究，指引着我们识别新技术、洞察新体验。这本书是商业智慧的宝库，给创业者和对品类感兴趣的读者带来了充满启发的实战策略。

——北京市盈科律师事务所高级合伙人　郭建恒

33. 火星人集成灶作为集成灶品类代表品牌，通过不断的创新和优化，为消费者提供了高品质、多功能和智能化的集成灶产品，赢得了市场的认可和信赖。《品类升级战略》为企业在品类升级过程中提供了宝贵的思路和方法论，推荐研读。

——火星人集成灶营销总裁　胡明义

34. 品类的成功离不开对消费者需求的敏锐洞察和极致创新。锅圈食汇从餐饮行业出发,通过极致的供应链创新提出了"在家吃火锅和烧烤"的解决方案，实现了产品品牌、渠道品牌合一，牢牢占据社区家庭餐桌的入口，成为继外卖、菜场买菜、社会餐饮以外的第四种居家餐饮解决方案，六年快速突破万店的规模。如果你也想在现有商业模式上有新的探索和思考，推荐肖大侠的这本《品类升级战略》。

——锅圈食品（上海）股份有限公司 CMO　陈颢

35. 企业管理者需要关注品类的机会，并透过品类的视角去发现战略机会。肖大侠结合他在碧莲盛植发成功的实践经验，通过深入研究品类机会，关注品类成长的生命周期，提炼出一套品类调研及升级方法论。推荐《品类升级战略》这本书，它将帮助你更好地把握品类升级的战略机遇。

——思凯乐创始人　曾花

36. 品牌即品类，肖大侠的《品类升级战略》可以帮助千千万万餐饮老板找到品牌战略思考的方向。餐饮企业管理者要想在竞争激烈的市场中脱颖而出，就必须学习品类升级过程中所采取的策略和方法，肖大侠的《品类升级战略》值得推荐。

——万方圆餐饮集团股份有限公司创始人兼 CEO　万方圆

37. 作为本土会员制商店，fudi 正在以自己的方式，改变仓储会员店在消费者心中既有的心智模式，也给行业提供了一个新样本。

去伪存真，把握商业模式创新底层逻辑。完成品类升级，推荐肖大侠的《品类升级战略》。

——fudi 创始人、北京尧地农业董事长　王兴水

38. 《品类升级战略》是一本风格深入浅出、内容充满智慧洞见的商业书籍，肖大侠以其独特的视角和深入的研究，通过翔实的案例研究和市场分析，为企业在新品类时代如何识别品类机会、如何重新规划自己的市场定位，以及如何通过创新和变革进行品类升级提出了一系列实用战略和方法，对于企业提升产品价值、实现持续增长有重要参考价值。无论你是企业家、市场营销专业人士还是创业者，相信这本书都值得一读。

——快手科技副总裁　宋婷婷

39. 肖大侠这本《品类升级战略》中的所列案例很新，涵盖了这几年的新兴品牌和新崛起的品类，覆盖了快销、服饰、家电等多个领域。无论是新品类还是新趋势，其实都是为了满足消费者的新习惯和新变化。如何洞察到消费者新的需求变化？除了敏锐的感觉，还要有系统的方法，而系统的方法常常不被重视，或者被个人经验所代替，本书后半部分对于各种调研方法的阐述尤为有价值。

——京东零售平台运营与营销中心整合营销负责人　齐辉

40. 梵客家装既是家装行业的创新者，又是实践者，推出的无忧整装体系、透明消费都是对传统家装的品类升级。推荐肖大侠通过实践总结出的《品类升级战略》这本书，让企业管理者从更高层面上认识到品类升级所蕴含的潜力和价值。

——梵客家居董事长　李静

41.《品类升级战略》是一本兼具广度和深度的市场创新策略指南，旨在帮助企业在竞争激烈的存量市场中，通过识别品类机会升级为品类冠军，实现业务的持续增长。该书提供了大量的案例和方法论，帮助读者更好地理解和应用品类创新。无论你是一位初入行业的新手，还是经验丰富的老手，都能从中受益匪浅。

——珀莱雅公司总参谋长　周蔚

42. 作为一家以品牌运营为核心的酒类全渠道、全品类零售及服务商，酒仙网深知品类的创新升级正在成为商业增长重要的变革力量之一，企业管理者如果想进一步挖掘品类潜力，提升企业竞争力，为消费者带来更美好的体验，推荐阅读肖大侠的《品类升级战略》这本书。

——酒仙网联合创始人　拉飞哥

43. 品类升级是一个"运动战"，比格比萨聚焦比萨品类，我们又把比萨这个品类，做了"7+2+1"的定位，即70%的西餐品类，加上20%的中餐品类，再加上10%地域特色，组合成比格比萨的产品矩阵，这个矩阵能使我们满足全国各地消费者的口味，突破壁垒。品类正是商业活动中的物种，是隐藏在品牌背后的关键力量。

——比格比萨创始人　赵志强

44. 作为国内领先的精神心理领域移动医疗平台，好心情专注于精神心理领域，提供用户在线医疗与全流程服务平台。如果说品类是人们识别记忆产品信息的产品分类，那么品类升级则是挖掘消费者的细分心理需求，率先将品牌与某一品类形成强关联。推荐企业管理者研读肖大侠的《品类升级战略》。

——好心情董事长、创始人兼 CEO　陈冠伟

45. 足疗足浴虽然在中国乃至世界已有数千年历史，但良子把足疗足浴从民间文化提升成一门行业，首创足浴行，开创新纪元。品类升级将是未来商业增长重要的变革力量，推荐服务行业管理者研读肖大侠的《品类升级战略》。

——良子健身创始人　朱国凡

46. 当前全球形势风云变幻，面对经济放缓、存量竞争，中国企业面临改革开放以来前所未有的严峻形势，变革创新、转型升级、高质量发展已经成为企业破局的必由之路。恰逢此时，我的同学肖大侠推出了他的新著《品类升级战略》，从系统和专业的视角，以翔实的工具和方法、丰富的标杆实践案例，为中国企业的品类升级发展指出了一条清晰可行的路径，相信也因此一定会让更多的中国百姓受益。"侠之大者，为国为民。"与肖大侠成为同学，与有荣焉，幸甚至哉！

——TCL 集团副总裁　吴岚

47. 蛙来哒是"紫苏牛蛙餐品中国首创者""2022 年中国牛蛙餐饮连锁企业规模第一""2022 年中国牛蛙餐饮行业蛙锅销量第一"。推荐给餐饮企业管理者这本肖大侠的新书《品类升级战略》，当品牌有品类意识，能够创立具有竞争力的新品类时，就能够引领行业突破，吸引更多用户去创造更大规模的市场。

——蛙来哒联合创始人　罗清

48. 肖大侠的《品类升级战略》是一本引人思考的前沿品类书籍。时尚的本质在于文化，时尚行业也需要品类升级，而文化自信必然带来时尚行业发展。发展的时尚行业顺应了品类升级，与国同行、与时俱进。

——新丝路时尚集团创始人　李小白

49.每一次消费升级或变迁,背后都隐含着一个新品类的诞生或创造一个新品类的机会。本书作者通过自身的创业经历和多年的实践研究经验,从品类升级的战略高度系统性地提出如何发现新品类和品类生命周期管理等一整套方法论!值得借鉴研读!

——迪阿股份董事副总裁(DR 钻戒母公司) 黄水荣

50.海氏海诺卡通创口贴、医用胶布、无菌敷贴全国销量领先,成为细分品类代表。目前一次性旅行用品套装、家庭医用箱、户外急救包、便携式电子医疗器械成为新品类代表。当然并非所有的"新品类"都成立,从某种程度上讲,成功的新品类一定能打动消费者,从而影响消费者行为,否则就不成立。推荐企业管理者阅读这本肖大侠的《品类升级战略》。

——海氏海诺集团创始人 麻兆晖

51.作为个护行业的新晋国潮代表,须眉剃须刀找到了自己在品类中的位置。认可肖大侠的《品类升级战略》,品类升级帮助品牌挖掘消费者的细分心理需求,率先将品牌与某一品类形成强关联,夯实品牌暗示效应,促使消费行为产生驱动力。

——须眉科技创始人兼 CEO 陈兴荣

52.书亦烧仙草抢占了"烧仙草"在消费者心中的心智地位,成为这一茶饮细分品类的头部玩家。推荐肖大侠的《品类升级战略》,书中系统阐述了他以解决用户痛点为核心,通过模式创新、供应链创新、科研创新、体验创新,实现了消费者购买闭环,真正实现了品类升级。

——书亦烧仙草品牌创始人 王斌

53.创业者要有品类思维,做好品牌定位,目前霸蛮湖南米粉一年就卖出超过 2500 万碗米粉,全国近 200 家门店,在多家电商平台的湖南米粉类商品销量排名领先。相信在坚持品类创新、用户共创的理念下,让"霸蛮"成为一种生活、一种态度、一种精神。

——霸蛮创始人兼 CEO 张天一

54. 白加黑、盖天力、瑞珠、广誉远龟龄集、定坤丹、安宫牛黄丸这些耳熟能详的产品，都是东盛集团创造的整合营销奇迹，它们曾经在各自细分领域独占鳌头，能够在东盛集团引领时代潮流，核心是我们坚持创新发展战略和差异化竞争战略。东盛集团新创立的社区健康服务综合体——小犀牛健康家在开业当月实现盈利并得到社区消费者和投资人的追捧，核心也是一切以消费者健康为中心，以更高品质的产品和服务持续创新和满足消费者需求，为健康和美好生活赋能，探索出差异化发展的成功实践。推荐肖大侠的《品类升级战略》，它分享了品类升级过程中所遵循的核心原则和方法论，这些经验可以帮助企业更好地理解市场需求，进行产品创新和升级，从而实现持续增长和差异化竞争。

——东盛集团创始人、小犀牛健康科技董事长　郭家学

【名人及学者】

1. 肖大侠是我多年的好友，之前他是做战术的，操盘了挺多新媒体话题，比如"心中有沙，哪里都是马尔代夫"，忙得飞起，他现在协助大公司做重要战略决策，自己就是升级人生"品类"的成功案例。

——知名演员、主持人　杨迪

2. 在消费者有更多自主权的今天，消费者认知加速，品牌记忆被接触场景所替代，"新认知战胜旧认知"是品牌成功的关键。如何建立新认知成为品类冠军？推荐阅读肖大侠这本书，能给您提供很多创新路径。

——秒针营销科学院院长、明略科技集团副总裁　谭北平

3. 过往我曾提出品类品牌，比如瑜伽服品类的 lululemon，旅行箱品类的 RIMOWA，都是定义新观念、创造新品类的典型。肖大侠这本书聚焦品类研究，以数据支撑和行业实践为基础，提出了具体可行的品类升级与进化策略，值得推荐。

——场景方法论提出者、场景实验室创始人　吴声

4. 抓好品牌是战役胜利，抓好品类才是战略胜利。肖剑实操了很多品类定位，尤其是碧莲盛的逆势增长，有如神来之笔，值得借鉴。

——氢原子 CEO　唐文

5.环境、科技、竞对、平台、打法等变化越来越快,企业的战略、业务、组织、IT/DT建设、运营能否与时俱进？巨变时代,生存下来的企业不是那些最聪明、最凶猛的,而是那些最能与时俱进的！在数智化转型的浪潮中,企业只有不断升级和创新才能保持竞争力。产品越来越容易同质化,打造品牌才能长期保持差异化。肖大侠的《品类升级战略》一书提出了通过品类升级,让品牌成为品类冠军的思路和方法,为品牌向高附加值方向转型提供了指南,值得细细品读。

——智行合一创始人、阿里巴巴集团原副总裁
CEO特别助理、阿里云智能新零售总裁、阿里云研究院院长　肖利华

6.肖大侠基于多年的战略实践,对当前市场竞争的深度变化和消费升级作出了趋势性预判,提出了非常有见地、可操作性很强的理论框架和实现路径,推荐给所有渴望在行业竞争中杀出重围、实现突破的企业管理者。

——中国惠普公司原助理总裁、CKO
著名实战派营销战略专家　高建华

7.真正的企业家不会在迷雾中失去方向,也不会在动荡中随波逐流,更不会在挑战中丧失斗志。他们拥有直面困境的勇气,是品类冠军的幕后实干家。

——《中国企业家》杂志副总编辑　何伊凡

8.找准定位是组织决策的重要内容之一。品类这一概念源于定位理论,同时也融入了智能互联时代的发展特色。在竞争日益激烈的当下,肖大侠的新著《品类升级战略》通过全新的视角,结合丰富的实战案例,让大家更容易理解和把握营销的新方法、新思路,推荐企业家、各层级管理者和职场人士共同学习和实践。

——创业酵母创始人、知名组织创新专家
《组织的力量》作者　张丽俊

9.餐饮行业是一个永远在变的行业,没有任何一个细分领域不在发生着变化。做餐饮,趋势即方向,品类即赛道。未来的餐饮一定是更加细分品类的赛道。

——餐饮老板内参创始人　秦朝

10. 本书从生产时代到渠道时代，再到心智 1.0 和心智 2.0 时代，深入探讨了品类的各个方面。此外，书中还提到了新品类时代的六大机会，即新技术、新人群、新体验、新场景、新区域和新模式。书中提供了一些品类升级的正反两类实际案例，让读者可以更深入地了解本书的内涵。这本书带领读者深入了解品类发展和升级的知识和实例，对于了解品类战略和市场竞争具有不可多得的指导意义。

——国际绩效改进协会（ISPI）主席　顾立民

11. 我们做品牌咨询，经常从寻找细分品类定位切入，让品牌成为某个细分品类的领导者。这是一种高段位的品牌战略，也是消费者的思考逻辑，更是渠道流量的重要分配原则。因此，几乎每个品牌都需要思考如何选择一个"锋利"的品类标签？而肖大侠的书提供的就是这道题的解法。

——万物天泽营销咨询创始人　许晓辉

12. 企业容易陷入同质化竞争的黑洞，肖大侠的这本《品类升级战略》为深陷竞争红海的企业打开了另一扇窗，完成品类升级，在顾客心智中建立品牌相关性。

——南极圈创始人　潘国华

13. 消费升级在于品类升级，新的消费场景必定会带来新的品类机会，以新场景驱动新品类，其实都是品类供应链优化的结果！肖大侠所著的《品类升级战略》是对这一经验的总结，认真研读完，你将大有收获！

——北京心康联信息科技有限公司创始人
京东 3C 事业部营销中心原总经理　褚世元

14. 好友肖大侠的《品类升级战略》化繁为简，真正抓住了营销的主要矛盾。企业要想开辟蓝海、持续增长，就要不断品类升级，这在肖大侠操盘的碧莲盛等企业得到了验证。本书值得所有营销人、创业人一读。

——氢原子创始人、《化繁为简》作者　罗蓓

15.品类心智可以成为品牌成长的驱动力,当一个品牌和品类划上等号,无疑会加速其成长,基于细分品类重塑品牌是进入蓝海的捷径,创业者如此,老牌子更须如此,要学习肖大侠,用品类升级战略让你的品牌焕发新生。

——复星集团数智化委员会秘书长
"平安好医生"原产品运营总经理　陶大友

16.数字化时代,每个企业家都在思考如何更好地服务客户?如何牢牢抓住客户的视线和时间?如何在转型升级中突围而出?肖大侠的新书给了我们解决之道。

——佰川产融产业发展有限公司董事长　王鸿杰

序言一 PREFACE

企业家的战略思维决定战略决策

肖大侠新书即将出版,邀我作序,不胜荣幸。

一则,战略思维是我熟悉的话题,企业家是天然的战略家,只是有认知深浅之别而已。

二则,肖大侠是我的"战友",典型的实战派,这些年在碧莲盛确定"不剃发植发"品类聚焦战略,躬身入局,步伐坚定有力,让碧莲盛取得了不错的成绩。所以2022年春节前夕,当他告诉我他将筹备这本书的时候,我当时非常高兴,鼓励他去尽快整理出版。

如今,读完肖大侠《品类升级战略》初稿,我思考良多,此刻我不想再去具体赘述他如何帮助碧莲盛聚焦"不剃发"品类,完成在植发赛道的突围,本书的部分章节有详细叙述,而且碧莲盛也还在奋斗路上抢占市场,一路"狂飙",一切只是刚刚开始,时间是最好的证明。

肖大侠这本书给我带来了一种强烈的感受:企业家的战略思维应该成为企业家和企业管理者的一门必修课。在此,也简单说一下我的思考。

首先，不忘初心，战略基于初始本源

在中国文化中，讲究"正本清源""溯源本质"的思想，就是回归事情最基本的条件和逻辑，将一件事或一个事物拆分成各种要素进行解构分析，找到实现目标的最优路径。

而现实中，企业家和管理者习惯性的判断思维一般都是对比、比较和标杆分析，而没有溯源本质的分析习惯，或者在生活中总是倾向于眼睛看着别人，别人已经做过或正在做的事情，我们也都去做。从别人身上寻找自己可借鉴的地方，只能产生细小的发展，长期这样做则会迷失自我。

回看碧莲盛的 18 年创业史，2005 年我创立碧莲盛的初心是为了研究创新植发技术，更方便、更高效地满足广大人民群众对美好的需要。所以，"不剃发植发"手术的突破性也是基于初心，满足"发友"对美好生活的向往和对颜值的需求，不去盲目对比、盲目跟从竞争对手的战略。

其次，正视不确定性，聚焦品类战略制高点

作为一种全球性的时代语境，"乌卡"的属性特征使得传统意义上的很多行业遭遇到前所未有的信任危机和管理难题。

正是因为我们处于这样一个"乌卡"时代，没有一个人能清楚地描绘这个社会最终会发展到哪里，但是每一个人都能够直观地感受到它快速的变化，每一刻仿佛都在见证历史。

企业在这个市场反复震荡期难免慌乱，也会面临诸多选择，可以做这个，也可以做那个，但是最终哪个更重要，需要用战略制高点思维去判断，通过确定那个能为长期的战略提供制高点支持的未来机会点，全力以赴获得这个点的领先优势。

而在一般情况下，通过一系列仔细的品类调研和品类分析，占领某一个品类制高点之后，需要用一个长期思维去经营这个战略制高点。

占领之后应该首先夯实基础，汇聚品类资源，把这个制高点累积得足够高，信任度足够大，然后利用它的辐射能力去带动一个大格局的进化，最终成为品类代表，改变行业格局。

最后，坚持长期思维，从更长的周期看待眼前决策的价值

长期思维是最近几年很多企业家谈到的话题，足见它的重要性。与长期思维相对应的是只思考眼前的利益，用惯性或惰性去看待问题，不去改变，即便有了改变，也没有充分的理由支撑自己长期做下去。

不得不承认的一点就是，长期思维也是需要能力支撑的，最简单的道理就是长期思维要求我们用更长的时间去看趋势，做规划。只有看准了趋势，长期思维才能更有指向性，只有具备规划能力，才能把一件事的前因后果思考清楚，把发展路径设计出来，从认知上形成一个连续性的思考模式。

"不剃发"战略实际上从短期来看，确实是一个"自杀"行为，它有诸多缺点，比如说，作为新技术，形象顾问不善于推荐客户，价格略高；医生抗拒，觉得手术太累；"发友"认为手术时间太长等，这些都会减少收益，增加成本。但是长期主义的思维，让我不能追求短期满足，眼前的诱惑再大，也要以长期来看，如何站在"发友"的视角思考，如何让"发友"获得更高的满意度，用更长的周期去看待这个问题。

付出总有回报，碧莲盛通过创新性的不剃发植发技术，在植发行业有效解决了客户对于头发密度低和剃发手术术后尴尬期的痛点，赢得了广大消费者的高满意度和信赖。2022年碧莲盛的不剃发植发手术量突破2.5万台。

基于全球知名的企业增长咨询公司弗若斯特沙利文（Frost&Sullivan，简称"沙利文"）的调研数据，碧莲盛获得"2022年中国植发行业消费者满意度第一""2022年中国不剃发植发手术量第一"和"2022年无痛植发消费者舒适度第一"三项行业冠军认证，再次成为行业及媒体关注的焦点。

以上就是我在看完肖大侠《品类升级战略》初稿后的三点战略思考，诚望我的思考能推动更多志同道合的人共同参与，持续总结，思考中国企业成长的得失，帮助更多的企业家用战略思维做出有效的战略决策。

星夜不问赶路人，时光不负有心人！一起加油！

谨贺之，兹为之序。

尤丽娜

碧莲盛集团董事长

序言二 PREFACE

用品类思维，打赢品牌心智之战

当今世界，市场变化莫测，充满不确定性。企业是在竞争饱和的存量市场中终日鏖战，还是升级品类独享增量市场的沙漠绿洲？

肖大侠的《品类升级战略》这本书给出了答案，就是用差异化的品类升级之道占领客户的心智，开辟品类新大陆，让品牌成为新品类的代名词，成为新品类的冠军，品牌竞争的战场并未发生转移，而是改变了战场规则。用两个词归纳其本质，就是心智产权和品类思维。

首先说说心智产权。

现代管理学之父彼得·德鲁克讲过，企业只有两个功能：一是开创差异化的产品和服务；二是通过市场营销成为顾客心智中的首选。第二个功能要求把产品的优势点转化成消费者心智的认知点，把产品优势转化成认知优势，才能真正转化成销售能力，你要想办法拥有一个像可口可乐一样的"心智产权"。

心智产权决定了品牌在消费者心目中的绝对优势地位，比如你想吃烤鸭，就可能会想到全聚德；想吃果冻就可能会去买喜之郎；想要打车就可能打开滴滴；想装修房子就可能想到土巴兔。这个就是通过占领消费者的心智产权来定义品类，让品牌成为品类冠军。

本质上说分众是做品牌心智打造和媒体场景赋能的，通过场景布局，各种线下屏的广告传播，落到品牌战略服务上，完成品牌的打造。这其中就是人心的算法。

再说品类思维，品类思维就是放弃存量思维，创造增量新世界。如果你所在的这个品类里面你不是第一，就要去挑战第一，要具有进攻性，找出你的独特价值。比如说唯品会，一个专门做特卖的网站，这就叫品类垂直聚焦，虽然排在前面的天猫和京东都很大，但是不好意思，我在"特卖"这个方向更专业、更专注，再后来，拼多多杀了进来，直接做社交团购了，开创了另外一个新品类。

当品牌成为某个品类冠军，成为品类代表的时候，大多数人就会直接地使用品牌的名称，甚至被消费者当作一个动词来用，例如说"百度一下""顺丰给你"，这些品牌已经成为一个品类的代名词，在消费者心中贴上了一个足够清晰的专属标签，消费者在做出选择的时候，自然而然地就会想到它。

如果你已经做出了一个爆品，那么很大程度上你会被很多同质化的产品跟进，这个时候你怎么办？一定要引爆破圈，成为一个细分品类之王，通过引爆破圈，让品牌在消费者心中形成认知固化，当认知固化了，就形成了真正的"护城河"。再者就是要汇聚品类资源，学会聚焦，越小的公司越要聚焦，力出一孔，打赢这个市场的关键是不要什么都做，什么都不强，而是要集中火力打赢某个类别，成为在消费者心目中那个品类的冠军，这将是你生存的价值。

谈到品类思维，不可回避的是如何判断品类是否有机会？我认为有两个判断方法。

第一个判断方法是找到参照物。你可以看一下这个品类当中有没有一个做得非常大的企业，把它作为参照物，这样可以验证你所在的这个品类赛道是不是真的有需求，比如说在服务蒙牛优益C的时候，蒙牛集团内部其实有100多个酸奶产品，到底集中引爆哪一个呢？哪一个产品才会有大需求？于是我们开始市场调研，找到了对标参照物养乐多。养乐多已经做到了60多亿元规模，同时研究益生菌赛道是不是在未来能够蓬勃兴起，益生菌是不是大家接受程度越来越高，最终有了"补充益生菌，天天蒙牛优益C，500亿活的益生菌，适合国人肠道健康"这个广告词，并通过分众等媒体广而告之，蒙牛优益C成为益生菌饮料的品类冠军，多年蝉联中国品牌力指数榜首。

第二个判断方法我认为是小规模测试MVP（Minimum Viable Product），元气森林的MVP模型做得很好，他们通常会把产品跟市场上它对标的一些产品做测评，小规模上架，基本上两三天后就会拿到测评结果，从不同的维度去评测哪方面做得不错，哪方面还需要加强，通过一系列小规模测试，卖不动就迅速淘汰。最终产品研发部门从几百种产品中遴选出几款产品打爆，包括气泡水、燃茶、乳茶、满分果汁微气泡、外星人电解质水等。

综上所述，企业通过寻找品类机会，完成品类升级，成为品类的颠覆者，占领用户新的心智。

商场如战场，未来挑战重重，企业家和企业管理者要快速捕捉，筛选机会，压倒性地汇入品类资源，快速试错，基于长期愿景推进短期方向性选择，勇于放弃昨天成功的路径依赖，继续一往无前，踏上一片水草丰饶的新大陆。

江南春

分众传媒董事长

前言 FOREWORD

品类不能只靠"遗传",还要"基因突变"

2022年岁末,我到北京西城区金融客咖啡参加了"总裁读书会"举办的一次读书分享活动,现场大咖云集。北京大学国家发展研究院教授、北京大学市场与网络经济研究中心主任张维迎有一段精彩分享,他说:"我真的十几年没有看过管理学方面的书了,因为管理这方面很难说清楚,今天我们很多管理学教材总结出来的内容叫'遗传',但是生物进化是靠变异,不是靠遗传,靠遗传我们人类现在还是小虫,还是单细胞动物呢,不可能进化成如此智慧、如此渴望星辰大海的人类。"

张教授的这段话影响了我。在我看来,品类的发现和遗传学一样,要依靠"基因突变",如果我们只是靠基本品类延续,不做"基因突变",不做创新升级,全世界的品类可能还是一个"单细胞生物",一条"蠕动的虫"。这个基本逻辑简单来说,我认为所有的企业选择一个品类后,最核心的事情就是完成品类升级,实现"基因变异"。

认知偏差为何难以避免

今天我们讨论品类升级这个领域中,为什么有很多企业先驱变成了"先烈"?为什么事实上的品类代表品牌,最后被一些后来者居上?

因为大家只注重事实，不注重认知，没有真正从消费者的认知规律出发。

认知心理学大师丹尼尔·卡尼曼揭示了认知世界的复杂性。他发现人在做判断和决策时总会出现"认知偏差"，他因此获得了2002年诺贝尔经济学奖。

其实，除了事实世界，还有一个非常重要的世界，叫作"认知世界"，但大部分人对此知之甚少。人们在接触复杂信息或事物时，总是呈现出这样一个特点：倾向于不断分类，或者按照类别把它们分开。比如，当一个人进入一个房间时，会把看到的物体分成一个个类别，他会看见房间里有桌子、椅子、窗户、鲜花等，按熟知的类别加以分类。

就像乔治·米勒的一篇文章《神奇的数字7±2：我们信息加工能力的局限》中所揭示的，人类对同一类信息的存储数量在7±2之间。这点被卡尼曼归因为"对于记忆而言，它有一种竞争性"，一个关于认知心理学的重要观点也就脱颖而出——类别与类别之间的记忆不存在竞争性，但在类别里的信息会有竞争关系。

卡尼曼认为，这个原则同样适用于市场营销之中。认知和事实的区别，就是在这之前我们所有的商业思考都是基于事实的，企业认为我们的产品做得好就一定好卖，而真相是消费者认为卖得好的才是好产品，消费者并不专业，所以一直是错位的。

"顾客是上帝""顾客第一""顾客永远是对的"，诸如此类的观念深入骨髓。那么以顾客为中心，这个概念是否有错？肯定没有错，但是我认为大部分企业都理解错了。他们普遍认为要去研究消费者的需求，其实研究需求只是入门级的水准，真正需要去研究的是消费者的心智模式是什么、认知习惯是什么、认知规律是什么，才能利用顾客的认知偏差真正地占据心智高地，这才是高级的商业思维和竞争思维，这也是我们大部分企业需要补的课。

今天我提出的品类升级的观念就是立足于认知，立足于消费者的心智 2.0 模式来构建的一套企业战略的新方法和理论，这是和以往的创新理论和战略理论最大的不同。

趋从消费者的认知偏差在所难免，但是从认知偏差角度出发，企业其实要更关注满足用户需求，再去创造更好的满足消费者的产品，最后利用这个认知偏差来实现商业价值，成为品类冠军。

品类开始商战征途

历史的车轮不断前行，商业竞争也不断发展。在这个品牌至上的商业竞争环境里，我们一直执着经营的品牌将何去何从呢？商战虽没有硝烟，沿途也少不了许许多多的风霜和坎坷。在我们已经踏上或即将踏上的商战征途中，是前进还是后退？相信答案是不言而喻的。

在商战里，我们最不能忽略的就是品牌，而品牌的背后最不能忽略的就是品类。

品类，不同于我们工厂里所说的产品类别，工厂里的品类是根据产品实际的属性划分出来的，有一定的界定标准，不是平时零售商或终端对货架上产品的摆放进行划分的品类。我们所说的品类诞生于消费者的心智，是认知中的优势资源。这种资源可能是产品类别中的一种属性。比如王老吉在消费者心智认知中建立起"预防上火的饮料"的优势资源，与凉茶具有的"清热、解毒、祛湿"的产品属性是一致的。但是，"预防上火的饮料"这个品类是基于竞争对手和消费者心智发展出来的。

品类没有好与坏之别。品类只存在于消费者的心智中，唯一的关键在于打造品牌过程中如何建立起认知中的优势资源。在消费者心智的挖掘上，不要小看人的思维，它是最深奥、最不可估量的"源泉"。只要打造品牌过程中挖掘得够准、够深，那么这口"源泉"就会为品牌源源不断地提供甘甜的"泉水"。这是任何打造品牌的人从消费者心智里建立起品类过程中所意想不到的，但又是在情理之中的。

企业打造品牌，实际上是在努力成为品类代表。因为品牌是附属在品类上的，让消费者在购物消费中有一个明确的标签，这个明确的标签代表了品类独特的属性，就像"怕上火，喝王老吉"让王老吉代表了凉茶品类，"正宗可乐"让可口可乐代表了可乐品类，"维生素功能饮料"让红牛代表了维生素功能饮料品类一样。我们一看到这个标签时，自然就知道去购买什么了，这也是品类在背后起的作用。开发一个具有前景价值的品类，自然能从品牌里捞出大把真金白银。但是，任何公司在打造品牌的时候都不要忘记品牌背后的品类，它更是重中之重。

品类升级之路，未来可期

《品牌的起源》一书指出，"品类就是商业界的物种，品牌是潜在顾客心智中品类的代表，打造品牌的关键就在于开创新品类，同时对企业如何把握未来趋势，如何开创、发展新品类做了系统的介绍"。作者认为"引起消费者购买欲望、推动他们购买的并不是品牌而是品类，只有在消费者决定了品类之后，才说出该品类的代表性品牌"，这是作者所称的"用品类来思考，用品牌来选择"。

其实"不剃发植发"作为一项医疗技术，并不是碧莲盛首创的，基本各个植发医疗机构都曾提出并尝试过。发现这个品类升级机会后，作为碧莲盛不剃发植发首席战略官和联合创始人，我建议碧莲盛聚焦"不剃发植发"品类，把这个品类名上升到了品牌高度，直接变成了品牌名、商标名，甚至改成公司名，并且提前一年做了供应链储备，重视程度比竞争对手大，聚焦！聚焦！再聚焦！厚积薄发，获得了不错的市场反馈，据相关数据披露，截至 2022 年 9 月，其不剃发植发手术量已突破 20000 例。第三方机构的数据也显示，使用不剃发植发技术的用户中有 92.8% 选择碧莲盛。独立战略营销顾问小马宋老师，也在 2022 年发视频称赞碧莲盛不剃发植发医院的招牌，对碧莲盛在植发这个品类聚焦"不剃发植发"做法点赞。

品类未来的发展是有规律的，我重构了一套品类升级战略的思维模型，也成为我写《品类升级战略》这本书的初衷。我希望通过《品类升级战略》这本书，让更多的企业能学习到这个底层理论及方法论。当理论上有了升华，有了这套方法论，这个方法被实践反复验证，企业离成功也就不远了。

站在时代巨变的十字路口，企业该何去何从？我期待更多企业家能够更新认知，通过对品类的科学调研，发现品类升级机会，汇聚品类资源，重塑品类形象，助力其成为品类代表。希望这套"品类升级战略"模型能够帮助到您，也建议更多企业踏上品类升级之路，通过品类升级战略将自己的企业重做一遍。

目 录 CONTENTS

1 第一章
品类为王，品类制胜时代

一、生产时代 /002

二、渠道时代 /008

三、心智 1.0 时代 /016

四、心智 2.0 时代 /024

2 第二章
新品类时代的六大机会

一、新技术 /032

二、新人群 /039

三、新体验 /046

四、新场景 /053

五、新区域 /060

六、新模式 /067

3 第三章
如何识别品类机会

一、产业链趋势 /074
二、用户反馈 /079
三、竞争环境 /082
四、文化和生活方式 /087
五、数字化为基础 /091

4 第四章
品类成长的生命周期

一、验证期 /098
二、扩展期 /104
三、进攻期 /110
四、防御期 /117
五、转移期 /125

5 第五章
品类归属及品类细分

一、定义新的品类或子品类 /132
二、品类归属 /146
三、品类分类 /154

6 第六章
品类调研

一、调研方法论：无限还原事实的方法 /160

二、调研可以寻找到反馈式创新点 /170

三、品类调研是一切品类研究的基础 /174

四、品类的定性调研：让访谈物尽其用 /177

五、品类的定量调研：让问卷物尽其用 /192

7 第七章
品类升级五要素

一、卖点升级 /204

二、品牌升级 /215

三、视觉升级 /222

四、渠道升级 /230

五、推广升级 /235

8 第八章
品类升级陷阱

一、市场中不存在真正需求 /244

二、与消费者既有生活习惯冲突 /249

三、运用模棱两可的词语代表新品类 /253

四、没有借力消费者既有认知 /258

9 第九章
品类升级案例分析

一、碧莲盛不剃发植发 /264

二、白小T /272

三、盒马鲜生"日日鲜" /278

四、波司登风衣羽绒服 /283

五、添可洗地机 /288

六、OATLY燕麦奶 /291

七、空刻意面 /296

八、小米移动电源 /301

后记 /307

第一章

品类为王，品类制胜时代

一、生产时代

我们常说，历史是一面镜子，研究历史，能够为当下决策提供更全面的依据。我们研究品类的历史变迁，从漫长的发展史中探析人们在不同时代背景下的需求变化，以及问题的产生与解决方案。需求的演进推动品类市场的发展，供求关系与品类市场的出现呈现相互依存的关系，因此，我们在制定市场战略的同时应从品类发展的历史阶段和进程进行探究。

在对品类历史线进行研究的过程中我们主要是追溯品类的源头，逐级分析，也就是我们说的"追根溯源"，从品类源头本身所蕴含的市场关系来挖掘原始需求。

商业领域中，我们一直致力于解决核心问题——需求与需求满足的关系，这是一个自始至终需要明确和探索的问题。一个购买电钻的人，实际本质上买的不是电钻，而是墙上那个洞。这是因为，他的根本目的是打洞，因此这个人对打洞的需求基本上是不会被改变的，改变的只是载体和不同的解决方案。由于工具有限，起初我们可能是用棍子或石头打洞，而随着技术发展，有了电的存在，我们有可能用电钻来钻洞。随着技术的逐步优化，未来也有可能会有其他更高级的打洞方式，但根源上都是为了打洞，人们对墙上洞的需求才是稳定不变的。人们的基本需求是固定且多样化的，但需求会结合时代发展的情况进行叠加，比如更加便捷、安全、智能等，因此电钻品类才会更深层次地发展。

随着生产力的发展进步，供需关系经历了从供不应求到供大于求的历史性转变。不同的时代背景造就了品类的丰富与创新，也形成了独具历史特色的品类战略。

1. 生产时代：生产要素的成本领先成为决胜关键

在生产时代，生产要素是进行社会生产经营活动时所需的各种社会资源，包括土地、劳动力、资本、技术、数据等。企业面临的问题是生产，关注的是效率和成本。在大生产的年代，越高的效率意味着越强的供货能力，越低的成本意味着越大的利润空间，因此，对企业而言，成本控制至关重要。纵观历史，通过压缩生产要素的成本实现迅速发展的案例比比皆是，福特 T 型车无疑是典型。

2. 立足工业化，搭建流水线：成本领先造就福特商业神话

福特 T 型车是福特最具代表性的产品，从 1908 年诞生，到 1927 年停产，一共生产了 1500 万辆。这一成功且惊人的纪录保持了将近一个世纪，也成为大众甲壳虫出现之前全世界最畅销的车。这一销量奇迹的实现是有迹可循的，要从亨利·福特打造的"平民汽车"的理念及重要成就——流水线说起。

汽车最早诞生在 1886 年，20 世纪初，汽车虽然已经诞生多年，也有不少类似于戴姆勒、标致等我们熟知的品牌和企业推出自己的独特车型，但由于生产工具的制约及人力的紧张，当时生产汽车主要是手工作业，因此费时费力，制造出来的汽车质量和数量都很有限，造车成本居高不下。高昂的造价使得汽车成为只有富人才有能力消费得起的奢侈品，但事实上，普通人的汽车需求也很大。1908 年 9 月 27 日，第一辆量产型的福特 T 型车问世，这辆福特 T 型车是从 8 月 12 日开始生产的，也就是说，第一辆福特 T 型车的制造花费了 45 天。由于产能受限，T 型车上市的第一个月仅生产了 11 辆。推出不到两个月时间，福特不得不宣布 T 型车售罄。

这种供不应求的局面一直持续到1913年，芝加哥的一家屠宰厂引发了一场工业的历史性变革。这天，福特汽车的工程师威廉·C·克莱恩参观芝加哥一家屠宰厂时注意到，屠宰场将整个屠宰流程分解成一系列专门的步骤，动物被宰杀之后使用传送带运输，每个工人只负责其中一个部位的肢解与处理。这种高效率引起了克莱恩的注意，他对此现象进行了思考，并将这一流水线装配引入福特工厂——汽车流水线生产就此诞生，他们将汽车部件通过滑带运送，将装配工作细分为不同环节，每个工人负责一个步骤，而不是之前的一个人完成多个环节。

在流水线上，由于工作内容固定，每个工人由负责多个环节变为负责一个具体环节，重复着同样的劳动，工作变得无比枯燥。为提高员工的积极性，亨利·福特想到的方法是为员工提供更优厚的福利待遇。他灵活地将当时的双班制、九小时的工作制度，改成了现代普遍的三班制、八小时，而且把工人的薪水从2.34美元/天提高到了5美元/天，最高曾一度达到10美元/天。汽车生产出来之后，需要有人来消费，而最大的消费群体正是工人阶层。

福特提高汽车工人的日薪报酬，使制造汽车的工人成为福特T型车的一大批拥有者。而且，高薪待遇也吸引了很多工人前来投奔福特，形成了一个良性的闭环系统。工人的工作热情被调动起来，流水线的效果立竿见影，装配速度提高了8倍，生产效率提高了50倍。在1914年，每隔24秒就有一辆福特T型车驶下生产线。1927年，T型车创下了1540万辆的辉煌生产纪录。

由于使用了流水线，汽车的生产效率大幅提升，成本亦大幅下降。随着流水线的使用，T型车的售价不断下降。问世之初，福特T型车售价为850美元。到了20世纪20年代，T型车的价格甚至降到300美元一辆。在20世纪初的美国，一辆汽车平均价格在4700美元左右，相当于当时一个普通人好几年的收入，而福特T型车的价格只有该价格的 1/15 左右。按流水线工人日薪 5 美元的情况计算，他们 2 个月的工资就能买到一辆汽车，这在如今是难以想象的。

福特 T 型车的物美价廉、充足产能成为其畅销的关键。低廉的价格将汽车从有钱人的奢侈品，变为普通人也有能力购买的消费品，开拓了市场份额。随着 T 型车的成功，福特迅速占到了美国汽车市场份额的 40%。汽车作为一种实用工具走入了寻常百姓家，在整个美国快速普及起来，到了 1929 年，美国家庭汽车拥有率达到了惊人的 90%，美国自此成为"车轮上的国度"。

3. 把握制造技术，掌握价格优势："质优价廉"推动长虹领衔起跑

作为先进工业技术与管理的典范，福特 T 型车的流水线被广泛运用到汽车生产及其他领域，为工业及制造业的发展做出了巨大贡献，标志着大工业生产方式上具有划时代意义的创新。而在太平洋的另一端，一代彩电之王长虹也以高自动化的流水线为依托，用勇于冒险的"价格战"策略开拓市场，最终收获奇效。

1958 年，一群有着红色情结的工人挥舞着手中的铁锹，在绵阳城郊种下了"中国制造"的梦想。这一年，前身为"国营长虹机器厂"的长虹在绵阳跃进路正式诞生。1972 年，长虹成功研制出第一台电视机，注册商标"长虹"，由此长虹品牌诞生。之后，"长虹，以产业报国，以民族昌盛为己任"的广告语更是深入人心，掀起了一轮国潮热。

1986 年，长虹的掌舵人倪润峰看准了彩电行业，从日本松下引进了 CRT 彩电生产线。正是这条当时国内同行业中自动化程度最高、单班生产规模最大的生产线让长虹成为中国最早的国产彩电生产企业之一，也开启了长虹的"彩电之王"道路。20 世纪 80 年代的中国，国门刚刚打开，黑白电视机刚进入普通百姓家庭，至于彩电品类则几

乎被日本的彩电企业垄断。当时，面对日本彩电的强大市场控制力，长虹率先推出了价格战的策略，靠一把价格利刃攻占市场。

长虹由于物美价廉，在当时的彩电市场上一经推出就受到了消费者的追捧，在1988年当年实现了1.97亿元利润的销售神话。在之后的发展过程中，价格战几乎成为贯穿长虹发展的主旋律，只要碰到解不开的难题，长虹就会祭出价格战的法宝，无论是面对日资企业的围追堵截，还是面对国内竞争者的挑战，长虹的价格战屡试不爽。

1989年，处于彩电计划调控的年代，长虹在国家对彩电征收600元特别消费税的时候，通过降价300元重启了停滞的彩电市场，并开创了中国家电业有史以来的第一次降价。长虹彩电的降价引发抢购潮，同年，长虹这条既涨价又降价的彩电行业的"鲶鱼"，引发了"不让你涨价你涨价，不让你降价你降价"的长虹现象大讨论。在20世纪90年代中期，长虹发展的快速时期，其业绩增幅多年超过50%。

1996年，国内彩电市场再一次惨遭国外彩电围攻。长虹主动迎击洋品牌，宣布长虹所有品种的彩电一律大幅度让利销售，每台让利150元至850元。1999年4月，长虹再次宣布对所有生产的各型号彩电进行全面调价，下调幅度最高达1000多元。

通过价格战，长虹彩电发展成了一个实力雄厚、在同行中首屈一指的知名彩电品牌。价格战之后，长虹彩电的市场占有率由16.68%增长到31.64%。长虹此后抓住了"从黑白到彩电，从卧式到立式遥控，从球面显像管到平面直角、超平、纯平，从小屏幕到大屏幕、背投超大屏幕"的行业机遇，并成就了"长虹的动向、彩电的方向"的历史。在"以产业报国，以民族昌盛为己任""用品牌筑起新的长城""天上彩虹，人间长虹"等口号带动下，1997年，长虹的市场占有率达到35%。当时，国内市场上每销售三台彩电，其中有一台就是长虹。从20世纪90年代开始一直到2009年，长虹保持了连续20年的中国行业销售冠军。

扛起了中国本土彩电大旗的长虹，头顶"彩电大王"的光环，顺利搭上了资本的列车。1994年3月11日,四川长虹登陆上海证券交易所。那时上交所仅有139只股票,总市值3690亿元,而四川长虹上市首日,39亿元的市值就占了上交所整个市值的1.06%。更加出人意料的是,四川长虹在此后4年间成为超级大牛股,市值较上市时暴涨15倍。

几十年来,长虹以彩电为突破口,通过持续发展、自主创新、引进消化吸收,使质优价廉的大屏幕彩电产品提前进入中国老百姓家庭,实现一代家电巨轮的顺利起航。那些年的长虹,是一个时代的象征,是中国彩电业滚滚向前的车轮,是曲折征途中的探路者。

回溯历史,我们可以发现,在品类发展的早期,无论是依靠生产要素的成本领先创造汽车行业神话的福特T型车,还是依靠质优价廉的大屏幕彩电领衔起跑的长虹,生产时代任何一件商品的存在和发展,在最初的时候都有一个核心的需求原动力,然后辅助生产力的领先,品牌迅速成为品类代表。

在品类发展早期,人们的物质生活条件还处于初级水平,对于汽车、家电这类大宗物品,都是"从无到有"。因此,如何在购买力有限的情况下,尽可能多地扩展市场并满足日益扩张的市场需求,是各品类品牌需要破解的重要课题。福特T型车与长虹的成功案例则完美阐释了这一阶段的发展策略——在保证质量的情况下,以价格取胜。因为,在这一阶段,人们的要求还比较基础,对汽车的基本要求是"长距离代步",对彩电的基本要求是"画面与声音",在满足这些功能的基础上,价格是人们考虑的首要因素。得益于生产力的领先,福特、长虹挑起了价格战的大旗,极大地降低了汽车、家电品类的购买门槛,吸引大批消费者的同时,也赚得盆满钵满,并一度处于行业的龙头地位,带动整个产业向前发展。企业或品牌在发展过程中也应该注重洞察社会发展的现状和趋势,知晓消费者当下最主要的需求,能够在商业策略上有效契合其核心诉求,这样才能让企业和品牌跟随时代脉搏前进,获得更广阔的发展空间。

二、渠道时代

渠道是企业竞争的必需因素，得渠道者，必然能够获取更多的资源和保障，建立起未来发展的先发优势。特别是消费品领域，变化日新月异。在四十多年改革开放的历程中，我国商业市场发展迅速，取得了举世瞩目的成就，在激烈且复杂的市场竞争中，中国以"逢山开路，遇水架桥"的精神和勇气不断摸索前行、总结经验，已经积淀了较为完善的商业思想和发展路线。在中国特色社会主义市场经济的背景下，中国企业立足我国市场发展的现状和规律，积累经验，探索新方法，不断搭建全渠道的发展脉络，将全渠道的方式方法运用到企业和品牌发展的过程中，实现更多的商业突破。

1. 搭建渠道网络，发挥主阵地优势：娃哈哈的"三个一"渠道模式

作为我国国民饮料品牌，娃哈哈可谓家喻户晓。从小小的食品厂到千亿商业帝国，娃哈哈的发展可以说是中国近代商业史上的一个奇迹。概括而言，娃哈哈的成功模式可以归结为"三个一"经典模式，即"一点、一网、一力"。

"一点"指的是娃哈哈的广告促销点，"一网"指的是娃哈哈全面的渠道销售网，"一力"指的则是经营经销商的能力。"三个一"以一套完善的流程进行运转：娃哈哈研发出新品后，通过强力广告进行宣传推广，铺天盖地的广告在市场上形成火热的营销氛围，把新产品的宣发做到淋漓尽致，强化消费者的印象，为后期销售做足

市场准备；娃哈哈搭建起系统的价差体系，进而编织起庞大有效的全渠道销售网，通过利用明确的价差优势，为经销商获取第一层利润，稳定人心，维护销售渠道的稳定性；娃哈哈的促销手段丰富多样，为了获取经销商的信任和增强其销售信心，娃哈哈将自身利润的一部分通过促销手段让渡给经销商，使他们能够在这个过程中受益，也让消费者能够买到适合自己的产品，成功实现薄利多销的"三赢"局面。

"一网""一力"可以说是娃哈哈在市场中"底气十足"的营销手段，也能够看得出其优越的营销能力。娃哈哈通过调研分析，在全国 31 个省市选择了 1000 多家具有强大销售能力且能够影响一方的经销商，搭建起了一个几乎覆盖中国每个乡镇的联合销售体系，组建了强大的销售网络。这一体系虽然庞大，但是运转流畅、效率较高，娃哈哈十分看重渠道的销售能力，也非常注重对经销商的促销动员。娃哈哈会定期根据市场的变动和竞争对手的市场策略进行促销调整，一边补贴消费者，一遍为经销商争取利益，激发其积极性、提升其信任感，保障整个市场价格体系的平稳。娃哈哈对经销商构建了一个返利激励和间接激励相结合的全面激励制度。娃哈哈主动为经销商提供销售帮扶，分派专门员工到门店指导其进行销售管理，包括铺货、广告促销等多个方面，提升经销商的积极性和销售能力。

娃哈哈的经销商分布较广且人员较多，管理起来难度较大，为了有效对 31 个省市的经销商有效管理和培养，提高企业运转能力，娃哈哈制定了保证金规则，经销商需要付保证金，如果按时结清，娃哈哈偿还保证金的同时向其支付较高的利息，这个利息往往比银行同期存款利息要高不少。这样既保证了经销商的利益，又能够促进经销商的积极性和责任感，有效建立起一种企业与经销商之间的信任关系，实现双赢。

为了控制窜货，娃哈哈在价格体系上也进行了优化和调整，实行了系统化的具有级差价格体系的科学管理制度。同时由于不同地区市场的特殊性，娃哈哈还根据区域的不同情况，制定总经销价、一批价、二批价、三批价和零售价，这样就保证了每个层级和环节的渠道人员能够获取相应的利润，保证了市场利益的合理分配，维护了渠道体系的稳定性。另外，娃哈哈的追踪思维较强，为了监控产品的去向和销售情况，娃哈哈对于销售区域进行了限制和管理，每个产品包装上都有编号，而且编号是与出厂日期印刷在一起的，无法篡改和更换，因而能够更好地对窜货行为进行打击，一旦发现有跨区域销售就会罚款，甚至取消经销的资格，更全面地保证了经销商的利益，维持销售体系的有效运转。在这种"蜘蛛网"状的渠道网络的作用下，娃哈哈的渠道优势日渐凸显，各款产品快速有效地到达了全国各个零售角落，成为消费者信任和喜爱的国产品牌，成功打开了其销售市场。

随着零售市场的完善，可口可乐、康师傅等各大企业和品牌也纷纷涌入，呈现出全面进攻的局面，而面对这种竞争压力，娃哈哈也采取了机制创新，开启了"从农村走向城市"的销售终端决策。娃哈哈总裁宗庆后认为，现在饮料企业的渠道思路主要有三种：一是可口可乐、百事可乐的直营思路，主要做终端；二是健力宝的批发市场模式；三是娃哈哈的联销体思路。娃哈哈虽然在国内有一定的影响力，但在品牌和资金等方面依然存在一定的不足，要想在市场上走出不同的路线，必须扬长避短发挥自身的优势。在这样的背景下，娃哈哈顺势推出非常可乐，为了不与可口可乐和百事可乐形成正面竞争，娃哈哈洞察了中国农村消费市场，利用农村包围城市的策略打开农村市场，借助自身强大的销售网络对该市场范围进行了铺货，在乡村可乐消费领域占据了绝对优势，也在中国碳酸饮料市场中取得了重要地位，娃哈哈将渠道网络的主阵地优势发挥到了实处。

2. 搭载渠道顺风车，实现品类突破：娃哈哈的品类创新之路

"娃哈哈"作为国人耳熟能详的品牌，能够历经三十年激烈的市场竞争而依然占据国内市场重要地位，依靠的就是持续的创新能力，实现了品类的突破与发展。我们熟知的娃哈哈产品，包括 AD 钙奶、营养快线、八宝粥等，这些产品抓住了不同时期的市场机遇，满足了消费者的不同需求，在这些年陆陆续续深入家家户户，顺应了时代和市场发展需求，也见证了中国人生活方式的变迁。

娃哈哈推出的饮品中，最经典的当属营养快线，首次把牛奶和果汁混合起来，在营养的基础上为了保证口感，又添加了 15 种营养素，营养与口感兼顾。自 2005 年上市以来，营养快线产品已生产近 500 亿瓶，产值高达 1200 多亿元，各大商超和门店都有其身影，即使在饮品种类繁多的今天，消费者依然对其热情不减。而营养快线的秘诀就在于娃哈哈洞察了人们快节奏的生活方式，发现人们虽然有时难以保证正餐的时间和质量，但仍然很关注自身的身体健康。在所有食品品类中，消费者往往对于奶制品更信赖，认为奶制品最接近正餐，因此娃哈哈将 10 多种营养成分融入其中，用新的营养美味的产品满足了大众的多元化需求，既保证了蛋白质的摄入，又添加了维生素等丰富成分，并且营养快线这一产品名称也十分直观，将该品类认知植入消费者心中，成为红极一时的"营养饮料第一品牌"。

近几年，为了适应时代发展的需要，娃哈哈每年都在实行市场创新举措。2018 年至 2019 年是娃哈哈品类创新的第一个阶段。在这两年期间，娃哈哈陆续推出 10 余款贴近年轻人生活和消费习惯的新品，比如苏打水、茶饮等。娃哈哈在各类饮品领域全面铺开和发力，从经典单品升级到多种新品类全覆盖，在饮料市场各品类中均有所布局，在众多品类中，娃哈哈观察到茶这个品类更有延伸性，因此在一二线城市广泛投入，迈向日常饮品中的高端序列。2019 年年底，娃哈哈又强势发布 8 款新品，这些新品主要契合健康的消费诉求，同时采用多

种营销策略，打造娃哈哈年轻的品类调性，渗透到年轻消费者的心智中去，加深其品牌印象。

2020年，娃哈哈结合自身品牌优势，将企业发展推上了新的阶段。娃哈哈推出了20余款新品，在强化产品"健康"特征的基础上，突出"好看"的优势，将二者结合，迎合年轻人的消费喜好。在品牌策略上，娃哈哈更是全面出击，将圈层营销、打造自有IP、促销活动三个重点方面有效结合，发挥线上和线下两个方面的渠道优势，为产品销售做好铺垫。为了更好地打下社交领域的基础，娃哈哈还推出了IP电商互动营销平台——哈宝游乐园，具有趣味性和互动性，既保证内容营销的有效性，提高用户转化率，又能够增强消费者对于品牌的认可度，推动品牌的纵深发展。

2021年，娃哈哈的品类创新又迎来了第三个阶段。娃哈哈搭建了全新营销平台——快销网。在2021年12月底，宗馥莉被任命为集团副董事长兼总经理，全面负责娃哈哈的运营。宗馥莉提出打响"水的翻身仗"、两大IP助力品牌年轻化、三大品类锁定细分市场、四大产品持续造血渠道。娃哈哈通过AD钙奶、非常可乐两大IP助力品牌年轻化，并持续造血渠道，打造品牌营销"新元年"。

可以说，娃哈哈正是借助长期以来搭建的营销渠道，不断创新品类，找准自身的品牌独特性，契合消费者的诉求，才有效实现了品牌从大到强的转变。娃哈哈用一次又一次品类创新的实践案例，展示了中国零售市场上"品类杀手"的独特风采。这种敏锐的市场洞察能力、持续创新能力及渠道运用能力，保证了品牌在市场上的核心地位，也有效加深了在消费者心目中的形象。如今，娃哈哈已经从最初的单一业务扩展到了多元化发展的大格局，品类丰富多样，包括蛋白奶品、碳酸饮料、茶和果蔬汁饮料等10余类共200多个品种，成功开创出了一条"中国饮料行业最全面的产品线"。

3. 跟随渠道时代演变节奏，开创品类制胜新纪元

渠道时代的脉络并非一成不变，随着时代的发展，渠道时代在不断发生演变，各时代的营销策略也在迭代变更。具体而言，渠道时代的演变三部曲包括：单渠道时代、多渠道时代、全渠道时代。

单渠道时代的时间范围大概是1990—1999年，这一时期巨型实体店连锁发展兴盛，多品牌化实体店数量减少，可以概括为"实体店铺"时代。在该时期，企业的经营模式只能通过单一渠道来开展，主要目标就是直接将产品和服务从某一销售者手中转移到顾客或消费者手中，顾客覆盖范围有限。

和任何事物都具有两面性的道理一样，单渠道也是有利有弊：优势是低成本、方便快捷地进行部署，易于检测，能够较为快速地让有竞争优势的品牌垄断市场，实现利润最大化；困境则在于渠道单一，实体店仅仅覆盖周边的顾客，只能为少数的客户提供服务，顾客群体数量和覆盖范围有限。单渠道严重地限制了潜客的规模和多样性。除非是少数非常特别的品牌（其市场比较小众），否则，从长远的角度来看，对大多数品类来说，单一渠道并非是一个可行和持久的战略。

多渠道时代的范围时间大约在2000—2011年。这一时期网店兴起，电商模式崭露头角，零售商往往选择线上和线下结合的双重渠道。简单来说，多渠道可以看作多个单渠道的组合，多个渠道同时进行，每个渠道都有自身的功能和任务，它们分别完成部分功能而非全部功能；各个渠道也有不同的操作规范和执行标准，相互之间没有明确统一的标准。同时，多渠道时代由于渠道更为多元，每条渠道面对的都是不同类型的客户。比如，单渠道时代的传统线下渠道，针对的是店铺周边的顾客，具备地缘性；而多渠道时代下开创的新渠道，是由光纤电缆搭起的线上渠道，网络空间丰富且信息传播迅速，渠道不再受地域限制，为品牌的推广形式提供了无限的可能性，让品牌能够突破实体的限制，将触角伸向更遥远的地方，大大拓展了市场空间。

多渠道相比单渠道的路径更丰富，在多渠道时代，企业能通过更多的渠道和平台触达消费者，能够通过各个平台与消费者进行互动沟通。从信息传播的范围和规模角度来看，多渠道时代提升了单渠道的营销效率和质量，能够帮助品牌开拓更多的市场，使营销活动更广泛地传播到消费者这里，更全面地渗透到其心中，契合其多样化的需求。

全渠道时代是从 2012 年兴起的，移动互联网快速发展，手机终端逐渐普及开来。在这个时期，不同品牌之间竞争激烈，为了获得更多的市场份额，得到消费者的普遍认可，企业更加关注消费者的体验，实体商店的地位弱化，移动互联网和实体店铺相结合，开启了全渠道零售时代。实际上，多渠道已经把我们带入了一个新阶段，但由于其渠道的相互独立性，这个时期也存在一定的问题和局限性，但企业为了生存和成长，不断探索新的方式方法，因此全渠道时代孕育而生。全渠道时代下，企业要与消费者进行对话，良好的互动才能够更好地将品牌信息和产品优势触达其心智，因而企业或品牌应在这个时期开启新的渠道战略，对渠道进行选择和重组，更好、更快地将信息传递给消费者，提升其消费体验，强化其品牌印象。

实际上，在时代发展的过程中，企业从以前的"终端为王"转变为了"消费者为王"，也就是说，在全渠道的营销策略中，企业通常对多种渠道进行重组和运用，进而满足消费者多重消费体验。随着科技的发展，信息技术能够进一步帮助企业与消费者进行沟通，同时在数据挖掘和数据识别方面（*尤其是线上和线下数据的匹配*），单一渠道和多渠道的能力范围有限，而全渠道的优势在这个领域则更加突出。这些信息技术便于收集市场动态和消费者的反馈，为市场营销活动的开展和营销效果的评估起到了重要的支撑作用。可以说，全渠道时代的来临开拓了更多的市场机遇，也为品类营销带来了翻天覆地的变化，拉近了企业和品牌与消费者之间的距离，让市场对话更加直接和便捷。

全渠道战略背景下，我们能够更全面地评估企业或品牌在不同环境下针对消费者的真实表现，也能够有更多的可能性去挖掘潜在的市场和消费群体，进而评估企业营销活动的价值和效果，通过多渠道、多角度的总结和思考，有效调整定位，明确方向，合理利用资源开启战略决策，让品牌塑造生活方式，也让品牌融入消费者的生活。

  科技发展日新月异，将带来更多的高新技术手段，助力营销策略。时代给发展提供了便捷性的渠道，而企业也面临着如何利用这些技术手段和数据的挑战，将渠道营销推到一个新的高度，这既会改变消费者的生活习惯，又会对商业模式的完善和发展起到助推作用，企业或品牌若能够把握机遇，提升自身利用渠道的能力，必将从激烈的市场竞争中脱颖而出，占据品类市场重要地位。

三、心智 1.0 时代

1. 市场经济转型，心智时代已然到来

经历了生产时代、渠道时代，从计划经济向市场经济转变后，品牌营销的侧重点逐渐向消费者心智转移。当下，每一个消费者都面临着同样的问题：可以说现在是最好的时代，比起三四十年前，社会生产力得到快速提升，有了很多好产品，有更多的选择；但这也是一个"最坏的时代"，面对五花八门的产品，很多消费者已经得了选择困难症。这种局面标志着我们整个时代进步了，这时低价格、多品类的策略不再高效。

进入这一阶段后，如何抢夺消费者心智成为制胜的关键。"心智"这个词语从字面上来看不难理解，也就是我们常说的脑力、智慧。从市场营销的角度来看，心智就是消费者内心深处对产品的认知、认同及喜好。而这涉及的不仅是产品外观和质量等要素，还包括品牌所传递的价值观和情感等，这些内容共同形成了消费者内心对产品或品牌的态度。企业要想获得长足的发展，就需要争夺消费者心智。品牌营销进入心智时代，"心智 1.0 时代"正式来临。

心智时代主要的特点表现为消费者心智想要什么，他们就可能会在消费行为中体现，根据自身诉求去购买这些物品。在心智 1.0 时代，由于生产力的增加，消费品产量提升，其供需市场已经呈现出供大于求的状态，企业提供的产品已经远超市场中消费者的需求量。随着市场竞争愈加激烈，企业不断革新技术和优化管理模式，企业可以掌握生产的范围和程度，但由于消费者生活方式演变，消费需求变化较快，企业也无法有足够的信心确保能够在这片"战场"上赢得消费者的青睐，因此这些企业或品牌进入了争夺消费者心智的阶段。当前市场品类繁多，如果企业没有足够的理由支撑消费者选择自身品牌，即使供应链再强大，产品质量再好，最终也只会形成产品积压的局面，反而得不偿失。

因此，心智时代企业的营销活动要有一定的关注点，主要围绕两大步骤展开：第一，将产品铺到市场中；第二，将产品铺到消费者心智中。商业是一场没有硝烟的战争，心智决定成败，得人心者得天下。尽管有些产品质优价廉，但是由于产品或品牌缺乏对消费者细致的洞察，无法进入消费者心智，最终依然失败。这是因为当前市场上产品琳琅满目，消费者有了更多的选择，但是面对成千上万的产品，他们更希望产品能够契合自己真正的心声。也就是说，如今的消费者已经不是在"买"东西了，而是在"选"东西。企业需要赢得心智，成为消费者购买产品时的优先选择，否则难以生存和发展。

随着社会主义市场经济的纵深发展，中国商业市场逐步扩展，原有的生产优势和渠道优势在这个时期难以成为绝对性的优势，加之传统互联网与移动互联网的融合发展，商业领域呈现出鲜明的复杂性。企业更需要从消费者心智出发，全面满足其身心需求。纵观市场发展的不同时期，实际上企业占领消费者心智的最终目标并没有发生改变，但如何快速占领并在其心中扎根，成为这个时代品类战略发展的重要议题。

2. 心智即入口，占据即领跑

我们可以思考一下，中国目前总共有多少个瓶装矿泉水品牌？通过数据爬取可以看到，光是在京东上大约就有 468 个品牌，这就是作为普通消费者面临的局面。即使我们努力回想，能够想到的品牌也应该很难超过 7 个。在心理学测试中有一个常见的现象，在相同的品类中，大脑能够记住的品牌个数大约是 5~9 个，一般情况也就 5 个左右。在一些小众的品类中，消费者能够记住的数量甚至不超过 1 个。从企业角度来看，只有进入消费者能够记忆的范围，才能够算是实现了较为成功的市场品类战略。

因此，企业的战略重心要转向赢得消费者心智。简单地说，就是怎么能让消费者在千千万万种选择中选择自己，成为企业生存和发展的前提。此时，企业需要考虑的问题是，消费者为什么选择我？我比竞品突出的优势在哪里？如何把握心智时代的规律从而深入消费者心智？

我们的思考是，占据领域心智，心智即入口。之前市场入口主要是以流量驱动的，在线下市场为主的时代中，如果商场占据市中心人流量最大的地理位置，就能够掌握核心的竞争优势。而随着互联网的发展，线上交易平台出现，淘宝、京东、拼多多等电商平台汇聚了大众消费的注意力。同时，抖音、快手、哔哩哔哩等视频平台由于内容的趣味性和社交属性，聚集了庞大的用户群体，打破了时空的限制，获取了巨大的流量。

基于巨大的流量池，心智入口的成型靠的是精准击中用户需求的营销卖点。也就是说，企业想要在千千万万的选择中脱颖而出，让消费者在想到要买某一品类的商品时，脑海中第一个浮现的就是自己的品牌，极重要的一步就是打出差异化竞争的优势，洞察垂类用户群体的细微需求，并提供极致化的服务，在人们的大脑中形成强烈刺激，从而留下对品牌的深刻印象，即心智的形成。这一方式，已经从许多成功案例中得到了验证。

比如北京三里屯的"话梅"，一个门店仅仅 425 平方的彩妆集合店，凭借着网红打卡风、汇集国内外潮流品牌、随意试妆、无推销等特点，俘获了万千少女的心，在小红书、大众点评上"种草"无数，成为这一赛道的典型玩家。"话梅"三里屯店分为上下两层，由别具设计感的旋转楼梯连接。一楼装饰成环形吧台，消费者可以在这里试用产品，挑选美妆护肤小样；二楼两边则设有四排大牌正式装区域；此外，还分化了护肤、美容仪器、旅行装、香水及拍摄打卡这五个专区。另外，"话梅"还瞄准了年轻人养宠物的行为，顾客可以带宠物进店，店内还会贴心地实行宠物暂存服务，也提供一些宠物的玩具等。"话梅"将这400多平方米进行了精心设计和打造，契合了消费者的审美和消费喜好，提升了消费体验。

而要说到话梅最具特色也是最受年轻女孩们欢迎的地方，当数它的小样区了。在国外，护肤和美妆小样已经发展为一个庞大的市场，2018年美国的小样市场销售额就有12亿美元。但在国内，小样多是作为正式装的附赠品赠送给消费者。在"话梅"之前，鲜有商场或品牌正式售卖小样产品。

实际上，消费者对于美妆护肤小样的需求是比较大的。一方面，消费者在专柜试用产品后很难在短时间内看出效果，需要一定的时间来判断和考虑该产品是否适合自己，进而决定要不要购买正式装；另一方面，线上美妆护肤产品各种色号和款式丰富，但海报图和实际效果存在差异，容易导致消费者浪费金钱，买不到合适的产品，而提前利用小样试色则可以压缩决策成本，解决这个难题。因此，线上购买美妆护肤小样的商业线便被打开了，产生了不少代购，官方店铺有时候也会销售一些试用装。

除了试用价值外，相较于正式装产品，小样产品的价格优势更明显，性价比更高。消费者往往只用花很低的价格就能购买到小样，但可以享受与正式装相同的使用体验，尤其是一些价高的大牌产品，小样的价值和体验同样能满足部分用户的需求。但实际上，从商业视角来看，虽然小样价格低，但是毛利更高，甚至可以达到正式装的两倍，小样产品既增加了客单价，同时又由于价格较低，降低了新顾客的消费门槛，高销量和高毛利的组合也成功拉高了商家的整体利润。

心智 1.0 时代的另一个经典案例就是 POP MART（泡泡玛特）的发展历程。它是一家年轻的本土创业企业，主要销售一些手办和潮玩，方向是"像超市一样售卖潮流产品"。2019 年下半年，潮玩这一消费品类在当年天猫"双十一"中以超过 8000 万的销量让整个零售行业都为之瞩目。其中，潮玩品牌 POP MART 更是以 295% 的增速超越了乐高、万代、Line Friends 等知名玩具品牌，成为天猫"双十一"整个玩具类目的第一名。实际上，在 2017 年的天猫"双十一"中，整个潮玩品类的销量还未超过 200 万，潮玩也仅仅被一部分小众玩家所熟悉。而短短两年的时间，潮流玩具迅速"出圈"，销量更是呈现出几何态势的增长。在超高的增速下，作为中国潮玩领域领头羊的 POP MART 无疑是背后的推手。

POP MART 这一年轻的品牌成长速度惊人，对其进行深度探索可以发现，这与它的营销模式密不可分。POP MART 有着明确的定位，对自身的目标群体也有较为清晰的认知。其主要消费群体的年龄集中在 18～35 岁间，平均年龄 27 岁，职业主要是一二线城市年轻白领、公司职员等，这些人既有一定的收入，又乐于追逐潮流，并且愿意为自己的兴趣买单。那么 POP MART 是如何针对目标用户抢夺心智的呢？

其营销的精髓就在于对目标消费群体喜好与消费心理进行了精准的洞察。POP MART 主要以"趣味 + 艺术"作为双重吸引，让年轻人的印象更加深刻。当下年轻消费者是互联网背景下成长起来的一代，他们个性特征明显，也喜爱一些亚文化元素，乐于在社交平台上聚集和传递情绪。因此，POP MART 就以微博、微信为基础，在多个社交媒体平台开展了线上多元化营销，尤其是在抖音、B 站、小红书，包括微信、微博等年轻人聚集的网络社交平台进行了全面投放。我们经常可以看到的开箱视频等，拉近品牌与消费者之间的距离，同时通过 KOL 的内容转化，既传播了品牌，又有效地提升了产品销量。在日前进行的一场抖音直播活动中，POP MART 就收获了 38 万的观看总人数，抖音官方账号活动后涨粉 3.2 万人；在微信公众号的直播活动宣传中，不到一小时便收获了 10 万 + 的阅读量，传播效果十分惊人。全面的线上渠道营销，让 POP MART 收获了颇高的营销投入产出比。可以说，POP MART 把每一个环节都做到了极致，不管是供应链、零售环节或是线上，产生了非常强大的品类需求。让大家觉得盲盒即 POP MART，潮玩即 POP MART，二次元即 POP MART，所以 POP MART 已经成为潮玩、盲盒、二次元的心智高点。人们还在质疑潮玩、盲盒、二次元市场空间有多大的时候，POP MART 占据品类高地形成心智，所以它是中国下一代的明星企业，号称中国的迪士尼明星企业，并成功实现了 IPO。

文和友的营销模式也是心智 1.0 时代的代表案例之一。去体验过的顾客应该知道，文和友是一个"餐饮 + 市井文化"的并不精致唯美的形象，却在长沙火爆多年，它做对了什么？文和友成功的关键，就在于把长沙的民俗文化做到了极致，完美呈现了长沙的市井气息，进而在这些细节中以风俗特征和情怀占领消费者心智。长沙的文和友是一个类似主题公园的美食城，本质上仍然是餐饮一条街，但因为重现了 20 世纪 80 年代老长沙的街景，打造出了自己的独特竞争力。开业 3 年，每天接待 2 万名顾客，平均排队时间超过 3 小时，成为长沙的新地标。

文和友起源于长沙坡子街的一家路边摊，和一般小摊主不同，文和友的创始人文宾给小吃冠上了"市井文化"的价值标签。这一营销点既符合小吃的烟火味，又迎合了消费者的生活情怀，在食物之外，给消费者带来了附加的情绪价值与文化感受。在文和友感受到的不仅仅是食物，更多的是氛围，在这里顾客能够感受到儿时的溜冰场、录像厅等，还有一些时代记忆里的老物件，契合了消费者的怀旧情结。

同时，由于文和友的消费群体大多是年轻人，因此，文和友的营销方式方法也偏向年轻化和趣味化。文和友将营销主阵地放在了年轻人聚集的微信、微博、抖音等社交媒体平台，通过利用"打卡拍照"这个行为，对产品和服务进行传播推广，让更多的人能够在图文、视频上看到文和友的场景。与其说文和友是一个美食城，不如说是一个拍照打卡的"景点"。在深圳的文和友中，除了就餐路线，消费者还会看到游览路线，在这里，成功还原了各个年代的场景，不同角落都可以拍出电影的既视感，一时间在社交媒体平台广泛曝光，不少年轻人前来打卡。

文和友在接下来的发展中会逐渐推出文和友牌臭豆腐、小龙虾、辣椒酱，形成一个能够占领心智的IP，建立起与消费者之间的情感联系，进而为品类赋能，尝试打造出"市井文化"界的迪士尼。

还有一个占领消费者心智的代表就是临期食品折扣店。近些年，临期食品行业在当前市场迎来了风口，成为热门的线下零售业态之一。临期食品的意思，就是"临近保质期，但仍在保质期内"的产品。其实，临期食品是一个早就存在的现象，主要商品来源一部分是外贸进来的非畅销品牌的尾货，另一部分则是已有的消费品牌和零售渠道的库存。在此之前，这些产品往往是通过一些非常规渠道进行销售的，比如批发市场、夫妻店等，消费者难以直接购买到商品，也没有形成品牌化。而专营临期食品折扣店将该品类升级，打造了品牌价值，能让消费者享受到低价购买高性价比产品的服务，还能帮助商家快速清理库存，转化资本。

临期食品折扣店的代表门店有北京的好特卖、嗨特购等，这些店里销售的商品一般距离过期还有两三个月甚至半年，都还在可食用范围内，但价格基本上都是市场普遍价格的1折到5折左右。在这些门店里，商品价格便宜，但品类依然很丰富，受到了消费者的普遍认可，类似的零售店也很快出圈，持续扩张业态，渗透到了大众生活的多个领域和场所。

实际上，该品类市场的精髓并不在于产品保质期长短的问题，而在于给商品创造了一个极低价格的理由。让消费者感受到通过较低的价格也能够享受到同样品质的产品，他们在这里能够同时享受到兼具高性价比和高折扣的服务，形成一种占领实惠的满足感。

通过这些案例，我们可以感受到品类市场发展过程中的一个重要突破点就是"心智即入口"。当一个品牌或产品出现，虽然可能并不是处于流量最大的位置，但由于其契合了消费者的心智，符合了目标消费群体心理上的诉求，依然能够在该品类异军突起，成为品类里的标杆。因此，企业或品牌在心智 1.0 时代应该提升占据消费者心智的意识和能力，洞察其内心真实需求，集中资源直击痛点，抢先占领其心智，这样才能为后期发展建立良好的基础。

四、心智 2.0 时代

"心智 2.0 时代"指的是数字心智时代，企业基于数字化转型升级，通过科学的系统调研发现品类升级机会，确定品类方向，汇聚品类资源，重塑品类形象，让品牌成为品类代表。在这一阶段，企业的发展走向将以用户需求为基本出发点，通过有效手段寻找到用户的痛点、痒点，并有的放矢地提出解决方案，进行产品的创新升级及卖点的包装营销，达到占据用户心智的目的。

1. 数据导向的竞争优势助力元气森林

对消费行业的品牌商来说，数据是进行商业决策的重要基础，数据的及时跟踪获取，以及合理的分析解读，都能帮助企业发现业务中的问题或找准业务前进的方向。线上的数据看板能有效地跟踪实时大数据并对数据波动灵敏地作出反应。与之相比，传统线下商超的销售数据处理起来难度极大。通常情况下，常见的实体商超包括住宅小区中的社区小卖部及杂货店、街头巷尾的中小型商超、商业区中的大型百货商场。对于前两者来说，经营未成体系、未规模化，商品的销售信息往往是零散、混乱的。零售链中这样的小节点，企业与产品经销商之间的沟通渠道不畅通，联系是微弱的，因此会造成信息的滞后，不利于企业获取销售终端的实际情况，要从中获取决策信息更是难上加难。

当前，为了破解渠道终端数据获取费事、费力、延迟的问题，企业的惯常做法是从市场中向第三方机构购买数据监测与分析服务，一般以月度或季度为维度交付分析报告，以制定下一阶段的策略。然而，市场的变化是瞬息之间的，第三方机构虽然具备数据整合与分析能力，但存在一定的时间滞后，且第三方并未接触过实际业务，对数据的理解势必存在偏差，无法真正用数据反哺业务发展。而在消费品领域中，元气森林是罕见的十分善于利用数据的企业，不仅组建了自己内部的数字化团队，还积极引入了外部的数据服务商。通过内外部的联合，元气森林在全国范围内构建起了大、中、小型商超与单体门店的数据联盟。对于产品的销售情况，门店中的一台台收银机能给出最直观的反馈，利用这些"数据雷达"回传的数据，元气森林能实时获取终端门店全量进销存数据，获得产品在各地"卖力"最直观的感知。利用这张数据网，对数据实时清洗和脱敏后，为其研究市场份额、变化趋势、购物篮等提供基础保障，敏捷的数据反馈也对品牌决策和纠错有极大帮助。

饮品作为消费品市场中的一个细分品类，已是一片"红海"，因为入局玩家多、发展历史早，竞争异常激烈。在初期阶段，元气森林的品牌市场知名度低，需要使用强有力的手段打出知名度。若采用传统方法，在速度与质量上都无法满足要求。这时，借助技术加持的数据导向思维为元气森林品牌营销赋予了巨大的竞争优势。作为实体企业，元气森林借鉴了互联网行业"App 工厂"的产品思维，具体来说，其数据导向的打法为：根据反馈汇总的数据，若发现某款新产品数据表现亮眼，则集中资源力推；如果反馈没有达到预期，则根据市场反馈迅速进行改进，或者发现问题后干脆直接将产品停掉。这一系列决策都在一个季度内完成，如此既能降低试错成本，又能迅速定位明星产品。

数据导向帮助元气森林精准介入消费语境，并且为触达目标用户指明了方向和路径。比如元气森林聚焦年轻群体，抓住年轻人追捧健康、纤瘦的心理特征，利用"无糖、低热量"的产品标签打响了知名度，从而在无糖饮料这一细分赛道中站稳脚跟。而打中用户"低负担 + 好口味"心理的无糖气泡水更是一夜爆红，成为元气森林的拳头产品，在2021年下半年，元气森林的市场占有率最高达到50%。借助数据优势，元气森林在互联网时代孕育"爆款"，最终在消费者中种下稳固的"无糖心智"。

数据导向的优势，不仅仅在于内部更高的产品迭代效率，在外部同行业竞争中的价值同样突出。在商业世界中，在打磨自身的同时，研究竞品情况也是重要的一部分。在此背景下，决策需要情报，纠错也需要情报，而数据就是最精准的情报，当手握更充足的数据时，意味着企业占据了更多的主动权。事实上，横空出世的"颠覆性创新"是罕见的，在同一个行业里，不同玩家之间的产品差异就在"微创新"，即不求焕然一新的大改变，只要抓住某一点做出优化，就有可能切中用户的需求点，开拓出市场份额。由于元气森林能每天实时监控数据，更高频、及时地了解行业变化，快人一步意识到产品的"爆品"潜质，做出市场判断，从而更准确地把握推广时机和铺货力度。元气森林放弃代工模式，选择自产自销，目的也是获得更快的反应速度，把产品输送到消费者面前，抢占市场先机。

2. 数字化助力创新，欧莱雅护发新品类"蒸汽发膜"

数字化思路的及时、客观，能够让品牌非常精确地定义它们目标受众的典型特征与心理特性，归纳出这群消费者身上的标签，描摹出准确的用户画像。比如欧莱雅备受好评的黑科技产品"蒸汽发膜"就是欧莱雅借助数字舰长的数据赋能打通全链上市的产物，配合"花式蒸汽，以帽取胜"的丰富营销活动，在Z世代消费语境中引领了一场高端护发新潮流。

蒸汽发膜成功的背后，是欧莱雅以消费者为中心的数字化运营体系在新供需上的最佳实践。在产品研发阶段，欧莱雅以策略中心和数据银行为依托，将个人护理大盘的消费者按照消费力、消费频次的维度，划分出了四个象限并得出结论：在护发品的品类中，消费群体正往高消费力、高消费频次的象限倾斜。该象限的人群特征映射到"八大策略人群（即精致妈妈、Z世代、新锐白领、小镇青年、资深白领、都市银发、都市蓝领、小镇中老年）"中，对应的是"新锐白领"和"资深中产"，该人群具备巨大的市场潜力。借助数据的力量，真实的消费者画像就由此得出。而若是借助传统的调研工具，对于潜在用户特征的描述相对是比较粗略的。

在确定了清晰用户定位与饱满的用户画像后，产品开发也就水到渠成了。长期以来，洗护发市场产品都局限于"洗+护"的传统步骤中，使用场景也没跳出浴室、水池、美发店等。结合"新锐白领"和"资深中产"的消费心理，欧莱雅提出了自己的深刻洞察：头皮和头发是脸部的延伸，对头皮和头发的养护应该对标护肤，有更多保养步骤，而且必须适应当代消费者频频切换的消费场景。这就是说，头发的"洗+护"步骤是必不可少的，但使用场景应当有所改变。要释放潜在消费者的市场潜力，就必须解锁新的消费场景，为消费者提供新鲜的消费体验，这成为产品开发的主要方向。

负责产品开发工作的是欧莱雅的研究与创新中心。在过去将近15年的时间中，研发中心密切关注消费市场的行业变动，在个人洗护领域的各个方向都沉淀了海量的消费者数据。有了平台的销售数据和用户行为数据，研发中心积累了丰富的经验，形成了对市场趋势的深刻理解，能够以快速创新来应对变化，很快就给出了方案，也就是这款深受追捧的"蒸汽发帽"——使用一触自热的特殊技术，在发帽接触到湿润头发时，会产生细微的湿润蒸汽，再结合发帽中的高浓度滋养精华，达到密集修护头发的作用。这一产品提供了短时间内高效护发的体验，将洗护步骤中的"护"做到极致。同时，发帽的便携性、简易性适应了居家、旅行、出差等多样化场景，让消费者足不出户也能体验到美发沙龙级别的护发效果，完美满足了用户诉求。

在"蒸汽发帽"新产品上市一段时间后，欧莱雅通过检测产品力得到的结论更是令人惊喜。产品的招新率远高于店铺其他洗护产品，其中更有数量可观的消费者是首次购买这个品类的新客，直接实现了跨类目的打通招新。可以说，正是凭靠着对Z世代人群的深刻洞察，欧莱雅借助爆款产品，从消费者心智层面唤醒了对品牌的认知与信任，并以黑科技、高品质产品开辟了一条护发新赛道，完成消费行为说服，吸纳新用户，开拓基本盘。

3. 消费新趋势，从"千人一面"到"一人千面"

随着互联网的普及，移动互联网正渗透进消费的各个环节，几乎改变了消费者的消费习惯与消费行为，对传统洗护行业带来了冲击，形成了新的趋势。

一是消费者开始信奉"功效为王"，一批"成分党"涌现。在没有互联网的时代，消费者对产品的了解有限，只能从产品的广告、产品说明书中了解产品信息，获取专业信息的渠道有限且成本、门槛都很高。但互联网大大提高了知识的流动率，打破了原来信息不对称的局面，消费者简单地上网搜索便能查询到各种详细信息。在社交化电商兴起后，消费者与消费者之间、消费者与商家之间的交流更加便捷、通畅，信息对消费者而言几乎透明化。在这种情况下，消费者不再那么盲目，变得日趋理性化，会开始关注商品的成分、功效，甚至对一些化妆品中化学成分的专业术语、实际功效了如指掌。

另外一个重要的趋势，则是"一人千面"，指的是即使是同一个消费者，当其处于不同的地点（比如家里、学校、办公室、宴会厅）、不同的时间（比如早中晚、春夏秋冬）、与不同的人接触（比如朋友、长辈、老板），所产生的需求都会有所不同。与以往"千人一面"的时代相比，"一人千面"，本质上意味着品类的细分化、个性化，消费者会关注一些非常小的品类并乐于为其买单。

某一细小品类虽然乍看之下并不起眼，但在庞大的市场中切分出一块，其潜力都是非常可观的，这就是所谓的"利基市场"。在传统主赛道日渐饱和的情况下，细分赛道正成为品牌增长的新动力。在"千人一面"的时代，孕育出了超级大品类，在各品类下形成了商业巨头，短期内难以撼动。现在"一人千面"的时代，对新兴的小品类更显友好。因此，如若能利用好"细分 + 创新"的方法论，满足小市场群体个性化的需求，就是个巨大的机会。

这时，难题就在于如何准确触达用户需求。在这一问题上，数字化渠道的助力就尤为关键。仍旧以欧莱雅的"蒸汽发膜"为例，欧莱雅利用品牌的数据能力实现了精准产品推广，以精准的用户画像划定了一批种子用户，联合 KOL 进行宣传"种草"，各类营销推广数据回传到站内并实时监测搜索指数与媒体点击数据，调整站外推广与站内媒体的比重；同时，采用直播带货的方式，从"618"到"双十一"由直播达人造势，引爆购买热潮，客单价也水涨船高，几度卖到断货；另外，充分围绕前期调研中圈定的"新锐白领"和"资深中产"这两个核心客户群招新，围绕着整个产品生命周期吸引消费者，达成心智"种草"的目的，从而最终实现显著的数据增长。

4. 数字化时代催生的新模式：共创

"蒸汽发膜"使用数字化的路径打造爆款的思路大获成功后，被欧莱雅复制到了其他产品的研发与推广中，并在实践中催生出了新模式——共创。

2019 年 9 月，欧莱雅观察到当代年轻人的熬夜现象，于是针对晚睡和加班熬夜的群体推出了新产品"零点霜"。该款产品质地介于乳液和面霜之间，抓住用户痛点，主打"抗老紧致 + 补水保湿"。该产品上市当日就售出 10 万余件，迅速问鼎 2019 年天猫小黑盒面霜品类，创造2019年天猫面霜品类单日销售纪录，并荣获"创新至简——TMIC新品数字系统年度发布"新品奖。

这款刷爆天猫平台的年度爆款面霜的诞生，不仅得益于欧莱雅团队，还要归功于消费者的贡献。这款零点霜是欧莱雅1000名消费者用时59天共创的成果。消费者全程参与了产品研发的过程：从需求调研与发掘、概念头脑风暴，到配方研究创新、产品设计包装，再到活动营销策划、多渠道传播推广，"共创"这一贯穿新品全链生产、运营的全新模式应运而生了。

事实上，"蒸汽发膜"的研发过程中就能看到共创模式的雏形。从最早欧莱雅团队和TMIC团队通力合作共创对市场的洞察，到与天猫消费者的沟通形式，再到根据不同的场景共创产品的创新点等，这一共创模式为数字化时代品牌增长提供了新的视角与品类发展的更多可能性。

大数据时代下，企业的"数字化技术＋外部共创"的新模式，将最前沿的科技与最敏锐的消费者洞察结合起来，助推品类创新，为产业创造出新的价值。可以畅想，这一模式的应用将不单单局限于某一单品或是某一品牌，而是能够铺展至整个品类。各个企业和品牌将继续发力和布局数字化平台，立足自身品牌，以消费者为核心，以数据为驱动，探索品类增长动力，共创共建品类发展，并且基于一套完整的数字化运作体系制定数字化运营机制。

综上所述，数字化助推消费者中，数字化是品类增长的主力军，是打开心智2.0时代增长路径的关键。新时代下，数字化将拥有海啸般的威力，对行业进行洗牌，变革各行各业的运营模式。在这一背景下，企业应该抓住数字化转型的时机并积极推动企业从生产、研发、营销、运营、人力资源、合作模式等价值链所有环节的数字化改造；从崭新的人群视角出发，发掘核心消费者群体并以此为中心开展全链路共创与优化。

第二章

新品类时代的六大机会

一、新技术

人类社会的发展进步，依托于日新月异的科学技术与生产工具。技术是生产力发展的重要驱动力，人类科技的进化推动社会整体进步。每次工业革命的创新变革，在实现技术向新阶段跃升的同时，深刻改变了社会的发展进程并带来了新品类的诞生。新的技术往往意味着新的机遇，孕育着新的机会。

1. 技术变革，催生新品类大爆发

第一次工业革命起源于18世纪60年代中期，结束于19世纪40年代。这场历史性的革命以工业机器的诞生为开始，蒸汽机作为动力机开始被广泛使用，出现了以机器替代人工、兽力的趋势，人类社会由此进入"蒸汽时代"。这一阶段，人类的生产方式有了根本性变革，从生产技术角度而言，第一次工业革命使工厂制代替了手工工场，用机器代替了手工劳动。工业的机械化为交通行业装上了强力的驱动。1807年，美国人罗伯特·富尔顿以蒸汽为动力成功建造了汽船；1814年，英国人乔治·斯蒂芬森发明了蒸汽机车。人们"车马慢"的生活开始提速，出行方式的选择，在步行、牛马车、人力车之外，有了汽船、蒸汽机车等更高速、更舒适的交通工具。而这些新交通工具的出现，亦标志着新行业领域的诞生。

第二次工业革命，跨越19世纪70年代至20世纪初，是技术发展史上的一次巨大飞跃，随着电力的发明与其在生产和生活中的广泛应用，电气、化学、石油等新兴工业部门不断成立，人类社会由"蒸汽时代"进入"电气时代"。发电机、电动机的相继发明，在工业行业领域引发了一场变革。1866年，德国西门子成功研制出发电机，到19世纪70年代，实际可用的发电机问世。由此，电作为一种新能源逐渐取代了蒸汽机，成为社会发展的新引擎。随后，电话、自动电报记录机、电灯、电车、电影放映机相继问世，机器制造及交通运输、电信等部门的技术革新也进入了快车道。电力技术的革新极大地推动了生产力的发展，以电为动力的产品层出不穷，新品类以井喷势头不断涌现。

第三次科技革命，从二十世纪四五十年代发源，原子能、电子计算机、微电子技术、航天技术、分子生物学和遗传工程等领域的重大突破，标志着新的科学技术革命的到来。一大批新型工业应运而生，第三产业迅速发展，其中最具划时代意义的是电子计算机技术的利用和发展，开辟了"信息时代"。在这一阶段，科学技术向生产力转化的进程加快，电子计算机的迭代不仅影响着人们的思维方式，还渗透到生活的方方面面。如今，随着智能化的进一步发展，智能生产、人机交互、数字化制造、云计算、3D技术、AIGC、人工智能等已逐步融入生活，引发令人期待的无限可能。

2. AI生成技术掀起热潮，"魔法头像"的"破圈"

2022年年末，AI生成技术再次"破圈"，这次掀起热潮的是AI赛道的标志性产品Lensa。Lensa是2018年诞生的一款照片和视频编辑软件，此前一直表现平平。但靠着2022年11月的新功能"魔法头像"（Magic Avatars），Lensa受到了用户的狂热追捧，迅速登顶十余个国家及地区App Store和谷歌应用商店排行榜，刷屏各大社交媒体平台。

"魔法头像"的玩法并不复杂，只要求用户上传10～20张面部清晰的自拍照片，Lensa便可利用AI技术识别提取人脸特征，自动一次性生成包含 10 种迥异风格的数十张头像，以供用户挑选。不过，用户想要体验该功能，最低需要支付 3.99 美元，即可生成 50 张头像。尽管其价格并不低，用户仍愿意为它买单。在 2022 年 12 月初，Lensa 约获得用户付费 820 万美元（约合人民币 5720 万元）。

可以说，Lensa 的"魔法头像"是"新技术 + 社交化"的成功。在社交媒体上，人们渴望展示真实的自我，又希望尽可能地包装自己，获得更多的点赞与关注。"魔法头像"正是切中了这一点，在保留用户真实面貌特征的基础上，用美术技巧予以美化，让头像图片既符合用户的真实形象特征，又有效遮蔽了缺点，一次生成数十张头像还能供用户挑选更换，整个过程方便、快捷，完美贴合了用户诉求与审美，造就了它的火爆。

AI 生成技术并不算是新鲜事。Lensa 使用的 AI 图像生成技术曾在 2022 年 9 月引发激烈讨论。在美国科罗拉多州的艺术博览会中，画作《太空歌剧院》获得数字艺术类别冠军，而这幅作品是先由 AI 制图工具 Midjourney 生成，再经 Photoshop 润色而来的，AI 绘画的能力已到了令人惊叹的地步。除图像领域外，AI 技术还被应用在其他类型的多个场景，比如 AI 生成文本能够在特定的场景下进行内容创作，包括营销号、新闻稿件及剧情续写，目前的成功案例就有"快笔小新"（写稿机器人）、"彩云小梦"（人工智能小说续写 App）、"九歌"（AI 中文诗歌自动生成系统）、"小冰"机器人。在 Copy.ai 平台，只需要输入产品名称和描述，选择友善、休闲、职业等不同语气或场景，它会在几秒钟内生成在 11 个场景和接近百个细分场景下的文字段落。

在 AI 音频、视频生成领域，国内外的互联网巨头也纷纷开始布局。在音乐生成上，海外微软"小冰"的音乐已经实现旋律、编曲及歌词端一体化。2019 年，中国平安 AI 作曲在世界 AI 作曲国际大奖赛中获得第一，创作 AI 交响变奏曲《我和我的祖国》。2022 年年初，网易利用 AI 系统成功制作出国风作品《耀染先农》和《春启正阳》。在视频生成中，Meta 的 AI 视频制作工具 Make-A-Video，可以根据一句话一键生成高质量的短视频。谷歌 AI 也推出了生成视频工具 Imagen Video 和 Phenaki。

2022 年 11 月发布的 ChatGPT，可以说是目前 AIGC 领域当之无愧的"明星"。在开放的两个月内，ChatGPT 的月活跃用户数迅速达到了 1 亿，创下史上用户数增长最快的 App 的纪录。作为一种先进的大型语言模型，ChatGPT 拥有惊人的实力。在文本理解上，ChatGPT 支持多轮对话和语义理解，能分析用户意图来做出正确的理解，比如你可以简单列出一周的工作要点，要求它为你润色周报，或者让它结合你的身体状况为你制订一个提升计划。在逻辑演算上，它能进行复杂的函数计算，还能根据文字展开逻辑推理或归纳文段要点。在内容生成上，它会填写电子表单，编写 Python、C++ 代码，甚至还能创作诗词、小说、论文、评论等，内容生产快速高效，受到了世界各领域的普遍关注。

出众的能力与友好的交互，让 ChatGPT 拥有了无比广阔的应用场景与商业化能力，国内外互联网巨头们已纷纷加入竞争，开始布局自己的 ChatGPT。搜索业务面临威胁的谷歌计划在 2023 年内发布 20 款 AI 新产品，将推出名为"Bard"的 AI 聊天机器人服务；微软也在利用 ChatGPT 增强其产品竞争力，如将 ChatGPT 整合到搜索引擎必应（Bing）或 Office 办公套件（Word、PowerPoint、Outlook 等）中，让用户输入简单的文本提示后，由 AI 自动生成文本；百度则预计推出国内的大模型新项目"文心一言"（ERNIE Bot），并向公众开放。在接下来，ChatGPT 相关技术势必会在国内外落地开花，在性能优化的同时被越来越多的用户熟悉并使用，为新应用品类的诞生培育土壤。

以 AI 为代表的新技术日趋成熟，在创新技术的赋能下，未来将会有什么样的产品出现，已有数千畅想。在新兴技术与用户体验之间找到最佳结合点，用技术的能量带来更极致的功能创新，创建出更具想象力的产业图景，是企业要思考的重要课题。

3. 新品种研发，奇异果卖出百亿规模

说起酸甜可口的猕猴桃，相信大家都不陌生。但起源于中国的猕猴桃，还有一个来自新西兰的名字——"奇异果"。在2021年，新西兰的猕猴桃品牌佳沛达到181.02亿元的总收入，占据了全世界三分之一的猕猴桃市场。这一本源自中国的品类，为何能在海外发展壮大并征服全球的消费者，争夺到大量市场份额？其中的秘诀就在于佳沛公司的技术投入。

20世纪80年代，不断有新玩家入局奇异果市场，包括意大利、法国、西班牙、智利等，奇异果的国际市场竞争日益激烈。在如此焦灼的竞争格局之下，要如何取胜，获得最好的收益呢？在市场上，竞争有两大法宝，一是价格，二是品质。在当时，新入局的竞争者大多靠的是打价格战，以低廉的价格侵吞市场份额。但新西兰显然不这样想，"价格上没有优势，就以品质取胜"成为新西兰奇异果突围的战略方向。

在奇异果出口的几十年间，新西兰积累下了不少技术经验。例如早在1965年就研发出第一台奇异果轨道分装机，1970年成立了包装与冷藏公司，1984年制定了奇异果品质管理标准并拥有了专有冷冻货柜船，1990年还研究出了保存奇异果的最佳方法。奇异果品种选育、冷藏保鲜、分装包裹、运输销售等多环节、全链路都有先进的技术贯穿其中。在长期的技术积累基础之上，新西兰创建了奇异果的品牌佳沛（Zespri），定位高端路线，供应高质量的奇异果。

要培育出高质量的果实，优良的种子是重中之重。每年，佳沛都会下大功夫进行奇异果的育种与品种改良，光是经费投入就有数千万

元人民币。在充足的资金扶持下，佳沛研究出了许多奇异果新品种，到如今，公司的奇异果种子库中已经拥有超过 10 万种品类的奇异果种子。

而佳沛的高品质，不仅仅源自优质种子，还在于它的品控。佳沛销售的奇异果，个头大小基本一致，味道酸甜适中，将产品标准化做到极致，这也要归功于技术的支持，将所有不可控因素造成的影响降到最低，最大限度地避免产品质量的参差不齐。在种子库中，佳沛优中选优，选定了稳定性高、口感好、耐储存的优良种苗，进行培育繁殖。对每个种植农场，佳沛统一配备了专业器械设备，包括产品基地、包装物生产线、自动机械选果车间、储存保鲜气调冷库及生产、运输的专用机械设备等，甚至连采收时装果子的木筐都是统一定制的。

在培育、成熟、挑选、包装完成后，对新鲜水果来说最头疼的问题就是保鲜了。水果是极容易腐败的一种品类，在控制成本的情况下保证其远距离运输的新鲜度成为佳沛技术攻坚的重要目标。在这时，新技术再次发挥了它的力量。佳沛建造的奇异果冷库提供了高二氧化碳、低氧气的环境，能够保证奇异果在 8 个月内不变质。为了在运输过程中确保奇异果的品质，佳沛还定制了冷链运输轮船。

从新西兰将奇异果装船运到中国需要半个月的时间，在佳沛定制的冷链运输轮船上配备了低温冷藏库，气温能严格控制在 0℃到 2℃之间，将储存在冷藏库中的奇异果损耗率降低到 5%，这远低于中国猕猴桃 10% ~ 15% 的运输损耗率，且果子历经长途跋涉后依然饱满漂亮。

可以说，正是对技术的重视与有效应用，让佳沛的产品品质有了可靠保障，也让佳沛的奇异果成为该品类中标杆性的存在。

4. 小米充电宝，技术将性能推向极致

提起小米，人们的印象往往是"性价比高"。"具备99元的质量，却卖到69元的价格"，这是大众认知中的小米电子产品。作为一家商业公司，这看起来不符合追逐利益的商业行为，但其实背后是技术的支撑，让小米能够以低成本造出高质量产品，并在实惠的价格中仍有利可图。我们就以小米充电宝为着眼点，看看小米是如何利用新技术解决高性能与低价格之间的冲突的。

随着移动互联网的发展，智能手机普及开来，出门在外几乎人手一部手机，人们花费在手机上的时间也越来越长了，移动充电宝的需求也就越来越大。在小米之前，市面上其实已经有不少充电宝了。但传统充电宝外观不够美观，最重要的是对质量的品控不到位，致使其有爆炸的风险。针对市场中存在的这一系列问题，小米的产品研发团队提出了新的技术方案。在材料上采用了航空铝，使用一体成型技术，将充电宝的体积一再缩小，而按键放大，使得操作十分便捷。

在产品设计的过程中，小米还经历了一次完全推翻重来的过程。在设计完成后，团队第一批生产了五万块板子，但此时有工程师提出，在这一设计方案中，产品的性能与安全保障都是靠芯片控制的，一旦芯片出现问题，产品的质量与安全便失去保障。这一意见得到了重视，为保证万无一失，小米的产品研发团队废弃了第一批生产的五万块板子，选择设计新的产品方案。在优化的方案中，小米提出了双保险、三保险的概念，针对安全的部分，小米充电宝中嵌入了两个芯片，共同监管一个指标。两个芯片协同运作，能将瑕疵率降低到将近百亿分之四，几乎趋近于零的概率保障了产品的性能与安全性。

技术使产品的质量有了保证，这一优势在价格上也获得了充分体现。在产品的生产过程中，因为具备先进的技术，因此生产的合格率高，浪费少，极大地提升了生产效率，降低了生产成本。

二、新人群

1. 解码消费新人群，描摹消费新需求

在生产力的推动下，消费行为也一直在改变，但其核心是始终不变的，消费的本质就在于需求的满足。每个人都可以被贴上不同的"标签"，基于不同的维度，可以将具有相似特征的人聚合起来，形成"人群"。以不同划分方式聚合起来的人群具有相似的需求，因此，在对消费者进行解构时需要聚焦人群的共性，站在宏观视角前瞻整个消费群体的需求变化。在研究消费人群时，要明白他们究竟是谁，我们为什么要选定这个人群？这一人群的消费存在哪些共性，品牌或公司能够为这些消费人群提供什么样的需求满足，是能以价格取胜，还是要靠高品质突围，抑或是营造情感连接？针对不同的人群，应当聚焦哪些渠道，使用什么样的手段，才能真正触达目标消费人群，实现成熟心智的养成，达到重度黏性？

在一般的消费人群划分方式中，往往以人群的特征为划分标准，比如一个人的性别、年龄、种族、出生地、地域、家庭环境、学历背景、经济水平、婚育状况、工作性质等。这些特征中一部分是具有稳定性的，比如性别、种族、出生地等，是一出生便决定了的，一般不会随着时间变化而有改变，具备这一点特性的特征就是所谓的先天特征，也被称为"人口特征"。另一部分则是具有可预测性、关联性的，比如地域、学历背景、经济水平、婚育状况、工作性质等，年龄会随着个人成长而不断增加，学历随着年龄的增加大概率也将逐步提升，一个人的工作性质又会受到学历背景的影响，同时工作性质又往往能提示其经济水平。这些特征是我们在个人的成长过程中经历自我实践、自我发展而逐步形成的，会随着时间的推移、空间的变迁而不断变化，而这些特征就是后天形成的，也就是我们常说的"社会经济特征"。

在《2022人民美好生活洞察报告》中，结合固定性的"人口特征"与动态性的"社会经济特征"，划分出了新的八大类消费人群。

（1）学生社会新人，这一类属于移动互联网的"原住民"，出生并成长在互联网时代，并且刚脱离家庭的束缚，开始初尝社会的环境，他们钱包还不鼓，因此对价格更加敏感，但他们往往具备强烈的好奇心，多从社交媒体中获取消费信息，喜欢新鲜事物并乐于为新奇、有趣的事物买单，容易冲动消费。

（2）悦己独立男女，主要是已经具备独立经济能力且对生活品质有一定要求的青年群体，他们已逐渐在社会中占有一席之地，关注自我的情绪，在消费时更容易被情绪价值打动，对提升生活的幸福感、舒适度有一定追求，期待生活并渴望将自己塑造成更完美的形象。

（3）年轻新婚夫妇，这一群体处于刚刚组建家庭又无儿女的状态，此时房、车等大宗商品往往会被列入他们的消费清单中，他们看重二人的家居、休闲时光，具备了一定的经济基础。

（4）都市新手爸妈，这一消费人群主要定位在一二线城市，在有了新的小生命之后，育儿成了消费支出的重点，他们关注婴幼儿的饮食、健康，也对孩子未来的教育、培养有巨大需求，针对这一群体，母婴用品、保姆、儿童教育、幼儿服饰、亲子游等都有无限商机。

（5）城市成熟家庭，这一人群的家庭结构已趋于稳定，子女逐渐成长后已具备独立性，自己常年工作也积累下了一定积蓄，这时他们将有更多的时间和精力回归到自己身上，看重高品质的生活。

（6）乡镇乐活小家，主要针对居住在低线城市的人群，在这些小城镇或小乡村中，经济发展水平更低，竞争压力更小，生活节奏更慢，这类人群拥有比一线都市人群更多的休闲时间，在消费中更加追求性价比，对娱乐、休闲有着巨大需求。

（7）乡镇传统大家，与"乡镇乐活小家"一样居住在低线城市，但经济实力更加优厚，往往是在乡镇中有地位、有威望的大家庭，珍惜家族情谊。

（8）闲适自在的老人，即退休在家的老年群体，他们不用工作，拥有富足的闲暇时间，并在长时间的年岁中积累下了一定的财富，他们发展出了自己的休闲爱好，尤其关注身体健康问题。

这样八个不同的消费画像，既有差异，又存在共性。比如未婚的悦己独立男女与已婚的年轻新婚夫妇及已育的都市新手爸妈，消费偏好就有明显不同。未婚人士消费时只聚焦自我，在意的是个体的满足感是否能实现，而已婚已育人士在进行消费决策时，除了自身的喜好，还要将家庭中的其他成员纳入考虑范围中。而不同消费人群中也存在交叉点，比如学生社会新人和悦己独立男女，在消费中都以兴趣为第一出发点，从自身的想法出发，实现自我满足。

我们可以看出，不同的人生阶段、不同的社会决策、不同的生活环境，都会让消费者之间的需求存在明显的不同。因此，在消费者的个体性和社会性共存时，品牌既需要把消费者作为个体的个性化部分，又要把其置于家庭角色、社会身份中去考量，既需要照顾消费者不言自明的显性需求，又需要考量其内化于心的隐性需求。只有当这些维度都达到一个动态平衡点时，品牌才有可能始终立于不败之地。对每个品牌来说，能辐射和覆盖的消费人群是有限的。这时，品牌需要思考的问题是，如何依据品牌的定位找到适合的目标人群并适时调整自己的战略，赋予品牌情绪价值和高格调。无论品牌的品类是什么，都要契合目标消费人群的心理诉求，通过对消费者内心的呼应与满足，实现情感的深层次连接，传达品牌内涵，启迪消费者心智。

2. 元气森林打透 Z 世代心智，成为新消费势力

在竞争激烈的饮料市场中，有一大批潮流品牌兴起，元气森林无疑是茶饮领域中的一颗耀眼新星。而要说到元气森林的成功，很大程度上在于它打透了 Z 世代人群的心智，成功树立起了国潮新消费品牌的形象。

Z 世代，指的是在 1995 年至 2009 年间出生的人，是具备极强潜力的新消费势力。他们注重创新，有效的营销手段是打动他们的强力武器。元气森林并没有高门槛的生产技术，因此品牌的包装与营销就成了抓住 Z 世代用户心智的关键。

成长于经济与互联网发展的 Z 世代，无须为温饱问题发愁，而是对健康、身材更为关注，加上网络上网红、明星的身材营销，让他们对健康饮食有了高要求。但健康的愿望与美味的诱惑是矛盾的，自律总显得有些反人性，但摄入糖分又令人产生负罪感。在这一背景下，元气森林基于对消费者需求的洞察，打出了"0 蔗糖"理念，用日系风格的包装、年轻化的品牌形象突出品牌特性，将健康与口味做到两者兼顾。从 2017 年推出轻功能茶饮"燃茶"，2018 年上线无糖气泡水"元气森林"，2019 年定位"0 蔗糖""0 防腐剂""低脂肪"的"乳茶"，2020 年力推能量饮料"外星人电解质水"等，元气森林通过一款款网红产品，解决了控糖与戒糖的需求，让消费者在想起"元气森林"这一品牌时产生与健康的关联记忆，让年轻群体在喝元气森林时有一种健康的心理认知。

清楚的产品定位之外，高效的营销策略也是元气森林迅速崛起的助推器。Z 世代的信息获取往往通过社交媒体，因此元气森林极注重在各大社交媒体上的曝光，在微信、微博、抖音、B 站、小红书等

平台上，元气森林都有布局，不仅有明星发文关注，更有直播界头部 KOL 推荐，迅速获得消费者的认知。其中在小红书上，元气森林的"种草"文章已经有近万篇。Z 时代聚集的 B 站，呈现出了强烈的本土认同感和自豪感，这种群体情绪反映在商业上，是年轻人对于国产品牌的极大期待，这种情绪令元气森林这一国产品牌更具亲切感和文化认同感，在营销中更容易被 Z 时代消费者所接受。

如今，在茶饮市场，喝元气森林自带潮流属性，也成为年轻人获取社交认可的一种方法。总的来看，元气森林在 Z 世代人群中取得的成功，核心要义在于他们找到了最核心的用户群，并通过洞察需求打通了这一圈层，实现了消费者的最终转化。

3. 王饱饱代餐消费，收割年轻女性

在当前，"代餐"已成为女性食品消费中的一个热词。代餐和主食、零食的界限正变得越来越模糊，而代餐主食化正逐渐成为一种新趋势。食用方便、快速获得饱腹感和减肥是消费者购买代餐产品的主要动机，代餐消费的人群以一二线城市的女性为主，90 后、95 后的消费也在不断增速。第一财经商业数据中心联合天猫食品发布的《天猫食品行业趋势分析报告》显示，95 后已经占据代餐主要消费者地位，代餐食品受到年轻消费者的喜爱，新一线和二线城市消费占比接近五成。《天猫食品行业趋势分析报告》也显示，近一年来市场渗透率超过 40%，消费者增速超过 60%，可以说以谷物为原料的麦片粉代餐产品引领了新风潮。

广阔的应用场景和庞大的消费市场，让轻食代餐品牌受到资本热捧。面对市场对代餐麦片的巨大需求，前有三只松鼠、旺旺、良品铺子等老牌食品厂商加速入局，在原有的产品线中加入麦片；后有不少企业甚至"半路出家"，转行生产麦片。不过在这些新旧品牌之中，异军突起的"王饱饱"名头格外响亮，在品牌创立后不到两年时间，

指定购买率达到95%，成为麦片品类的"代名词"。

在王饱饱之前，国内市场上售卖的麦片基本分为两种：一类是西式裸燕麦，比如西麦燕麦片、桂格燕麦片，这种燕麦健康、热量低，但口感差，不符合年轻人的口味习惯；另一类是膨化型麦片，以日本卡乐比为代表，这类麦片经过膨化处理后口感得到了提升，但热量非常高，还对麦片本身所蕴含的纤维造成破坏，并不那么健康。

王饱饱正是在这一背景下诞生，主打"高颜值代餐谷物"，定位是健康、低糖、低热量。王饱饱选择了新的生产工艺，利用低温烘焙的技术，创新推出新型烘烤麦片。这种麦片既具有好的口感，又保留了麦片的纤维含量，同时减少油和调味剂的添加，食用起来无"负罪感"。这样既不像西式裸燕麦片那样口感差，又不像膨化燕麦片那样易上火，以美味与健康兼得的麦片品类进入市场，让消费者摆脱"好吃怕胖"的困扰。

在日新月异的食品领域，光靠一款经典产品不足以长青。在基础款之外，王饱饱麦片还十分注重品类的创新，每隔两个月便推出一款新产品，不同季节也会推出应季产品。比如酸奶果然多、坚果墙、抹茶逗、肉松控等干吃麦片；抹茶魔芋羹、果然多魔芋羹等热量更低的冲泡麦片；芒果膏、肉松脆、酸奶冻等代餐衍生品……通过快速的产品迭代与推新，王饱饱呈现品牌活力，增强用户黏性，最终以传统麦片颠覆者的形象，像一匹黑马一样从麦片类食品中脱颖而出。王饱饱自2018年线上旗舰店开业以来一路表现强势，天猫月销量一路从200万增长至4000万，成为食品品类的爆品。

王饱饱的成功，在于踩准了消费人群的需求。代餐食品的主要消费人群是年轻女性，她们追求美好，有强烈的个性和主见，在食品选择上，除了品质外，还崇尚颜值与时尚感，关注口感与多变的口味。

王饱饱抓住了人群特征,以"烘烤麦片"打造了新的市场品类,与传统品牌形成市场竞争区隔,对品牌进行了准确的定位,辅以高颜值、年轻化的包装,对标"好吃不胖"的多元化消费场景,打造既减肥又好吃的产品形象,迅速占领用户心智。

三、新体验

创造新体验，定义新品类。在需求没有太多变化的时候，如何在细分赛道上找到新品类的机会？一定要关注消费者新需求的解决方案，洞察消费者产品体验的创新。

拿我们每个人都会经历的场景——刷牙来说，牙膏的主要作用是清洁牙齿，在功效方面没有重大突破的时候，就可以从体验感入手，进行品类的创新升级。比如挤出的牙膏通常是白色、绿色的圆柱形。高露洁就推出过一款牙膏，挤出的牙膏呈爱心形，此外还有透明色、加亮片等不同款式。再如牙膏基本是膏体状，漱口水就从形态上创新，是液体形态，用户无须将牙膏配合牙刷使用，只须含一口漱口水再吐掉，就能起到清洁口腔的作用。还有泡泡漱口丸、日本的爆珠，都是颗粒形状，放入口中咀嚼，就会自动冒出气泡，帮助清洁口腔、清新口气，小小一颗方便携带和使用。

洗衣服是每个人的刚需，人们在早期会使用皂荚，之后有了肥皂、洗衣粉，再后来有了洗衣液，而如今又出现了新的洗衣清洁剂——洗衣凝珠。洗衣凝珠可以算是浓缩版的洗衣液，通常是将洗涤液按比例浓缩，再用水溶膜进行包裹，外观显得小巧精致。这种水溶膜遇水后在一定时间内溶解，释放出包裹内的洗涤液，从而达到洗净衣物的目的。一般来说，目前市面上常见的洗衣凝珠，1 颗基本上能洗 6~10 件衣物。对于控制不好洗衣液的用量，或是想要偷懒的人来说，洗衣凝珠无疑更加方便，一次按洗衣量丢入适量洗衣凝珠，就能将衣服洗干净，方便又实用，既省存储空间，又干净卫生。

在这些日常的案例中我们可以看出，无论是漱口水、漱口丸，还是洗衣凝珠，这些产品都是在体验上下功夫进行创新，以较低的研发成本创造出人们新的需求和体验，开拓了更多的市场空间并获得了很好的市场反响，实现了品类发展的新突破。

1. 把"健身教练"藏进镜子里，实现家庭科技健身

近年来，随着社会的发展，人们的生活节奏逐渐加快，生活压力也呈现递增的趋势，这种生活状态下，不少现代人的健康亮起了红灯。在"亚健康"人群越来越庞大的同时，人们纷纷意识到了靠运动来保持健康的重要性，对健身的需求越来越旺盛并进一步升级。数据显示，在近五年间，中国的健身行业经历了一轮高速增长，从 2018 年开始，中国已成为全球最大的健身市场。

随着我国"互联网+"市场的迅猛发展，"互联网+健身"的赛道也呈现出了新的趋势。尤其是疫情居家期间，宅在家中的人们无法出门，也就难以进行室外运动，或是去健身房、瑜伽馆健身，但人们对于健康的需求不减。此时，居家健身的场景为新品类的诞生提供了土壤与发展条件。得益于先进技术的迅猛发展，智能健身产品的出现为居家健身带来了颠覆性改变。不受空间、时间限制的智能化、科技化的家庭健身产品，已经成为大众居家健身的新诉求，一种智能化的全新家庭健身生活方式也由此诞生。

在这个新赛道上，FITURE 以其智能创新技术成为这个赛道的领跑者。2020 年 10 月 28 日，FITURE "魔镜"上市，这是一款融合了"硬件 + 内容 + 服务 +AI"的智能健身产品。在一般情况下，它看起来就是一面做工精细的全身镜，与普通镜子没有太大差别。但只要打开"魔镜"开关，就会发现它暗藏玄机——在这面镜子中嵌入了 AI 摄像头，看似平平无奇的镜面，实际上是具备交互功能的镜面屏，消费者能在镜中看到自己的姿态，也能通过屏幕看到教练的动作。作为智能健身

赛道的新品类，FITURE"魔镜"基于居家健身的新需求，发挥出了科技的想象力，带来了丰富的创新。

尽管居家健身的需求火爆，但在家庭健身的需求中仍存在明显的痛点。比如，跑步机、蹦床等大件健身器材价格偏贵且体积较大，极其容易闲置，又占空间，容易令家中显得逼仄。由于缺少运动氛围，一个人在家中健身往往容易失去动力，几次下来人们会感到倦怠，逐渐减少健身频率。而且，有相当一部分人群是刚接触健身的"小白"，他们不知道该做什么样的动作，以及如何评判自己的动作是否标准，缺乏专业教练的指导。这时，基于这些难点，FITURE开始思考如何将健身器材与家庭场景融为一体又不显突兀。要加入健身元素，又不能与家庭场景产生冲突，镜子成了最好的载体。也有人想到过是否能以电视为载体，但相比之下电视存在明显不足：一是电视往往是休闲娱乐时打开的，用电视承载健身需求容易造成分心，而镜子本身就是为了展示人们的仪容仪表，与健身塑型的目的有天然的契合之处；二是电视往往是固定在墙面上的，不符合运动时变换场地、角度的需求，而镜子可以方便搬动，既能放置在客厅，又能安置在卧室使用；三是电视的升级迭代相对较慢，适配更加复杂，成本也更高昂，不利于市场推广。因此，镜子成了最好的载体。FITURE在平常可以作为装饰家具，它在设计中结合了几何哲学与极简美学的理念，富有美感。

在有运动需求时，它的4K高清大尺寸镜面屏配备了摄像头和扬声器，满足了居家健身新场景的需求，让居家健身随心所欲。它最核心的功能是内置了健身专家的专业教学课程，从入门的瑜伽、普拉提、健美操，再到进阶的HIIT、搏击操、力量训练，每时每刻都能体验教练到家的教学。FITURE"魔镜"是对健身房的补充，并不是替代，对于真人教练，它也并非是取代作用，而是提供了一个更便捷的方式——人们不需要特地花时间去健身房或私教那里，而是在家就可以获得像真人教练一样的指导和健身体验。此外，它的 AI 互动能力也值得一提。FITURE "魔镜"能够捕捉深度视觉信息的运动数据，通过虚拟 AI 教练帮助用户完成体测，为用户定制专属课程；基于"FITURE Motion Engine"智能运动追踪系统，FITURE "魔镜"会对用户进行一系列的交互体测，然后抓取身体运动数据，生成包括上肢力量、下肢力量、核心、平衡等七个维度的报告，从而为用户定制课程和训练计划。通过课程中的交互部分，AI 教练会对用户实时指导动作，确保练到位。这整个过程其实跟私教的作用一样，只不过基于智能系统和 AI 分析，它的逻辑更精密，让健身体验也更科学有效。为使健身更有成就感，更有动力，FITURE "魔镜"还在社交上下功夫，为健身人群营造交友圈，用户可以通过 FITURE "魔镜"分享自己的运动情况，并通过打卡、PK 起到互相督促、共同进步的作用。

经过 FITURE 的潜心打造，这面"魔镜"不再是一面简单的镜子，而是一个跟着明星教练一起健身的专业课堂、一个在与 AI 互动过程中享受健身的欢乐世界，更是一个与朋友打卡 PK 的社交天地。随着生活水平的提高，越来越多的人开始关注"健康"，FITURE "魔镜"对于那些希望利用碎片化时间健身的用户来说，是一个非常不错的选择。FITURE "魔镜"通过与镜子的结合，再利用 AI 引擎带给用户面对面的私教课程般的体验，将健身与智能、创意相结合，为热爱健身却没有时间运动的人提供了一种新的可能。FITURE "魔镜"重新定义新的品类，挑战新的技术领域，始终坚持以用户为中心，结合产业细分领域的进步结果，在新的需求中大放异彩。

2. 精品速溶咖啡，构建互联网咖啡新格局

当前，中国的咖啡市场前景广阔，也是近年来竞争最为激烈的"战场"之一。前有星巴克、雀巢，后有瑞幸，不断涌现的咖啡品牌都想在这一庞大的市场中分得一杯羹。而我们接下来要讲的是咖啡市

场中崛起的黑马——新国货品牌"三顿半"。三顿半成立于2015年，以惊人的发展速度受到市场的瞩目。在2017年，三顿半获得1500万元营收；2018年5月份上线天猫，当年营收达到5000万元；2020年"双十一"在冲调类和咖啡类销量排名第一，并荣获当年销售增速最高的咖啡品牌。在经典老牌云集的咖啡市场，三顿半脱颖而出，成为年轻人的社交"货币"，无疑与其找准了市场定位并发掘出新消费需求的商机密不可分。

在快节奏的生活中，都市青年们习惯在早晨或下午冲泡上一杯咖啡来提升醒脑。对于有闲暇的人群，他们可以在午后走进咖啡馆，慢慢品味一杯现磨咖啡，感受咖啡的浓香，享受午后的惬意。但作为新生代的90后、00后，在口感之外，他们更加看重便捷与个性化。他们可能并没有时间走进咖啡馆品尝咖啡，在家中或办公室快速获得一杯咖啡才是他们更高频的消费需求。

正是洞察到了年轻人的这一需求，三顿半在产品定位上主打"精品速溶咖啡"的品类，填补了速溶与现磨之间的定位空白。在三顿半之前，速溶咖啡市场非常庞大，而且价格十分便宜，约1元～3元，但传统速溶咖啡口感不佳，且在冲泡时步骤繁多，不能满足消费者对精致生活与丰盈口感等方面的追求。现磨咖啡口感好，但单价高且不方便，如星巴克等均价超过30元，瑞幸券后的价格约为10元～20元。于是，三顿半从咖啡品质与便捷度入手，不断进行产品的迭代升级。2018年，三顿半推出明星产品"超即溶咖啡"并迅速爆红。这款产品创新了现磨咖啡的低温萃取技术和食品冷冻技术，保证咖啡在排除水分的同时，最大限度保持咖啡原有的风味，将迷你杯中的精品咖啡粉倒入水或牛奶中就能瞬间还原为一杯真正好喝的冷萃、拿铁咖啡，使得速溶咖啡兼顾了便捷和口感。三顿半还根据咖啡原豆的烘焙度和口感，把产品分成1～6号单品，数字越小、烘焙度越低、果酸等风味越突出；数字越大、烘焙度越高、醇厚浓苦度越高。用户可以根据号码大小，自由选择喜欢的口感。在定价上，三顿半咖啡的平均价格为 5 元 ~ 8 元，有效平衡了单品价格与精致口感，用更便捷的获取方式刷新了公众对速溶咖啡的固有认知，赢得了消费者的青睐。

在品牌策略上，三顿半亦结合新场景的特点，打造"小杯装"视觉符号。三顿半的包装并未选择传统的塑料袋封质，而是选取了辨识度很强的"小杯子"，设计风格简约、可爱，好玩又环保。在颜色搭配上，三顿半不局限于惯用的黑灰，还有亮黄、淡红等吸引眼球的色彩，打造出了独具品牌特色的视觉符号，以"迷你乐高式咖啡杯"的形象有效降低了用户的认知成本，大大提升了社交传播效率，有效吸引了一批消费者。

在营销创意方法论中，受到普遍认同的一个重要观点是"创意都是为了降低营销传播成本，所谓品牌的命名、标志、广告都是为了降低传播成本"。在三顿半的营销案例中，其品牌符号具有鲜明的识别度和记忆点，有效地降低了消费者的认知成本，其独特的包装和外形特征也被不少消费者进行了二次创作，在社交媒体吸引了不少注意力。三顿半的新式包装迎合了年轻人的喜好，小杯子被消费者留下当花盆种植小绿植、放在书架上做摆件、挂在钥匙串上做挂件等，玩法多样，在社交平台掀起了晒图的潮流。在微信、微博、抖音、小红书等社交平台上，用户不断分享自己的创作，甚至流行起了各种三顿半的混搭 DIY 视频。消费者在生活中尝试着将三顿半咖啡与各类饮品混搭，设计出了各式各样的冲泡方法，探索出了各种新鲜有趣且口感美味的独特配方，这些行为让三顿半更具有品牌活力，进一步提升了社交传播效率，让产品获得免费的用户流量，大大拓展了三顿半的产品生命力。

在运营打法上，三顿半也植入了互联网的基因，从用户体验出发，通过冷启动迅速打开市场。在创业初期，首先就是找种子用户，三顿半的萌芽期是从下厨房 App 中积累起的目标消费群体，通过给用户寄样品吸收反馈和建议，对产品进行改进。第一批种子用户中，会有人使用后将体验反馈给三顿半，让三顿半得以不断对产品进行改进，这批人在之后会自然地成为三顿半的爱好者。当年，小米也是先建立自己的小米发烧友社区，再用社区反哺创新，这个操作可以说是十分相似。其次，培养 KOC（Key Opinion Consumer），即关键意见消费者。与 KOL 不同，KOC 的数量与影响力偏小，但在小圈层中有着极强的说服力。通过典型 KOC 的选择，三顿半培育起忠实用户，打造品牌权威性，并让品牌传播变得更加顺畅。最后，如何让用户复购也是品牌长青的关键。三顿半咖啡采用可爱的小塑料罐包装，虽然五颜六色十分好看，但大量生产而不能重复利用必然会引发环保问题。于是在可持续成为时尚潮流的当下，三顿半主动于 2019 年 10 月开启第一季"返航计划"，降低环保风险。三顿半与一些特色书店、商场等线下空间合作，从消费者手中回收空的咖啡罐，兑换咖啡相关的周边产品，如滑板、MAD 联名包、飞盘、环保杯、水藻球等。此举不仅增加了用户黏性，还在建立用户关系的同时提高消费者的留存率与活跃度，形成了独特的品牌文化。

四、新场景

人们的需求常常受场景的影响，在特殊的场景，就会有特殊的需求涌现出来，因此企业或品牌要想在新的品类市场中出奇制胜，就要创造新的消费场景。比如新冠疫情期间，人们往往被迫居家，出行购物十分不方便，在这个时候，一日三餐的饮食都需要靠自己准备，于是面包机、空气炸锅、单人火锅机等便利的厨具都成了爆品。

消费品领域也有很多新场景的案例，比如大家以前觉得面膜都是片状的，需要敷满 15 分钟再揭下，但这一产品形态面临很多问题。很多人是在下班后或睡觉前敷一片面膜，有时回到家只想倒头就睡，敷上面膜可能一不留神就睡着了，忘记揭下面膜，反而导致肌肤缺水。对于戴眼镜的人来说，附上片状面膜后就不方便戴眼镜了，如果这时想看看剧、刷刷综艺也没办法。于是，睡眠面膜应运而生，突破了面膜的场景应用。这种面膜是涂抹式的，呈乳霜或果冻啫喱质地，在睡前均匀涂抹在脸部即可，面膜就会被皮肤逐渐吸收，解决了片状面膜不方便的问题。

再以口腔为例，通常大家以为口腔护理还是局限在洗手间场景，而现在不少企业或品牌在消费场景上做了突破，打破了口腔护理只能在卫生间进行的固有印象，创造出了一些随时可用的洗护产品。

有些电子产品更加便捷，可以随身携带，在图书馆、咖啡店、学校教室这些没有专属座位、网线的场景中，笔记本电脑、平板电脑就成了办公人士和学生的必备电子产品。

1."一人食"虎邦辣酱,深入外卖场景

说起辣酱市场,这么多年向来是竞争激烈,其中虎邦辣酱作为"网红辣椒酱",在2016年至2020年的5年中,从0成长为体量2亿元的品牌,成为新消费场景中突围的典型案例。

在传统辣酱市场,老干妈的行业老大地位难以撼动,其他品牌只能在其身后追赶,且逃不脱所谓的"老干妈价格区间":要是你定价比老干妈高,就卖不动;要是你定价比老干妈低,就活不了。因此,在传统模式下行业的同质化令品牌突围空间十分有限,虎邦摒弃了传统的销售模式,没有在商超中争夺市场,而是开始寻找新的品类机会。这时,外卖市场佐餐酱的空白让他们发现了新大陆。

在外卖的消费场景中,"一人食"是个关键词。点外卖的高频消费群体大多是在校学生、都市白领,他们大多没时间做饭或缺乏做饭条件,又想改善伙食,于是选择点外卖。而这类人群点外卖还有一大特征,就是大多是为自己点单,基本是一人餐。而在吃外卖时,不少人会根据自己的口味加入佐餐辣酱,丰富餐食口味。但是,大量辣酱生产厂家所面对的主要消费场景依然是家庭餐,大瓶辣酱对于常年"单人进餐"的人群来说绝对不是一个好选择。因为它们存在食用周期太长、开盖后难以保存等问题。

在外卖这一新场景中,虎邦发现了机会点——辣酱与外卖场景有天然的高匹配度。在消费场景上,众多外卖品类都有辣度选择,且在中国人的消费习惯中对辣酱的接受度很高。在消费人群上,点外卖的年轻人居多,他们对价格不那么敏感,乐于尝试新事物,且对于便捷性、新鲜性有需求。在渠道性质上,外卖行业不同于传统商超,是行业巨头尚未布局的领域,竞争风险较低,有助于新品牌的打造。于是,在2016年初,虎邦立刻作出决定:砍掉一切不相关业务,集中所有的业务资源开辟外卖市场。在更多的厂家、商家想方设法提高客单价、增大产品规格的时候,虎邦从解决消费者"一人食"的场景痛

点问题出发，很快抓住外卖销售流程中"小件"凑单的生态特征，进行产品的转型。虎邦辣酱专门建立灌装生产线，借鉴西式快餐的番茄酱包装形式，针对外卖平台商家推出 50g、30g、15g、10g 便携小包装辣酱，适应了外卖场景方便、少量的需求，解决了广大年轻人在宿舍、办公室等环境中餐食口味单一、储存不便、容易浪费等问题。无论什么样的简餐，拌上一勺辣酱就能激发食欲。同时，价格在 3 元～5 元之间的小包虎邦辣酱适配了消费者的场景需求，在小范围的市场投放中效果非常良好，初步的尝试获得了回报。之后，随着业务的不断推进，虎邦带来的回报超出人们的想象，自 2016 年实现收入以来，其营收更是以 300% 的年均复合增长率上涨，到 2019 年年末便突破 2 亿元。

虎邦辣酱对于自身的定位十分清晰，"一餐一盒"的小盒辣酱品类通过外卖消费习惯，成功对准以"单身""懒宅"为特征的年轻消费者群体，在探索出与外卖场景、年轻消费者应用场景深度融合模式后，坐拥 10 万家外卖终端"新货架"的虎邦，能够确定自己已经深入"网络一代"年轻人的心智当中。基于对消费场景、消费人群的深刻解读，虎邦辣酱进入市场并稳扎稳打，谋定而后动，成功获得消费者的青睐。

2. 美妆需求升级，催生家电新品类

近几年，家电行业，尤其是传统大家电领域的增长已经趋于平缓。但随着人们生活方式的变化，一些细分场景的小家电产品释放了新的生命力，尤其是当这些家电产品和"美"挂钩的时候。近几年，美妆行业推出的新品越来越多，速度也越来越快，而在传统的美妆产品之外，传统家电和化妆品相结合的美妆伴侣正在逐渐成为新的流行风尚，比如洗脸仪、美容仪、护肤仪、脱毛仪等，都有代表性的新品牌诞生。我们今天要说的是另一个全新的领域：美妆冰箱。

护肤一直是女性消费者中最强势的消费市场，在消费升级的趋势下，女性消费者不仅重视护肤本身，还越来越看重护肤的仪式感和体验感，正因如此，"专业美妆冰箱"这类此前没有被关注到的细分领域正在催生新的生意机会。随着"双十一""618大促"等活动的火热，不少消费者会选择在大促期间囤货，囤积了大量护肤品却难以及时使用。为了不影响这些护肤品的活性，不少女性消费者会选择将护肤品放入冰箱中冷藏起来，能够起到保持护肤品成分活性的作用。另外，化妆品往往是有开盖保质期的，一旦打开盖子，保存时间就会比密封时的保质期短很多，此外，消费者在使用化妆品时，也常常把手指伸进化妆品瓶子，这些行为会导致细菌残留在瓶中，不少消费者尝试用冷藏的方式来防止细菌滋生和产品变质。但我们传统的冰箱通常是针对食物存储设计的，将大牌护肤品与各种食物一起存放在冰箱里，也会让女性们产生卫生担忧。

基于这一需求场景，美妆冰箱成为消费新需求。在美妆冰箱品类中，创立于2019年11月的"缤兔PINKTOP"是其中的翘楚。在市场需求刚刚萌发、竞争尚未形成规模、消费者亟待"被教育"的阶段，品牌能否快速影响消费者并占领其心智变得尤为重要。缤兔主要针对年轻的女性消费者，其产品能否渗透到目标消费群体的内心，主要从两个方面入手，一方面要洞察女性的家庭决策地位和其消费习惯；另一方面则是产品本身具备的功能及其传递出的价值观等。

对女性消费群体而言，她们很容易受产品颜值、品牌价值驱动，愿意为小众化和个性化的产品买单。与传统冰箱不同，美妆冰箱天生为"美"而生，不仅需要存储护肤品，还要能直接放在梳妆台上便于取用，因此对冰箱颜值有了更高要求。为了更加契合女性消费者的喜好，缤兔推出的"方糖"单开门系列主打人间蜜桃、草莓红心、白色方糖、薄荷气泡4种颜色，双开门有粉境、绿野、幻白，沁红4款颜色。这几款颜色的选择也是有依据的，这些颜色是团队历时3个月，从 520 款女性最喜爱的产品色彩中筛选，经过 265 次色彩打样测试才最终确定的，就是为了一击即中目标用户的少女心。

缤兔的核心目标消费群体聚焦在中产家庭女性，他们的年龄普遍在 25～40 岁左右。这些消费群体往往有自己的家庭且有一定的积蓄。除了拥有更符合年轻人审美的颜值，这款美妆冰箱还用科技创新解决了保鲜、收纳、潮湿、静音的难题。众所周知，家用冰箱是针对食物保鲜而设计的，冷藏室的温度通常在 1℃～8℃，但这一温度远低于化妆品的保存需求，还会产生冷凝水等，团队通过对几十种化妆品进行采样调查，发现 10℃ 几乎是所有化妆品的最佳储存温度。为此，缤兔采用了智能恒温精控系统，智能恒温保鲜，这样就可以让化妆品时刻处于最佳的保存环境中。为了解决"收纳难"的问题，内部功能区划分更是根据目前市面上护肤品的瓶型有针对性地进行设计。缤兔通过比对 200 个热门护肤品瓶型、尺寸，最终确定了高瓶区、中瓶区、罐装区、面膜区、门体置物 5 大科学分区设计。单开门最多可以收纳 50 件，一个人使用完全足够。同时，缤兔还研发了专利密闭干燥技术，这个技术能够内置一体化的吸湿和排湿通风系统，有效保证了美妆冰箱内部空气的干燥度，进一步解决了护肤品放在家用电冰箱和卫生间内滋生细菌、变质等常见问题。最后，为了能够在卧室中放置，缤兔采用了风冷系统，可以达到睡眠级静音水平。

就这样，聚焦于"她经济"，缤兔作为颜值和功能兼备的产品，打开了继美容仪、美容镜后的又一个蓝海市场，创造了当下全新的消费场景。缤兔自 2019 年天猫"双十一"上线以来，已牢牢占据天猫该品类的第一名。

3. 瑜伽 + 社交，Lululemon 彰显运动品牌"女子力"

相较于其他健身运动，"瑜伽"这一极具女性气质的运动仅仅于近20年才开始在全球广泛流行起来。Lululemon正是借势于此，快速流行壮大。1998年，奇普·威尔逊（Chip Wilson）于温哥华创建了Lululemon这个品牌，他从瑜伽运动这个细分小众市场切入，随后又借助Athleisure风气发展成为一个全品类品牌。

在1998年，女性运动的浪潮刚刚开始，市场上专门为女性制作的运动裤装屈指可数。不同于传统运动品牌，健身运动服饰大部分以男性为出发点，当时女性穿着的运动服装排汗差、臃肿、不透气，穿着舒适度较差。在意识到这个消费痛点后，Lululemon选择瑜伽运动为切入口，从创立伊始便瞄准女性消费者，抢占先机获得差异性优势。Lululemon对市面上的运动服装进行了优化，主要以滑雪服的布料为基础，并在厚度、重量、收缩性等方面进行了改良，采用"flat seam"拼接设计的方法，让产品的透气性、紧绷性问题得以解决，也就诞生了这个风靡世界的经典瑜伽裤。

这款明星瑜伽裤除了完美贴合女性需求外，还在于对穿着场景的创新拓展。威尔逊曾在调研中发现，虽然日本的滑雪市场有庞大的发展空间，但是当地很多购买该产品的人其实并不一定会参与日常滑雪运动，他们购买该产品其实只是为了看起来像一个滑雪运动者，也就是说，实际上滑雪产品的市场比真正参加运动的人群要更广阔，这些购买了滑雪产品但并不用于运动的人其实是看中了产品的社交属性。此后，Lululemon的调查也发现，在购买这类产品的人群中，只有25%的人是为了瑜伽运动而购买的，其他人更加着眼于产品的时尚性，他们不在意面料本身的科技性，更看中的是其是否可以用于日常穿搭，在意产品的工艺设计与美学细节。

因此，Lululemon并未打破"瑜伽运动"这一场景，而是让服装能够贴合日常需求，成为可以外穿的潮流服饰。实际上不难发现，它相较其他运动品牌多了一层"社交属性"。在风格设计上，相比其他运动品牌产品的专业性，Lululemon整体风格更加内敛，更适合日常穿着。无论是网店还是实体店，即便是设计再简单不过的一条瑜伽裤，也会通过其高级的莫兰迪色系，牢牢抓住女性消费者的心。出色的设计与剪裁，突出消费者自身形体的美感，消费者十分乐意在社交媒体晒出自己穿着 Lululemon 的照片并给出正向的评价。以瑜伽裤为例，其独特的设计能够提高臀部的挺拔度，拉长腿部的线条，使得穿着它的女性自身的形体美感得到凸显。一时间，无论是在 Instagram 拥有过亿名粉丝的明星超模还是欧美的年轻人，都把不同颜色或印有各种花纹的紧身裤当作"街头服饰"，穿衣场景的界限被进一步打破。

除了塑造新场景外，Lululemon 的成长在很大程度上也依靠其与瑜伽文化和瑜伽社群的捆绑，而消费者忠诚度是品牌溢价的基础。威尔逊选择与全球各地的瑜伽教练或健身教练合作，通过免费提供一年服装等方式邀请他们担任品牌大使。凭借这一创新推广模式，以及赞助社区瑜伽课程，lululemon 迅速积累了规模庞大的粉丝，培养了品牌文化社群，而瑜伽裤则成为品牌文化的一种"图腾"和象征。就是这样，Lululemon 通过品牌和产品的双向力量，将运动和女性互相交集的圈层牢牢拿捏。从一开始较为小众的瑜伽文化社区，逐渐成为能够涵盖更广泛领域的女性文化社区，在瑜伽服饰品类占据了重要地位。

五、新区域

市场再大，当入局者变多时，盘子中能瓜分的蛋糕就越来越少了。这时，玩家想要获得更大块的蛋糕要怎么做？比起绞尽脑汁在这块蛋糕上多切一刀，或许更有前景的方法是去寻找一块新的蛋糕。在消费品过剩的今天，要是企业无法打赢在消费者内心中的认知战，那么失去利润走向价格战就是必然的。而比起在存量的大盘中，与老牌竞争者抢夺用户心智不如开辟新战场。在新的领域中成为首个入局者，在处女地开疆拓土，接触新的消费者，将是更容易形成品牌心智的手段。

1. 传音出海，成为非洲手机之王

提起中国的国产手机品牌，我们耳熟能详的都是华为、荣耀、OPPO、VIVO、小米等，那么，你听说过 TECNO 吗？对于国内大多数人来说，TECNO 是一个陌生的名字，在欧美国家也鲜有人听闻，但如果走到非洲，你就能发现，TECNO 在那儿可谓人尽皆知。在非洲，TECNO 品牌的母公司传音已经占据了智能手机市场的半壁江山，非洲成了传音的主战场。

诞生于 2006 年的传音在市场拓展时并未将眼光对准国内市场，也未对发达国家市场发起进攻，而是将视角转向了经济发展水平较低的非洲，在这片土地上开启它成为"非洲手机之王"的征程。虽然从全球的宏观角度来看，我们普遍认为从功能机到智能机的换机潮已经结束了，但在非洲市场及新兴市场，实际上智能机还有较为广阔的市场空间值得被挖掘和开拓。

  2006年，传音进入非洲市场。非洲市场环境复杂、进入难度大。在开荒阶段面临的首要问题就是：非洲的消费者会为什么样的手机买单？面对新的地域环境与消费人群，传音与当地供应商建立起的紧密关系起到了至关重要的作用。这些供应商熟稔当地文化，对市场需求颇有洞见。针对非洲当地人的需求，传音迅速对产品设计及营销策略进行了本土化改造。作为欠发达地区，非洲的网络基础设施并不完备，信号不稳定，再加上非洲国家众多，提供网络服务的运营商数量庞大，跨运营商的话费高昂，以致每个非洲人手中可能会有好几张电话卡，根据需求随时换卡使用。而在当时，非洲市场的手机品牌大多是单卡。因此，为实现手机基本的通信畅通，传音在网络连接方面下足了功夫。在2007年11月推出的TECNO品牌，主打的卖点就是配备了双卡双待功能，一经上市就被抢购一空，有了这次的成功经验，传音在其后还研制出了四卡四待的机型，极好地满足了消费者的需求。

  此外，结合非洲消费者的特征，传音对手机各方面的细节都进行了优化。其内置的手机音量也比其他品牌更大——这是因为，无论是接听电话还是欣赏音乐，非洲居民普遍喜欢大音量。针对某些地区气温较高导致使用者手部出汗较多这个特点，传音开发了防汗防腐蚀的功能。面对非洲局部地区经常停电的情况，传音还研发出了续航更久的手机电池，设计了手电筒、FM收音机等小功能……

  而最引人瞩目的，还属传音专门为非洲用户开发的拍照优化功能。非洲人很喜欢拍照，由于非洲人肤色较深，传统手机拍摄效果很差，尤其是光线微弱或夜间，往往难以拍摄出清晰的人像。针对这一特殊需求，传音以本地用户为中心，对目标市场特定区域进行数据采集，累积了海量的深肤色人群数据样本，通过对数据样本的分析制定影像效果优化策略，开发出了能识别肤色和面部特征的手机摄像头，让深肤色人群也能清晰地出现在镜头面前。这充分满足了非洲消费者的拍照需求，很好地解决了非洲消费者的痛点。

在非洲市场，传音绝不可能采用苹果式的高价策略，而是通过超低的价格战抢占市场。以 TECNO 为例，其价格一般为 50 美元至 100 美元，使拥有一款智能手机不再成为广大非洲民众的奢望。

就这样，传音以非洲本地化需求作为市场切口和突破点，将产品创新做到了极致，在品牌、本地化、研发、销售等方面构筑了较强的竞争壁垒。针对非洲消费者使用习惯和偏好，传音陆续推出了包括"人脸特征点检测""防汗液 USB 端口"等在内的本地化技术，可以说传音成功登上了"非洲手机之王"的宝座。

放眼全球市场，科技行业依然处在波谲云诡的变化中，在这样的背景下，中国科技公司面临着诸多的不确定性，但他们不断发展、持续进步的趋势是具有确定性的。传音作为具有代表性的中国科技公司，其亮眼的业绩表现和持续开拓进取的行动可以作为这种确定性有力的注解。传音巩固新兴手机市场纵向基本盘的同时，还在进行生态战略的横向扩充，用多元化布局探索未来发展的无限可能。

2. 农村包围城市，蜜雪冰城主攻下沉市场

当代年轻人对于奶茶的热情和喜爱是有目共睹的，这也造就了近些年茶饮行业的兴盛。既可以看到喜茶、奈雪的茶、茶颜悦色等新品牌的出现和快速发展，又能看到益禾堂、古茗等传统奶茶品牌的迅猛扩张，奶茶市场竞争十分激烈。在如此火热的竞争中，有一个靠摆摊起家的奶茶品牌，凭借卓越的品类策略和商业思维实现了惊人的突破，它就是我们随处可见的平价饮品品牌——蜜雪冰城。

蜜雪冰城成立于 1996 年，爆发于下沉市场。2019 年营收达 65 亿元，2020 年，成为全球第一家门店数突破 10000 家的餐饮品牌，且上榜茶饮品牌新一线，位居第三名。从下沉市场的一家街边档口成长为

上市公司，蜜雪冰城是如何撬动万亿下沉市场的？

提起蜜雪冰城，"低价"是其标志性的特征。蜜雪冰城以刨冰起家，但它的真正爆火，始于2006年推出的1元冰激凌。一般来说，在普通的奶茶店，一支冰激凌至少也要5元，在便利店价格可能更高。但在蜜雪冰城，仅仅1元便可拿到一支冰激凌，可谓性价比绝佳。一二线城市的都市青年对于如此低价的冰激凌可能并没有那么感兴趣。但1元冰激凌对于下沉市场来说就是一柄利器。这款产品一经推出便供不应求，成为大热爆品。蜜雪冰城靠着1元冰激凌吸引来巨大流量，并从此打开销路，将流量引流到利润率更高的其他产品上去，从而实现销量与利润的双重增长。

可以说，蜜雪冰城的走红之路自带低价基因，以白菜价的形象走入大众视野，用极致的性价比招揽顾客。除了1元冰激凌外，店里其他产品价格也很低，基本不超过10元，主打的奶茶产品也基本是7元左右，对比其他奶茶品牌一杯动辄二三十元的奶茶，蜜雪冰城这个价格简直是难以想象，契合了下沉市场消费者的消费心理。

这种极致的性价比，一方面是节省营销费用，另一方面则是靠规模化开店效应倒逼产品成本降低。多年以来，总部位于郑州的蜜雪冰城一直将品牌的开店重心放在消费潜力更大的下沉市场。从品牌诞生以来，蜜雪冰城采取密集开店策略，这一点和茶颜悦色套路一样，不同于后者的是，蜜雪冰城并不限于一个城市，而是全国拓店，实现规模化人群覆盖。蜜雪冰城的门店主要遍布河南、河北、山东、四川等多个省份的三四线及以下城市，基本达到了"承包"的地步。而且开店选址根据目标消费者人群流量，一般扎堆开在市中心的学校周边、商业步行街、城中村、车站等附近，同一条街可能同时存在好几家蜜雪冰城，这些地方正是年轻人聚集的地方，学生、初入社会的年轻群体就是品牌的目标消费者。密集型扩张开店不仅是一种品类营销策略，还在品牌印象的塑造上具有重要的作用。由于到处可以看到蜜雪冰城的店面，反复多次的品牌呈现潜意识地在消费者的脑中形成了深刻的印象，会打造出一种该品牌十分火爆、有足够流量的独特概念。

为了深入撬动下沉流量，吸引更多的潜在消费群体的关注，蜜雪冰城的品类营销策略从消费者的特性出发，契合用户的心智。蜜雪冰城集中打造出了独特的"土味"气质，门店装饰采用县城的大卖场风，台柜摆满了各种周边，巨大的广告横幅和鲜艳的色彩更是凸显接地气的风格。虽然这些看起来花里胡哨且带有"土味"，但这种独特的风格却塑造了蜜雪冰城亲民的特性，也契合了目标消费群体的兴趣点。因为下沉市场的青年们对于品质、格调并没有高要求，更在乎好吃又不贵，追求极致性价比，这种看起来很廉价的装修风格显然在下沉市场更有优势。而且，如果去到蜜雪冰城的线下门店，你就会发现，除了"土味"装修，一般店铺中还会放一个音响循环设备，不断播放着折扣信息。实际上，声音一直是品类营销领域的一个重要的引流方式，叫卖的方法能够打造出热闹的氛围，也能够形成强烈的刺激信号，吸引更多的客流，而消费者往往会存在一定的从众心理，在这种氛围的影响下会产生跟风消费的行为。此外，蜜雪冰城还打造了自己的IP"雪王"，憨憨的外观和蠢萌的行为吸引了不少消费者的关注，蜜雪冰城为其开通了抖音，围绕雪王IP打造了动画短视频，可爱呆萌的形象更加贴近年轻消费者的心理。

单价不超过8元的奶茶，1元的冰激凌，再配合店内的优惠促销活动，让消费需求高但消费能力弱的主要消费群体爱上了蜜雪冰城。在下沉市场，主打高性价比的蜜雪冰城比其他茶饮品牌具备了更多优势，因此也获得了更多市场份额，并且随着品牌声量的扩大和市场的拓展，城市里的蜜雪冰城门店也逐渐增多，形成了广阔的市场体系，成功抢占了奶茶饮品市场的重要地位。"农村包围城市"路线，让蜜雪冰城避开了网红茶饮品牌在一二线城市激烈厮杀的同时，让品牌的经营规模如滚雪球般不断扩大，开拓了奶茶饮品品类的新路径。

3. 互联网长尾用户爆发，拼多多崛起

说起蜜雪冰城的下沉路线，就不得不提到互联网行业中成功攻占下沉市场并不断开拓新领域的拼多多。在"消费升级"和人们追求高品质生活的市场风向之中，拼多多却独辟蹊径。拼多多着眼于"消费分级"信号，以亲友拼团、砍价等社交裂变的形式，打开了移动社交电商在下沉市场的通路。拼多多的崛起，和长尾互联网用户的爆发有着紧密的联系。拼多多电商将渠道打入三四五线城市，成功打破了过去的信息和渠道不对称，让这些长尾互联网用户也能够方便地购买到品牌消费品。

提及拼多多的成功，可将其归结为对"下沉市场"的关注和开发。在淘宝、京东等电商巨头的厮杀中脱颖而出的拼多多，"低价"无疑是它的撒手锏。而这令人疑惑的低价背后，是拼多多对商业模式的颠覆。先来看看传统的电商巨头，淘宝属于C2C，像是一个品种繁多的大集市，拥有庞大的流量与商家积累，商家能够直接将商品销售到消费者的手中，淘宝的特点就是庞大且多样，因此消费者常将其称为"万能的淘宝"；京东与淘宝存在一定的差异性，京东属于B2C，它重视产品的品质和配送速度，能够实现次日达，尤其电子产品销售更是其一大优势。面对两面夹击，拼多多则另寻突破口，从低价值的易耗品入手，攻占了长尾需求的市场份额，也就是我们常见的一些生活小物品，人们对于该类物品的品质要求没有那么苛刻。拼多多销售模式则采用了C2M，即从消费者到工厂，通过对消费者需求的聚集，反向引导上游的供应链做到一定程度的批量定制，这样就减少了成本开支。聚集的方式就是拼团，拼到一定量，可以持续形成单品爆款，再让厂家直接定制，从而在流通过程中省去分销、库存等中间环节。以拼多多的优势品类水果来说，拼多多与农村、果农绑定，做"产地直发"。这种方式剔除了多余层级的批发商，避免层层加价，由此重构供应链，连接"最初一公里"的果农和"最后一公里"的消费者。

在树立起低价的心智品类后，拼多多凭借创新性的推广策略，以低成本迅速获客。在市场逐渐饱和之后，商家的获客成本与日俱增。但比起其他平台依靠推广费获取高曝光的规则不同，拼多多平台上，商家的获客成本要低得多。拼多多以尚未进入网络购物消费市场的下沉用户为目标，以"高性价比、低价"为产品核心，采用针对性的价格策略、产品策略、营销策略，以拼团优惠、二次分销、帮忙砍价、邀请助力等方式，基于微信的流量体系和关系链迅速发展，促销以砍价和红包为主，不是非常依赖广告投放，在消费者"拼"的过程中一层一层传播出去，几乎没有宣传成本。以社交拼团方式，拼多多快速在三线以下城市裂变，并以"百亿补贴"项目进攻"五环内"市场。

在占领国内的下沉市场后，拼多多再度发力新区域，逐渐开启了海外进攻市场的路径。2022年9月1日，拼多多秘密筹备半年之久的跨境电商平台Temu在美国正式上线。现阶段，拼多多Temu在北美市场正步入快速推进期。Temu加拿大站点已进入内测阶段，符合要求的商家可实现"一店卖全球"，即在美国售卖的产品可直接同步到加拿大站点，无须商家额外操作，而厨房类目下大部分商品已经进行同步。不难推断，距离加拿大站正式开站时间应该不会太远。而Temu的下一站或会瞄准西班牙。上线时间不到6个月，Temu持续占据美国App Store第一位，根据SensorTower最新统计，截至2023年1月底，Temu全球下载量接近2000万次，北美地区用户贡献超九成份额。拼多多的出海呈势如破竹的气势，其后的发展也令人期待。可以说，拼多多在激烈的电商品类开辟了广阔的新市场，实现了完美的突破，成为该领域的经典案例。

六、新模式

随着社会的进步发展，市场在不断发生变化，不同时期酝酿着不同的商业发展模式。市场的细分化、人群的垂直化，让长久以来被验证可行的商业模式渐渐感受到阻力。因此，要在市场中获得快速发展、创造财富，不能因循守旧地遵循老一套，而是必须改进商业模式，去不断适应新的环境和规则，从市场的真实需求出发，打出差异化竞争优势，提高品牌溢价能力，而不是陷在同行竞争中，在同质化的"战争"中消耗资源。

1. 共享充电宝，开创以租代购新模式

5G时代的来临为移动通信领域的发展创造了更多的空间，移动互联网时代，手机成为人们出行的必需品。由于生活和精神的需求，人们每天花费大量的时间使用手机，这无疑需要消耗手机电量。在外出场景中，高频地使用手机很容易导致手机电量不足，手机电池续航能力与用户使用时长的不匹配，催生了人们在外对于手机充电的需求。

在传统模式中，企业针对这一需求推出了充电宝，也就是移动电源。有了充电宝后，人们出行就相当于多带了一块大容量电池，可以随时给手机充电。虽说充电宝一定程度上解决了出门在外手机充电的难题，但也存在不少弊端。比如充电宝的储电能力与它的体积、重量成正比，要满足在充电宝满电情况下至少给手机充2～3次电的需求，充电宝的大小与重量数值往往都不会太低，携带难度较高。在外出

时，包里塞一个充电宝及数据线，既占地方，又在一定程度上增加了重量，增加了出门的负担，出门体验就会受到影响。而且，人们经常会遇到忘记带充电宝或只带了充电宝而忘记带数据线的情况，基于这种社会现象和人们的迫切需求，共享充电宝的新发展模式就出现了。

得益于前些年共享单车的兴起，"共享经济"作为一种新的经济业态在我国逐步兴起，也成为我国经济社会发展的一个组成部分。所谓的共享经济，就是利用互联网等现代信息技术，以使用权分享为主要特征，整合海量、分散化资源，满足多样化需求的经济活动总和。这是一种充满活力的新型商业模式，相较于以往的生产经营模式，共享经济基于互联网等现代信息技术，将物品的使用权暂时转交给他人，从而可以整合线下的闲散物品、劳动力、教育资源等。

基于这种社会背景和思维方式，市场将共享的理念与充电相结合，以租代购的充电新模式就此产生。与共享单车相比，共享充电宝的运维成本和使用门槛较低。由于充电宝的占地面积小、生产成本和维护成本低，因此可以广泛地在人流量大的地方进行全面布局，现今人们已经可以在路边小店、商场前台、火车站、图书馆等公共场合找到共享充电宝。消费者只须扫描二维码，就可以花几元钱租一个充电宝，且这种充电宝配备三合一数据线，能适应各种机型的充电需求。对此类消费者来说，价格是不敏感的，也就为共享充电宝的盈利提供了更多空间。由此，这种新模式不仅解决了充电宝携带不方便的问题，也为有急需的消费者切实提供了便利。

这种新模式一经推出，就得到了市场的正面反馈。共享充电宝于 2017 年第一次出现在大众的视野之中，在经历了爆发期、洗牌期、冷却期后，现如今进入了关键发展期。自 2019 年以来，中国的共享充电宝一直处于高速增长的态势，租赁交易规模高达 79.1 亿元，呈现出了 141.3% 的高速增长态势，近些年共享充电宝的需求依然具有波动上升趋势。

共享经济的逻辑实际上就是通过整合较为闲散的物品或服务者，将其以线上或线下的方式聚集到一起，再通过第三方平台的途径，以租借的方式由供给方向需求方暂时转移物品的使用权来获得相应报酬的商业模式。对于供给方来说，通过转移物品的使用权可以获得相应的报酬，对需求方来说虽然没有获得物品的所有权，但是通过租赁的方式获得了短期的使用权，可以满足其相应的需求。这一模式更好地盘活了过剩的闲置资源，让闲置资源也能够物尽其用，便利了人们的生活，在一定程度上也改变了人们的生活方式。

2. "花点时间"创造低频易耗品类的订阅模式

说起订阅制，相信大家并不陌生，就是消费者一次性支付一笔订阅费用，被订购方则会按照一定周期，比如每天、每周、每月给消费者提供对应服务或产品，它的特点就是买家一次付费、卖家分期服务。从传统的期刊，到邮箱咨询订阅、RSS 订阅，再到线上的新闻订阅、小说订阅，订阅制在内容领域是十分常见的一种商业模式。

但如今，订阅制的"风"正吹进了零售领域，在鲜花品类的赛道下，"花点时间"品牌就是其中的一个探索者。2015 年 10 月，互联网鲜花品牌"花点时间"诞生，不同于"消费者下单后商家配送"的单点模式，花点时间采用了"预购+周期购"的"每周一花"模式，消费者线上下单后，供应商则按周/月/季/年为其配送鲜花。从花点时间的核心业务逻辑可以看出，其主要是 B2C 订阅电商模式，采用合作的方式去构建"花农与鲜花"供应链。

从买家角度来讲，随着经济的发展与收入的增长，在物质生活得到充分满足后，消费者对于精神文化层次的需求愈加旺盛，对于高格调、多样化的体验愈加渴求，追求生活中的美好与品质的提升，并且女性消费力量的觉醒也为鲜花市场注入活力，她们更加注重生活质量和自我精神层面的满足。对比护肤品、化妆品、日用品等，鲜花的保质期短、消耗性强，主要提供情绪价值，使用频次高且具有规律性，更适合周期性地更换迭代。

从卖家角度来讲，订阅制可以明确地了解用户的需求量，从而控制库存，降低生产与仓储成本。在供给侧，花点时间采用数据驱动的方式，通过后台搭建数据分析用户行为、预测用户需求，避免了传统鲜花店的损耗。花点时间采用的是派驻扎在花源地的团队人员进行采购，回来后第一时间将花材完全搭配好并保证在48小时之内运送到用户手中，采取立式的包装及特殊的保水处理，让花束在物流中保持水分，用户收到之后插入花瓶并倒入搭配的营养液即可。这样，花点时间拉开了与其他鲜花平台的供给差距，保证了线下产品的优质用户体验，提升了消费者对于其高品质服务的品牌印象。

从商业模式来看，花点时间所售卖的鲜花是一个低频易耗且非刚需的产品品类，主要以城市中产阶级为目标用户群。通过订阅电商方式，花点时间让传统的卖花商业频次提高。消费侧需求增长，供应也得跟上。对于用户而言，鲜花电商的核心是提供的鲜花是否足够美丽，而花点时间认为其实应该更看重花期和新鲜度。围绕用户消费需求，花点时间将更多时间和精力花在了对核心竞争力——"渠道+供应链"的打造上。由于鲜花保质期较短，温度需要始终控制在2℃至8℃，对冷链要求十分严苛。花点时间会派一批专业人士驻扎在花源地进行采购，采购后第一时间将花材完全搭配好。在采后处理上，花点时间在云南设置了面积超过10000平方米的冷仓，采用恒温冷链车将鲜花从云南运到全国各地，保障了鲜花的品质，也让订阅制的商业模式齿轮能顺利运转下去，成功打开了鲜花品类订购模式的市场空间。

3. 山姆超市，开辟中国商超付费会员制

在我们熟悉的商超模式中，基本都是可以随意进门逛，无论是街头的小杂货店，还是百货大楼中的大型超市，任何人都可以进店购物。

但山姆会员店反其道而行之，开创了"付费会员制"，即消费者必须先付费成为会员，才有资格进入山姆超市购物。在中国人的传统思维中，付费获取购物资格是反逻辑的事情，那么山姆会员是如何洞察消费心理，以看似不可能的新商业模式分得会员制经济市场的份额呢？

在中国推行会员制是个很艰难的教育过程。其实，作为首批进入中国且最早推行付费会员制的外资零售企业，山姆花了二十几年的时间去教育市场，向中国消费者解释付费会员制是什么。这是一场"持久战"，一旦能够准确分析用户定位，找准消费痛点，将是一块可口的"大蛋糕"。

会员制实际上提高了准入门槛，注定了这不是所有人都能随时消费的场所。如此这般，无形中划分了消费等级，为商超本身圈定了消费群体。深层次来说，这是一次双向选择，它不仅仅是消费群体对于商超的选择，更是商超对于定位客户的确定。这有助于从庞大的受众群中筛选出与自己的期待相吻合的顾客。山姆走的也不再是传统零售商赚差价的模式，而是以会员年费作为核心收入来源，因此就构成了一个良性的商业闭环：通过会员费筛选出顾客，用精选SKU（库存货品）来服务顾客。

山姆获得消费者青睐的底气，源于用高价值、差异化的商品和服务打动消费者。山姆定位中高端消费人群，选址在一线及新一线城市，锚定用户看重商品的品质。因此，山姆会员店在品控上可谓精益求精，凭借其全球供应链的优势，山姆会员店开启了产地到商店一站采购模式，这直接砍掉了大量的中间环节，让山姆会员店能够以较低的价格提供新高品质的产品。此外，一般来说，大型商超的商品有上万种，以满足各个层次消费者的多种需求，尽可能多地覆盖消费人群的需求。而每家山姆会员商店在两万平方米占地上只上架4000SKU。在上架前，山姆会员店就已经根据商品的品控和消费者的消费能力做好了选择。这不仅让消费者无须在每个品类上耗费大量时间，还让山姆自身拥有大批量采购的优势，给会员以高性价比的商品为回报。

山姆核心的目标用户群体，往往是受教育程度、收入水平较高，以及 80、90 后有孩子的家庭。根据会员体系的数据，山姆能描摹出精准的用户画像，不断贴近消费者的需求变迁，提供更有针对性的产品和服务。同时，山姆根据不同地域、不同城市的生活习惯、购物偏好等因素，适当调整具体会员权益。比如，面向会员中的年轻母亲们，山姆与国内儿童内容领域领导品牌"凯叔讲故事"合作，推出双会籍服务，其权益涵盖了"畅听 8000 多个凯叔精品故事""亲子课程"等板块，提高了会员的附加值。

在长期的经验发展中，山姆的会员制被越来越多中国消费者所接受。追求更高品质生活的消费者通过付费成为会员的形式，获得购买高性价比产品的入场券，以及优质的附加服务。在消费升级的大环境下，零售业正在往精细化和差异化方向发展，山姆的创新性商业模式，使其在商超品类的竞争中获得了更加广阔的发展空间。

第三章

如何识别品类机会

一、产业链趋势

产业链趋势是寻找品类机会的有效突破口。在激烈的市场竞争中，品牌或产品发展需要深入洞察产业链变化的趋势，探索其背后所蕴含的品类发展的本质属性，既要纵观产业链上下游，又要在不断变化的市场中找到合适的切入点，识别品类机会，探索新的市场机遇，结合自身品牌或产品优势打造全新战略模式，以合适的品牌姿态和消费者喜闻乐见的方式渗透到市场中去，有效占领细分领域，实现品牌的增长和爆发。

1. 纵观产业链找准关键环节："鱼你在一起"布局产业链上游

餐饮行业一直是国内较为红火的领域，而品类的持续壮大和拓展必然会带来同质化的市场现象，在竞争如此激烈的餐饮业里找到新的品类入口也是各大品牌想要突破的关键点。

在家常菜中，酸菜鱼是大众普遍喜爱的一道佳肴，因此很多餐饮店都会有酸菜鱼这么一道鲜美的菜品。自2010年以来，酸菜鱼单品在餐饮市场中备受欢迎，国内一时间出现了较多相关品牌，但这些酸菜鱼品牌大多深耕本土区域，品牌影响力有限，国内尚未有一个能够覆盖全国市场的头部品牌。但传统酸菜鱼多是以草鱼、黑鱼等为主要的食材，厨师制作过程常为现杀现做，程序较为烦琐，出餐时间长且鱼刺难以去除，加之食材和人工制作成本偏高，该菜品的价格往往较贵，用户食用体验欠佳。

针对这一现象，如何在酸菜鱼品类中进行分化和探索成了诸多品牌持续探索的重要问题。在这片竞争红海中，各大品牌都在纷纷寻找出路，以更好地占领酸菜鱼市场。在诸多尝试中，不论是服务还是加工程序都很难实现突破。

"鱼你在一起"观察到了巴沙鱼这一特殊的食材，从产业链上游开启了酸菜鱼市场的新篇章，成功抢占了国内酸菜鱼快餐品类中具有绝对优势的赛道。

巴沙鱼生长在越南湄公河流域，是东南亚国家重要的淡水养殖品种，该品种生长快、产量大、出肉率很高。巴沙鱼肉质鲜美紧致，无骨少刺，在烹饪加工中也不容易松散，即使是冻品也能保持味道的鲜感，口感较为嫩滑，营养丰富，蛋白质含量高但热量很低，且可以批量化进行生产加工，只需一包调料便可以快速做出一道美餐，突破了传统鱼类食材刺多肉少、做工慢且难以标准化等痛点。可以说，巴沙鱼自带"半成品属性"，大大节省了酸菜鱼快餐市场中的人力和物力成本。

这一特殊食材让"鱼你在一起"发现了新的市场契机，加之东南亚巴沙鱼价格暴跌，从产业链上游占据了成本优势，为酸菜鱼快餐品类注入了强大动力。"鱼你在一起"酸菜鱼团队走进越南，深入了解巴沙鱼源头养殖、宰杀、加工、运输等一系列流程并与越南巴沙鱼最大生产商"越南永环巴沙鱼公司"达成战略合作，还制定了一套自己的巴沙鱼采购标准，确保货源稳定和食材的高品质，形成了完整的供应链，能让店面短时间内获得所需食材。这一举措，有效推动了其菜品出餐率和店面迅速扩张，"鱼你在一起"品牌在短时间内快速爆发，在国内酸菜鱼快餐市场占据了关键地位，成为目前国内酸菜鱼领域门店最多的快餐品牌。此外，"鱼你在一起"不仅重视自身品牌在巴沙鱼使用上的质量，还以酸菜鱼快餐品类代表企业的特殊角色积极参与到冻巴沙鱼片标准的制定中，进而推动巴沙鱼产业规范，保证供应链标准化和健康化，在品类行业内形成良好的正面形象，提升了品牌的社会责任感。

品类战略机会的探索，须纵观产业链上下游，结合领域发展的痛点，挖掘能够撬动市场的突破点，进而有效占据细分市场。在"鱼你在一起"酸菜鱼品牌的案例中，该品牌宏观分析了行业产业链趋势，布局上游，在主食材上进行了优化和改善，进而带动了整个链条的完善，推动了品牌的扩展和资本的积累。可以说，巴沙鱼和酸菜鱼品类是相互赋能和彼此成就的关系，巴沙鱼的自身特点使其成为酸菜鱼食材的首选，较好地推动了酸菜鱼市场的标准化、规模化和快餐化，节省了用户的就餐等待时间，提升了用餐体验，助力连锁餐饮扩张，推动了该领域的快速发展，搭建了该领域市场新模式；而酸菜鱼快餐化和品牌的持续扩展也为巴沙鱼进驻中国市场拓宽了路径，带来了新的发展机遇，受到年轻人的普遍喜爱，成为中国餐饮界的一条充满传奇色彩的"战鱼"。

2. 洞察产业链变化本质：小米充电宝撬动电芯市场

小米生态链投资是围绕手机进行的，投资的第一个圈层就是手机的周边。作为起初的手机公司，小米意识到手机外观将会越来越轻薄，电池体积难以扩展，但手机功能的增加和应用将会导致耗电量增加，因此充电宝领域具有广阔的市场，但小米两次进军充电宝行业都以失败告终。

2011年，小米自主研发制造充电宝电芯，但成本就得一百多元，因此单个售价达到了两百多元，完全不符合小米高性价比的风格，一个月只卖了两万个左右，项目最终被叫停。两年后，小米在累积了一亿五千万名手机活跃用户的基础上，再次踏入充电宝领域。小米联合创始人、小米生态链负责人刘德的一位朋友做出了一款极为便宜的移动电源，并且使用的是苹果的电芯，经过沟通后，小米了解到便宜的核心在于其买了ipad库存的尾货电芯。而这位朋友给小米带来了巨大启发：充电宝这个品类和行业的本质就是尾货的生意。

2013年春天，"联想成为全球最大的笔记本电脑供应商"的新闻呈现在大众眼前，当你看到这条新闻时，你将如何进行分析解读？

刘德敏锐把握了这条新闻背后的商业信号。这条新闻对于刘德来说透露两大重要信号：一是全球将不再做笔记本电脑了，所以联想占据最大份额；二是将会有一大批笔记本电脑的18650电芯成为尾货。因此，移动电源的机会来了，雷军、刘德、张峰等人迅速成立了生态链第一家公司——紫米科技。他们找到三星和LG进行商谈，最终以低价拿到了其18650电芯的富余产能，成功做出第一代金属外壳的移动电源，这款定价仅为69元，高性价比的特征使其备受欢迎，占据当年市场份额约40%，小米也成为移动电源市场的领跑者。

小米不断扩张市场规模，进行加工链管理。2020年，小米的生态链体系采购了一亿支电芯，而在当时，全球每年18650电芯销量才7亿支，别人都在做尾货生意，而小米在当时已经成了最大的采购商，控制了最根本的电芯基础，其成品售价比其他产品的成本还低，因此占据了整个充电宝品类市场的制高点。

因此，在品类战略的机会探索中，要不断培养能够洞察整个市场变化的能力，从纷繁复杂的社会现象中认清行业本质，进而思考和探索，寻找合适的契机进行出手和把握。

3. 把握产业链发展风向："小米之家"探索物联网新零售发展模式

"小米之家"商业模式的兴盛与国内物联网的发展和新零售的探索息息相关，其准确地把握了产业链发展大局的趋势，借助时代发展机遇并结合品牌自身的产品属性，开拓了新的品类市场，同时打造了年轻人喜爱的消费和生活理念，成为同品类中的标杆性品牌。

自2015年开始，小米在洞察了物联网市场需求的基础上，探索物联网时代新的消费风口，不断突破原有手机领域，拓宽产业链，开启跨界新零售。小米陆续投资了一系列具有"着眼单个品类""打造单品爆款"等特征的创业型公司，同时结合人们日常生活需要自主研发质优价廉的相关产品，将诸多有较好市场基础和概念的产品或品牌纳入小米旗下。这类产品质量高且定价较为亲民，性价比十分高，例如我们熟知的小米移动电源、小米手环、小米香薰机等产品。同时，小米之家也为用户随时随地体验和消费搭建了良好的场景，小米之家在选址上除了采用传统的方式对城市消费水平和人口分布进行考量，还对MIUI用户、"米粉"们及潜在目标用户群体进行了调研和深入分析，有效提高小米之家选址的精准度。线上与线下一体化，用户既可以买到小米手机、生活用品等各式物品，又能享受到多重贴心服务，让消费者感受到"家"的温暖，使物联网的概念和产品功能渐渐融入消费者的日常生活中，这一战略逐渐构建起了较为完善和系统的物联网生态链。

小米集团创始人、董事长兼CEO雷军曾表示，小米之家的目标和愿景就是用互联网的思维来改造传统低效率的零售业，打破信息不对称，实现线上和线下的融合，最终可以让用户"闭着眼睛买"。当前市场背景下，由于厂商信息的不对称，加之层层代理的利润加持，产品到达消费者受众的价格大大增高，因此用户的消费体验被降低，而小米作为亲民品牌，在新零售物联网和消费升级的背景下，开拓了新零售的模式，打造"小米之家"，用高效率和全面覆盖下沉市场的方式，与用户直接对话，打破信息差，使用户享受到价格优势的同时能够亲身体验到产品的功能性，实现销售和服务一体化。因此，有效把握产业链发展的趋势和方向，能够更好地探索品类机遇，进而更好地从全局上开启品类战略，有效布局产业链和搭建适合品牌发展的生态模式，占领品类市场的优势阵地。

二、用户反馈

用户反馈是企业或品牌把握品类机会的关键点。企业或品牌想要探寻市场机遇，应注重对用户反馈进行把握和理解，探寻用户反馈背后所蕴含的市场本质，了解用户在不同场景下产生的普遍需求，从而结合市场特征和自身产品属性，不断优化和改善产品或服务质量，契合用户痛点，实现其身心满足，提升其消费体验感，增强企业或品牌在该品类营销中的独特性，抢先占领用户心智。

植发品牌碧莲盛的成功就在于倾听了市场上用户的反馈，从用户具体的消费场景中洞察到了用户需求，找到了新的品类机会，进而调整营销战略，取得市场竞争优势。

为什么碧莲盛会把"不剃发植发"作为品类聚焦点？

当前快节奏的生活方式和高强度的工作压力，导致越来越多的人出现了脱发的现象，脱发逐渐呈现低龄化特征。但出于生活和社交的需求，加之社交媒体对于颜值经济的推动，不少人倾向于选择植发这一现代化手段来解决自己"秃头"的困扰。

在传统的植发技术中，医生为了保证手术过程的安全性和高效性，以及手术效果的稳定性，往往是通过对消费者的"取发区"进行完全剃发来提取毛囊。手术后，取发区的毛发需要经过几个月才能够生长到正常的长度，因此头皮的这块区域就会陷入较长时间的"尴尬期"。部分男士会直接剪成寸头，部分女士则会选择把头发披下来或戴帽子等方式来遮住没有头发的区域，保持社交距离，这样就不容易被发现。但由于恢复时间较长，因此有不少人表示还是会对生活和工作造成一定的影响。"剃发"这个过程也成为部分潜在消费者不进行植发手术的重要因素，不少企业尝试探索新的方案，但这个行业痛点长期难以解决。

碧莲盛在了解到消费者在植发领域的反馈后，仔细分析了其背后所蕴含的实质，知晓"剃发"是影响潜在消费者做决定的关键原因。因此碧莲盛基于"不剃发"这一品类概念，开启了探索之路，力求寻找到有效的解决方法。

2014年，碧莲盛开始着眼于不剃发领域的深入研究，一边做手术一边致力于研发，但由于临床技术难以突破且国内医疗器械迭代存在一定的局限性，研发过程漫长而艰辛。2018年，碧莲盛董事长尤丽娜和碧莲盛济南医疗负责人尹梓贻在参加亚洲植发大会时，观察到了韩国的一款植发机器能够实现"长发提取、长发种植"，这给他们带来了巨大的启发。于是，碧莲盛花重金从韩国引进了这款植发设备，尹梓贻团队进行技术攻关，在国内植发领域实现了较为显著的突破。2020年，碧莲盛在国内市场正式推出"NHT（No haircut technology）"，即"不剃发"技术，一时间得到很多消费者的青睐。该技术支持长发取、长发种，不需要再剃除消费者原有的头发，手术流程安全且精准，不留痕迹，术后当天消费者能够立刻看到效果，实现外观上显著的改善，让人容光焕发，满足消费者对于美的追求，避免了尴尬期，也缩短了术后的恢复时间，使消费者具有良好的消费体验，同时也保证了消费者的个人隐私。碧莲盛这一技术，在广大女性消费者群体中获得了较好的口碑效应，走在了行业的前端，深受年轻人喜爱，占据了国内"不剃发"品类市场的优势地位，2022年，碧莲盛荣获第十五届时代营销盛典"最受Z世代好评的品牌"。

随后，碧莲盛在国内大力推广这项植发新技术。随着该品类市场的扩大，相关技术不断革新更迭，消费者也因此产生了新的诉求。他们的消费需求不再仅仅停留在修复方面，而是希望有更加个性化的体验，更好地满足他们对美的向往。碧莲盛从用户的反馈中进一步洞察到用户心声，开启了头发养护的新探索，设立了"碧莲盛养发"这一全资独立品牌，立刻进军养发护发市场。传统养发通常是改善毛发健康，但无法从医学层面进行深入剖析和养疗，而以植发医疗技术出名的碧莲盛则在注重头发养护的同时，还向消费者不断强调其医学治疗的科学性和严谨性，找出脱发根源后帮助消费者实现头部养护的综合治疗，获取消费者的信任和依赖，实现产品、治疗等全方位、多领域的养护体系。目前，相关产品或服务已经达到 30 余种，有效满足了消费者潜在的多种需求，在国内"养发护发"品类市场中占据了重要位置。

碧莲盛成功的关键就在于时刻把握植发市场中用户的反馈，从用户反馈中洞悉植发市场的本质，找出市场痛点，寻找品类机会。碧莲盛从用户反馈中知晓影响消费者做植发决定的关键在于"剃发"这一因素，进而潜心研究探索，结合自身企业和品牌的优势，挖掘"不剃发"这一新的品类机会，进行产品和服务的优化升级，深耕技术创新，构建起了该领域的技术壁垒，抢占市场先机。同时，碧莲盛关注市场变化中用户新的消费诉求，将养、护发相结合，全方位为其提供多维服务，延长了消费生命周期，持续挖掘了消费者的潜在价值，满足其对于生活中美和健康的追求，实现在植发行业的新突破。

用户反馈即用户内心诉求的真实体现，分析和把握用户反馈是企业或品牌在品类战略中探索新机会的关键环节。用户反馈对于企业或品牌来说是极为珍贵而重要的内容。企业能够通过用户反馈的内容贴近用户需求，更清楚地知晓其在不同场景中消费或使用的真实体验，进而更精准地对自己的产品或品牌进行市场定位。从而不断优化和改进，做出契合用户心智的产品，提高消费者的体验感，增强其对品牌的忠诚度和黏性，在品类市场中占据优势地位。可以说，用户反馈是企业或品牌探寻品类机会的"宝藏"。

三、竞争环境

当前市场竞争环境激烈且复杂，企业或品牌想要在新的品类中脱颖而出，不能忽视市场竞争环境中潜在的新机遇，要从市场横向和纵向发展中探索新的切入点。企业或品牌应该系统地分析市场的各种要素，既要把握市场整体状况，确保品牌有生长空间，又要从竞争对手的发展路径中探索新的细分领域。这就要求企业或品牌能够在市场竞争中基于消费者的需求和环境技术的演进，用新的思路和模式来赋予产品新的内涵，开拓新的传播渠道，与传统类产品或品牌相区别，形成差异性，培养消费者新的产品使用习惯，打造品类优势。

从市场竞争环境中探索出的新品类若想占据突出且稳定的市场地位，需要满足以下三个方面：一是该品类在消费者心目当中有一定的认识，不至于使消费者感到陌生和抗拒接触；二是这个品类在调性和功能上能够契合大众生活方式的变迁，符合市场消费趋势，满足消费者的需求；三是该品类没有极为强势的品牌，否则新的品牌容易在发展的过程中被吞噬，企业或品牌可以从大品牌相对薄弱的领域切入，找到新的品类机会，稳扎市场地位和拓展新的品类。

1. 从传统品类中挖掘细分类目：小仙炖以鲜炖燕窝推动传统滋补复兴

在中国传统文化中，燕窝是极为滋补的产品，但消费者的观念中往往将其定位为与生活相距较远的补品，制作和食用工序复杂，日常生活难以触及，而小仙炖在洞察到消费者这一心理特征后，对市场进行了调研，了解了竞争品牌的情况后，推出了符合年轻人审美需求的可爱的"小鲜瓶"外观设计，将产品定位于便捷化、即食化的年轻人滋补产品，让年轻人更加贴近中华传统滋补文化。

小仙炖燕窝洞察到国内燕窝市场竞争现状，年轻人对于健康养生的需求逐渐扩大，但针对Z世代年轻人的相关燕窝产品较少，因此小仙炖推出了"鲜炖燕窝"理念，虽然也是开盖即食，但不同于一般的即食燕窝，它采取的是新鲜炖煮、零添加保质15天、按周冷鲜配送到家模式。

小仙炖秉持着高标准、严要求的企业素养，针对年轻人的健康和口味需求来调整产品中干燕窝的含量，既饱含营养又美味健康，价格也在年轻消费群体能够接受的范围内，产品包装设计可爱亲切，物流运送升级为顺丰冷鲜配送，能够保证口感的鲜美，产品蕴含着中国滋补文化，让年轻人能够感受到中式养生，成为年轻人滋补养生的入门级产品。小仙炖不断创新发展，在竞争环境中探索出新的品类机会，进行了产业链的全面布局和有效把控，将年轻人即食化养生概念做透、做深，将燕窝产品进行了规模化、标准化生产，成为该品类的领军品牌。

2. 从成熟市场中探索差异化：王饱饱将坚果融入麦片

麦片这一食品品类长期存在，在大众的心目中形成了稳定的印象，尤其是桂格这一麦片品牌，从1901年成立开始，借助时代背景和优良品质，占据了该品类市场的突出地位，其他麦片品牌很难打入该市场。而王饱饱的品类战略则独树一帜，其在麦片这一成熟的消费市场中打开思路，将坚果与麦片相结合，给麦片赋予了全新的面貌，形成了与桂格完全不同的品类路线。

王饱饱将坚果融入麦片，在口感和营养方面上了一个新的台阶，其麦片产品进行低温烘焙，搭配了葡萄干、核桃仁等坚果原料，兼具美味和健康，既可以即食又可以冲泡，符合消费者的多场景需求，加之高颜值的设计风格及社交媒体营销手段，合力推动其占据了坚果麦片品类的突出地位。

王饱饱麦片更容易被年轻消费者所接受。由于潜在目标消费群体多为年轻用户，王饱饱在抖音、小红书等社交媒体平台上以软文植入、直播带货等方式进入消费者视野，同时冠名了一系列火热的综艺影视，既强调其健康美味，又传递出其高颜值、年轻化的理念，采用新鲜有趣的广告营销方式打开销路。

3. 从经典类目中开辟年轻化新路径：钟薛高打造国产高端雪糕

国内雪糕市场通常主打中低端路线，而高端市场则被哈根达斯等国际品牌占领较大份额，国内雪糕品牌难以切入这一领域。钟薛高则抓住机会，将自身定位为"中国人自己的雪糕品牌"，强化自身国产雪糕品牌定位并在产品设计和定价上进行优化。

一方面，钟薛高在外观设计上以江南青瓦为造型，将中华传统文化的意蕴渗透其中，配色选择莫兰迪色系，在形象符号上传递出中国文化特征，加深了消费者对其国产品牌的认知。另一方面，在产品质量上，钟薛高强调自身产品真材实料无添加、品质高端纯正，在部分城市开启试吃模式，要求消费者试吃后以钟薛高为主题发朋友圈，既让消费者更加信任，突出产品优势，又拓宽了品牌传播渠道。与此同时，钟薛高在把握当代年轻人的消费能力和消费意愿的基础上，了解到其愿意为兴趣和好奇心买单的特征，因此钟薛高在定价策略上采用高端价位，比普通雪糕价格高出不少，体现其品牌价值性和独特性。此外，钟薛高开设了线下快闪店，又在电商平台开启测评内容营销，还在社交平台广泛"种草"，甚至采用饥饿营销的模式凸显自身产品与其他竞争产品的差异性，赋予了其产品更多网红特征，在年轻人群体中掀起了热潮。在后续的发展中，钟薛高不断更新其产品，拓展了雪糕冰激凌以外的其他产品线，推出了一系列限定款产品，契合年轻消费者的心智，打造好玩有趣且高品质的国产雪糕冰激凌印象，在国产高端雪糕品类中成为先驱者，抢占了该细分蓝海市场中消费者的心智。

4. 从市场竞争中洞察新人群：HFP 专攻"护肤成分党"

HFP 成立于 2014 年，其全称是"Home Facial Pro"，翻译为"在家就能使用的专业药妆护肤品"，是一家国内主打成分护肤的品牌。HFP 目前在国内市场销量斐然，核心产品包括原液、精华等，被大众称为"中国版 The Ordinary"。实际上，在生产和营销模式上，HFP 确实与 The Ordinary 如出一辙，但也做出了一定的本土化创新。

HFP 在国产成分护肤品类做到了专业化，受到了消费者的普遍好评。近些年随着消费者认知水平的提升，大众对于护肤产品的成分要求越来越严苛，他们细心钻研烟酰胺、玻尿酸等护肤领域的专业成分，不少消费者成为"成分党"。

2016 年，HFP 在护肤这一竞争极为激烈的市场领域嗅到了商机，它对大量的化妆品消费者进行调研，了解到愿意为护肤成分买单的这一消费群体，他们具有一定的小资情调和网络信息检索能力，对于美妆护肤领域知识素养较高，愿意主动去了解和分享相关的成分内容。因此，HFP 开始从名称和口号上强化自己的优势，强调自身是"在家就能使用的专业药妆护肤品"，具有一定的亲近感和专业性，包装设计简约留白，给人十分干净的印象。由于成分护肤品的潜在消费者具有一定的美妆护肤知识且经常活跃在各大网络社交平台上，因此 HFP 为了接近这一小众消费群体，与小红书、微博等美妆护肤 KOL 合作，进行成分介绍和产品推荐，在全渠道"种草"，获得了较大的曝光且收获了一批忠实粉丝。

5. 从固化竞争中开创新场景：佐大狮专门针对外卖场景

长期以来，外卖市场逐渐固化，难以产生新的品类突破，大部分商家主要着眼于自身产品质量的优化和产品使用场景的扩大，他们希望通过提升自己运营效率和经营能力的方式来获得更好的生存环境，而佐大狮则从众多餐饮竞争中脱离出来，另辟蹊径地开创了外卖新零售这一新的品类。

近些年，随着年轻人消费观念和生活方式的改变，对于外卖的需求和质量提高，传统模式的外卖难以满足其多样化的需求。佐大狮则将目光转向外卖新零售市场，对于外卖行业的竞争环境进行深入探索，寻找能够为年轻消费者提供有趣且便捷的消费体验，最终实现在"外卖新零售"这一品类领域的创新发展。

相对于正餐来说，佐餐的工序通常是在厨房里完成的，往往是家庭的场景，但外卖的使用场景通常追求便捷。因此，佐大狮为了满足消费者对于外卖的多重需求，保证外卖食物的可口和丰富，决定对外卖提供佐餐产品，与外卖搭售。佐大狮开始进行系统的研发和销售，与餐饮商家进行合作，通过商家触及消费者。简单来说，佐大狮就是将餐厅商户作为自己的前置仓，再通过外卖平台的交易，将自身产品配合各家商品送达消费者受众，节约了成本，也提高了销售的效率、扩大了产品覆盖面，成为餐饮供应链上的"小帮手"。

市场竞争环境既给企业或品牌的成长带来了压力，又在复杂的市场竞争中衍生了新的机遇。企业或品牌想要挖掘新的品类机会，应时刻洞察市场和消费者的动向，了解新的需求，结合竞争品牌的定位和优势另辟蹊径，挖掘契合自身发展的新出口，结合潜在消费群体的生活习惯和消费理念，开启新的品类领域。

四、文化和生活方式

　　文化和生活方式塑造着消费者的生活形态，也是影响企业或品牌在市场中探寻品类机会的重要方面，在品类战略竞争中，决策者要注重对影响人们生活和消费理念的文化等进行全面了解，探寻文化所蕴含的精神力量，将其转化为引导消费者行为的重要动力，为企业或品牌发展建立良好的基础。

　　随着我国经济社会高速发展，科技水平和生产、生活水平都取得了举世瞩目的成就，我国的文化自信和民族自信也得到了极大的提升，蕴含中国元素的东方美学被更多人关注。近些年，"国潮"文化崛起，即"国风"加"潮流"，越来越多的年轻人喜爱国潮并将其转化为自己的生活和消费方式，一些老字号品牌也结合当下流行元素推陈出新，国潮成了一种时尚方式。

　　国潮文化的兴起实际上反映了两个本质上的社会变化，一是我国的综合实力大大提升，文化的影响力扩大、渗透力增强；二是当代年轻人对于中华文化的认同感进一步提高。在这样的背景下，消费者的消费心态更加宽容，蕴含中华文化的国货受到了更多的关注，更多中国制造品牌和产品迎来了转型发展的契机，品类市场的竞争也有了新的机遇。

1. 契合当代新兴文化理念：中国李宁的国潮品类崛起之路

　　1990年，"体操王子"李宁创立了李宁体育用品有限公司（以下简称李宁），创立之初，由于创始人身份的特殊性及市场竞争品牌数量有限，李宁在国内服饰品牌中有着一定的知名度。2008 年，李宁借助北京奥运会的契机加速扩张，占据了较大的市场份额，成为运动服饰品类中的领军品牌。但随着我国互联网的兴起和发展，越来越多的运动服饰品牌进入国内市场，新的市场模式和消费方式也出现了，李宁传统的经销模式和缺乏创新力的设计风格使其品牌竞争力下降，年轻消费者对其认可度不高并将其定位为"中老年品牌"，营收出现断崖式下跌，连续数年亏损。2018 年，"国潮文化"的兴起，给李宁带来了巨大的转机，在"国潮服饰"品类中一跃迈上了行业快车道，实现了品牌的涅槃重生。

李宁能够在"国潮"品牌中脱颖而出，主要在于其把握了当时社会文化环境的特殊性及人们生活方式变迁的趋势，其国潮复兴之路可以概括为三步。

（1）"先走出去，再走进来"，打出品类标杆。

2018 年初，李宁在改善服装设计的基础上，以"悟道"为主题亮相全球时尚标杆的纽约时装周，成为会场第一家中国运动品牌。在纽约时装周的秀场上，李宁将复古、潮流、时尚等元素完美融合，向世界展示出原创设计水平和审美品位，惊艳全场，获得了较高的国际影响力。经过此次纽约时装周，李宁在国内的知名度大大增强，也让更多的消费者为其贴上了"国货之光"的标签，重塑了其品牌调性，其"国潮"品类的标杆形象在国内市场被树立起来。在此之后，巴黎时装周、米兰时装周也常常看到它的身影。

（2）跨界联名，增强国货和潮流双重属性。

李宁在提前占领消费者心智的基础上，为了进一步强化消费者对其的认知，开启了跨界联名的新模式。李宁与潮流歌手、潮流设计师合作，如说唱歌手 GAI 等，贴近年轻消费者，加强其对李宁年轻化、潮流化、现代化形象的认知。除此之外，李宁为了增强品牌所蕴含的中华文化内涵，与北京故宫、成都宽窄巷子、敦煌博物馆、《人民日报》《国家宝藏》等合作，将本土文化元素运用得淋漓尽致，增强了自身国货品类的属性。

(3) 创新营销模式，增强品类认知度。

经过品牌升级的李宁，更加关注年轻人的文化理念和生活方式，为了适应数字化时代的消费需求，李宁积极钻研互联网营销模式，采用开放的广告话语与大众对话，搭建了"线上、线下全域引流 + 场景触点数字化 + 大数据赋能运营"的一站式零售连锁数字化解决方案，在社交平台与年轻人互动，传播品牌文化价值；同时在线下建立了"创造李宁运动体验"的品牌体验店，将设计理念直观地展示出来，塑造崭新的品牌形象，使消费者能够近距离感受到李宁品牌的创造力和活力，拉近与消费者之间的距离，加强情感联系，增强消费体验感和对于其国潮运动服饰品类的认知度。

2. 挖掘传统文化的时代新内涵：云南白药的中药品类升级之路

云南白药是我国市场中品类创新的代表性案例，它是我国中成药的一个百年老字号品牌，在 10 年内实现了 113 亿元的营业利润，而它的成功正是在于其把握了社会文化的精髓，了解人们的生活方式和消费需求，进而在品类竞争中创下了一个又一个商业奇迹。

云南白药长期专攻止血疗伤这一领域，虽然功效得到了消费者的认可，但是这一领域范围较狭窄，难以打开广阔市场。于是云南白药结合当代人对于健康生活消费理念的认知，强化其"药"的概念。

云南白药的第一次品类升级在于其成功地开启了"含药创可贴"这一新品类。在大众的认知里，创可贴的功效一般在于止血，而云南白药则在创可贴里加上了云南白药散剂，"含药创可贴"这一品类升级得到了大众的普遍认可，云南白药也超越了邦迪，占据了创可贴市场的优势地位。

云南白药的第二次品类升级在于云南白药牙膏的研发和推广。日化品类市场竞争强度较大、垄断性较高，而云南白药并没有相关产品经验，想要在该领域脱颖而出属实难度较大。而云南白药则洞察到了人们对于中药文化的认可和对健康生活的追求，将中药成分加入牙膏中且定价较高，增强了消费者对于品牌的信任，在养护牙齿方面开辟了一片新的市场。

云南白药品类升级成功的关键可以概括为两方面：一方面，云南白药母品牌作为一个中成药领域的百年老字号，有着较高的知名度和美誉度，长久以来积淀了良好的口碑效应，大众对云南白药产品品质十分信赖；另一方面，国内消费者对于中药文化有着较强的认同感，云南白药能够有效地将中药传统文化与消费者的生活方式相结合，探索出中药对于改善其生活的意义，进而开创出两款新的品类产品，并且成为同领域内难以超越的品牌。

企业或品牌想要在品类战略中探寻新的机会，需要时刻保持高度的社会敏感度，关注人们文化价值和生活方式的变迁，从文化背景中探索新的内涵，同时结合消费者的生活方式，将自身产品或服务融入新的文化概念，满足目标受众对于文化理念的认同，契合其行为模式，才能更好地把握机遇，升级品类。

五、数字化为基础

随着新一代信息技术的兴起,数字化基础设施迅猛发展,大数据、人工智能、算法推荐等层出不穷,对人们的生产和生活造成了巨大的影响。在多重数字技术的趋势下,数据驱动推动了产业结构的新业态和新模式,不断重塑着市场新格局。企业或品牌要想在当下激烈的市场竞争中突出重围,就需要合理和高效地利用数字化环境带来的良好契机,找准与自身产品或品牌的结合点,赋能资本市场,为探索新的品类机遇创造更多的可能性。

1. 用数字化夯实品类发展的根基:SHEIN 的柔性供应链开创数字化快消服饰新品类

SHEIN(希音)是一家时尚和生活方式 B2C 在线零售商,主打女装跨境快时尚电商,在国内知名度有限,但在国际快时尚领域的影响力堪比国内的淘宝平台。SHEIN 前身是婚纱电商平台,2008 年在南京成立,主营方向为跨境婚纱业务。经过 10 多年的发展,目前覆盖了全球 200 多个国家和地区,成为国内服饰跨境电商品类中的领军品牌,在快时尚出海领域备受瞩目。

受新冠疫情的影响,出口品牌都在负重前行,受到了巨大的阻碍,而 2021 年,SHEIN 销售额却仍然达到了约 160 亿美元,增速高达 60%,在这种特殊的背景下,SHEIN 依然能够逆风而行。SHEIN 的快速稳定发展离不开其对数字信息技术的把握和运用,SHEIN 为了走出一条与其他快时尚品牌不同的路线,初期就开始尝试研发自有供应链模式，随着生产和销售规模的逐渐扩大，SHEIN 开始搭建柔性供应链，以数字化技术为基础，建立起集商品设计、存储研发为一体的运营平台，采用按需生产的模式，进而赋能供应商，打造出了高效化的柔性供应链，运营方式灵活，为其生产和销售带来了极大的便利。

SHEIN 的成功，可以归纳为"数字化背景下的敏捷供应链"。SHEIN 主要分为两步走：一是利用"小单快返"模式，搭建柔性供应链；二是基于数字化技术，贯通前后端供应链。SHEIN 的两步走打通了整个供应链的关键"穴位"，让供应链体系更加适应数字时代的发展，也为企业争取到了更多空间。

前期，SHEIN 为了避免因市场销量难以把握而产生的库存积压，另辟蹊径，采用了"小单快返"的模式为自身争取到了更多灵活的机会。在传统的服装产业链中，生产和销售的基本逻辑通常是为供应商提供原材料，经过工厂的设计加工，再投入门店或线上平台进行销售，最终到达消费者手中。而这种模式对于品牌来说存在一定的风险，品牌为了降低成本并提高利润，往往采用批量化进行生产，但市场的不确定性较大，难以保证生产出来的该批产品一定能够顺利销售出去，这就导致部分产品可能会积压在手上，从而造成损失。而 SHEIN 则尝试使用"小单快返"的模式进行市场开拓，利用小单量进行市场测试，了解市场销售情况，进而根据市场数据分析，多次少量地追加生产，避免了产品的堆积，解决了库存的难题，根据市场需求进行生产销售。但这种柔性供应链由于订单量小且生产速度较快，部分工厂难以接受且成本较高，而 SHEIN 则逐一与厂商洽谈，为供应商提供多重保障服务，还进行一定的补贴，最终以真诚和优惠打动了不少厂商，建立了长期稳定的生产关系，目前 SHEIN 已经与 4000 余家工厂建立了合作关系，实现敏捷柔性的供应链模式。

另外，由于供应商数量庞大，数据难以实时同步，难以保证消费端的数据准确作用于生产端，进而确保产品质量和数量的稳定性。因此，SHEIN 借助当下数字化技术，成功搭建了一套科学化的 MES 供应链数字化系统，该系统具有高黏性、高效化、高信任的特征。在该系统内，SHEIN 可以将自身管理软件与销售端 App、供应链工厂的 ERP（企业资源计划）相连接，与供应商同步共享了消费端客户的数据，进而为设计和生产制造提供基础，即时进行产量的追加，实现与市场的精准匹配，打通了销售前端与生产后端，让"小单快返"模式更加敏捷和柔性。当一款衣服上线后，平台会自动实时统计和分析其浏览、销售及反馈数据，这些内容也会在系统算法的作用下第一时间为供应商提供指示，自动派单或在线抢单，进而调整生产，适应市场状况，控制了产销效率，实现了数字化的全覆盖，具备实时可视化和精准追踪化，保证了企业对市场的灵活适应度。同时系统也通过对各个工厂采购金额、生产速率、上货率等具体指标进行量化监测，将供应商划分为五个等级，及时收集和更新数据，以末位淘汰制来保证供应商的质量。这套科学而完整的数字化供应链系统贯通了供应链前后端，具有动态化和可视化的特征，实现了对市场的灵活应对。从产品设计到上架，SHEIN 通常 7~8 天就可以完成，比其他快时尚品牌速度快了一倍，不断更新款式又能保证市场销量，同时将物流系统数据化升级，提升运送效率，保证一周内全球必达，吸引了广大消费者，实现企业的高效、高质量发展。

如今，随着数字技术的深度运用，MES 系统更加完善且难以复制，其针对不同的供应链环节进行升级改造，通过不断的 A/B 测试，MES 系统成功实现了不同环节上的分级系统。在这个科学化的系统运作下，SHEIN 的设计、生产、销售、物流、反馈、库存等各个方面都被纳入其中并进行规划和管理，低成本且灵敏高效。SHEIN 以互联网化、数字化的逻辑，利用大数据驱动了自身商业运作的稳定性和高效性，实现了其在女装跨境快时尚电商品类的快速发展。

2. 将数字化融入品类升级的模式：元气森林联合"马上赢"搭建快消大数据体系

数据对于企业或品牌做战略决策发挥着基础和指导作用，也对品类机会的挖掘起到重要支撑作用，数据分析平台通过对多种信息的比较和重组，能够更精准地对市场进行把握，探索更多的品类机会。元气森林是极其注重数据反馈和分析的品牌，其自建了数字化团队，同时联合"马上赢"这一数据服务商，实现了系统化的数据服务。

"马上赢"是一家快消品行业大数据公司，成立于2016年，原名为"码上赢"。它以人们日常的扫码支付行为为切入点，通过对数据终端的获取和分析，对市场进行研究，为各类零售商和品牌商提供系统化的聚合支付解决方案。传统的商超、摊贩零售数据获取难度较大，但也具有一定的价值性，而"马上赢"通过终端收银，直接可以感知到产品在市场上的销售情况，及时获取市场信息和反馈，进而为企业或品牌发展提供支撑，实现商业变现，简单来看，也就是"收取数据＋贩卖数据"的逻辑。"马上赢"自称为"快消品行业风向标"，争取成为中国版的"尼尔森"，满足不同企业的需求，目前已经在国内搭建起了覆盖极为广泛的千万级商品知识图谱，具有极大的数据价值。

元气森林在了解到"马上赢"的模式后，认为其具有极强的商业价值，便与其建立起了合作关系，主动购买了其数据服务。元气森林刚进入市场时对于消费者来说比较陌生，实际上，元气森林系列的产品几乎都是旧元素的重新排列组合，其创意元素都能够找到原型，但无法确认哪一款才更适合当下消费者，因此市场的数据更新与反馈对于其发展十分重要。投放的大量产品中，哪款市场销量较大则增加生产，集中资源去推；市场反馈较差则撤出。但传统的数据调研等对于人力和物力的消耗较大，数据更新较慢反馈周期较长，难以适应市场调整的需求。因此，元气森林决定采用数字化技术作支撑，及时获取数据反馈，为品类战略的调整提供基础。元气森林通过与"马上赢"

合作，对新产品进行大量投放，同时监测全国各个省市的大中小型门店的销售与库存情况，搭建起了大数据联盟，实现了数据情报的汇集，及时知晓各款新品的市场销售情况，以实际的门店支付终端数据来验证其有效性，进而探索出更受消费者喜爱、更能被大众接受的产品。元气森林采用数据导向的模式不断推动产品迭代，实时掌握市场和产品的关联，对市场具有敏锐的反应速度，进而拥有更多的市场主动权，准确地把握时机和铺货力度，缩短了时间成本和资金成本，帮助元气森林打造了多款爆品，提高产品迭代率和效益，抢先占据新的品类市场。

元气森林与"马上赢"的成功合作成了快消大数据领域的经典案例。元气森林成功的关键在于其利用互联网数据化的思维逻辑探索出了快消饮品品类的新出口，注重数据且善于运用数据，通过"马上赢"的数字化技术触达终端门店并了解消费者，更及时、全面、立体地了解到目标消费者画像，进而调整自身品类战略，帮助其利用大数据进行选品、铺货、定价等。

随着全球数字经济的发展，数字化基础设施也更加完善和体系化，这就为企业或品牌的发展提供了更为科学化的信息支撑，也为其制定品类战略决策搭建了系统化、精准化的数据基础。在该背景下，企业或品牌应合理有效地运用数字化技术，将其作为自身发展的支撑性力量，有效提高自身对于市场的把控性，调整商业策略，在互联网时代实现低成本快速迭代，实现品牌优化和转型，抢先占据新的品类市场。

第四章

品类成长的生命周期

一、验证期

这一章将系统地分析品类成长将会经历的几个阶段，并结合我亲自操盘的碧莲盛"不剃发植发"案例进行直观具体讲述，详细阐释在品类成长的不同阶段中企业或品牌需要做的不同事情，从而将资源用到刀刃上，实现在品类成长每个周期的价值最大化。

企业或品牌在运营过程中会经历一个波动的时间区段，从发现某个品类，到主导某个品类或是占据某个定位，最后跟随该品类一起衰落，这个生命周期通常可以划分为五个主要阶段：验证期、扩展期、进攻期、防御期、转移期。

具体来看这五个阶段的内涵：验证期是企业或品牌通过在特定市场范围进行低成本试错，了解市场的真实情况及自身产品的适用性，验证前期的推断让经营者获得创建新品类所需的认知成果，为后期决策和发展奠定基础，同时规避一定的风险；扩展期则是经营者将验证期所获得的认知成果快速兑现成该品类发展的第一波商业成果，进而实现早期资本积累的阶段，但在该阶段要尽量避免与该领域头部强势品牌的直接竞争，确保该品类能够有足够的生长空间；进攻期则是企业或品牌成长到一定程度且有较强的市场应变能力后，向领导品牌开启进攻模式的阶段，在进攻期，经营者不断拓宽市场销售范围，强化商业成果，实现资本广泛而稳定的积累；防御期是企业或品牌在占据该品类的制高点后，采取一系列手段抵御后来者进攻的特殊时期，从而稳固自身的市场份额，确保长期占据市场核心地位；转移期则是企业或品牌面对该品类的衰退趋势，识别市场发展规律，理性收缩和整体调整，最大化地将品类生命周期的现金流折现价值，实现该阶段的价值最大化，为后期其他方面发展保留资本。

验证期是品类成长必经的一个探索阶段，也是一个十分脆弱和包含非常多不确定性因素的阶段。当一个新的品类被发现，缺乏较多能够证明其合理性和市场适应性的内容，该品类不易进入消费者心智，因此需要对相关的商业假设进行验证。

品类验证期包含以下三个细分步骤：第一步则是研究市场竞争格局中所挖掘出的这个新品类是否是一个真实的机会。由于这一问题未经合理的商业验证，所以需要将其当作假设，采用"A/B 测试法"来验证相似品类中哪个品类的获客效率更加突出。第二步则是验证企业或品牌所能获取的各方面资源是否有足够的能力抓住这一机会。较多失败的案例表明，很多时候由于企业或品牌低估业务难度和所需的投入成本，即使是真实且可靠的好机会，也容易被有足够资源和能力的大企业最终抢占。比如"营养早餐奶"这一品类在刚被挖掘出来时，很多企业纷纷涌入，但由于小企业缺乏足够的能力和资源，最终被娃哈哈用广泛的渠道和资源后来居上，推出了"营养快线"这一品牌，占据了稳定的市场地位。第三步就是要分析这一品类的机会是否与企业自身的价值观契合。企业经营者的价值观和企业理念是潜移默化的精神支撑，也是影响企业长期发展的重要因素，因此，在验证期要确保该品类是经营者愿意且能够坚守的领域，这样才能放大经营者的价值，用正确的理论和丰富的实战经验精益求精地对这块新领域开垦和培育。验证期的品类成长充满了各种假设，为了确保其稳定发展，需要逐一验证这些假设和结合验证结果修正调整，这个"假设—验证—调整"之路漫长且复杂，这一阶段也可以被称为"证期"或"试错期"。这个阶段可能会经历资源浪费和产品失败，需要企业或品牌有足够的耐心和强大的试错能力，能够适应市场和不断地自我优化。

在品类发展的验证期，经营者需要把握两个关键点：既需要对市场进行充分调研，适度合理投入，又需要着眼于价值验证和增长验证这两个思考点，确保投入资源利用最大化，获取准确而有效的商业认知成果。

1. 验证期关键点一：广泛调研，适度投入

在自然科学领域，在对一个假设进行验证时，我们往往使用的是量杯、试管等专业且统一的器皿，通过科学化和程序化的步骤对相关内容进行提炼和分析，而不会专门针对每一个假设制定一套装备来测量。但是在纷繁复杂的商业领域，没有专门的标准进行考量和验证，很多企业或品牌由于过分自信和缺乏试错意识，盲目投入较高的成本，最终造成较高的商业损失，可能会因损失过大而失去继续尝试和调整的动力，因此在品类验证期，经营者要广泛调研并了解市场情况，进而合理投入，确保资源利用的价值最大化。

顺丰嘿客是一个经典的案例，给品类经营者们起到了警醒和参考作用。2014年，O2O市场非常火热，顺丰嘿客便尝试抓住这一机遇，同年5月顺丰嘿客正式问世，它从社区O2O这一切口入手，打造一个线上下单、线下取货的模式，从顺丰优选到顺丰配送，力图成为基于物流领域的百货平台，一时间获得了不少人的认可。顺丰嘿客既包括顺丰站点相关功能，又包括服饰、家电、数码、水电费缴纳等便民化功能，可以网购生活所需的各类东西，同时还搭建了一个金融平台，全面布局O2O，将大众生活包揽其中。但随着顺丰这一战略布局越来越大，消费者的信任感和使用热情却逐步降低，由于O2O与传统门店不同，顺丰嘿客的便利店虽然贴满了商品介绍，但是由于只能线上购买，门店现场却无法实现采购提货，消费者的现实体验较差，最终，顺丰付出了10亿元的成本投入却以失败而告终。

2. 验证期关键点二：把握价值验证和增长验证的两个思考点

在商业领域有一个概念叫"MVP"，即"最小化可行产品"，小范围地进行测量和分析，最终撬动大的品类市场。实际上，商业领域的假设验证跟科学领域的实验方法论在实质上是一致的，要多维度地进行分析考量，对品类假设进行两个关键点的验证。一方面是价值假设的验证，思考自身产品的价值能够给消费者带来哪些实际的利益、满足大众的哪些现实需求，衡量出目标消费者的购买意愿和购买能力；另一方面是增长假设的验证，思考获客成本大概是多少、新增用户的获取途径有哪些等问题，验证增长假设可以从黏着式增长、付费式增长、病毒式增长这几个方式进行，结合"顾客终身价值/获客成本"这一指标进行衡量，该比值至少达到3以上才能算比较合理的验证，通过这一系列假设的验证，可以制定和调整适应市场趋势和消费者需求的合理且有效的品类营销方式。

在品类营销的历史中，VLS公司（印度乡村洗衣服务公司）的案例十分典型和具有启发意义，表明了在品类验证期，价值验证和增长验证这两个思考点的重要性。阿克沙是VLS公司的创始人，他曾是宝洁旗下的汰渍、潘婷东南亚区的品牌经理，当他回到印度之后，发现印度拥有洗衣机的家庭占比还不到7%，但洗衣需求却很庞大，大家要么自己手洗，要么花钱交给洗衣工洗，但是由于流程复杂，交给洗衣工之后往往需要10天左右才能拿到衣服，并且有时候衣服也洗不干净。因此，阿克沙认为这里潜藏着一个巨大的商业机会，他立刻创建了VLS公司，开始对洗衣市场进攻。但阿克沙并没有着急招聘员工和大量投入门店等，而是尝试了解市场现状和消费者的需求，他把数台洗衣机分别运送到不同的街角，向大家收衣服来测验人们是否能够接受这一新的服务，结果发现大家很喜欢这一洗衣服务，甚至有些人愿意花高价购买洗衣机。另外，阿克沙通过对市场的收衣数据进行分析发现，当洗衣机运到小型连锁市场门口时，收取脏衣服的概率和数量最大，因此，阿克沙在此基础上建立了流动洗衣的摊点，以扩大自己的市场范围，最终仅花费 8000 美元就实现了关于价值假设和增长假设的合理验证，让品类市场的探索更加稳健和可靠，实现了 VLS 公司在洗衣机品类的成功，成为品类营销史上的经典案例而广为流传。

在这里，我也结合碧莲盛不剃发植发这一案例来说明品类验证期的必要性。随着人们生活与工作压力的增大，植发的需求愈发扩大，植发技术更新换代，植发行业也呈现野蛮生长的状态。1995 年，Rassman 博士和 Bernstein 博士共同开创了新一代植发技术——FUT（Follicular Unit Transplantation），这个技术是以 FU（Follicular Unit）作为毛囊分离和种植的基本单元。2001 年，经过多年的探索，Rassman 博士在美国又提出全新的植发技术——FUE（Follicular Unit Extraction），替代了传统的 FUT 技术。这一新的植发技术不用开刀，能够做到微创，使得植发手术更加安全便捷。由于中国人口众多，市场规模较大，植发领域的临床经验较为丰富，中国植发技术完善，效率比较高，国外需要 3~5 天的手术，在中国 5~8 小时就可安全完成。植发这一市场火热且具有较大的空间，碧莲盛便加强研发和探索，提升医疗技术和品质，实现了较大的突破，被称为"植发界的华为"，在董事长尤丽娜的带领下，其团队潜心研发，打造了新一代植发技术，被称为"植发界的 5G 技术"。

碧莲盛的成绩也不是一蹴而就的，而是在市场的不断验证中逐渐探索出的适合国内市场的品类营销战略。传统的植发技术需要从取发区提取毛囊，导致这个区域会陷入很长一段时间的"尴尬期"，大部分人会戴帽子遮住这个区域，但还是会对生活造成一定影响。因此，不少潜在消费者会因为这个尴尬期而止步消费，尤其是女性消费者，对于剃发带来的形象上的困扰成为消费阻力。碧莲盛在了解这一市场之后，认识到开拓新品类市场必须解决剃发这一痛点，尝试研发探索新的技术。但新技术的研发和市场验证较为曲折，临床技术难以突破，同时医疗器械更新换代也受到一定的影响，碧莲盛的探索之路漫长而艰辛。2018年，尤总在参加亚洲植发大会时看到韩国的一款机器支持"长发取，长发种"，受到了启发，引进了一批机器并进行技术攻关，最终实现了"不剃发"技术的突破，避免了剃发对个人形象的影响，同时也保护了消费者的个人隐私。碧莲盛前期引进了四五十台机器，实验性地在全国各个地区进行推广，在了解市场反馈和效果后确认了该品类定位是符合市场预期且能够契合消费者消费需求的。碧莲盛进行了进一步探索，向更广阔的市场进行探索，受到了消费者的认可，在"不剃发"品类占据领先优势。

  品类市场的验证期是关于商业假设的验证阶段，也是必不可少且对后续发展起到基础作用的重要阶段，在这个阶段的产品认知成果会影响后期的品类战略调整和决策的执行。如果验证期的结果不符合预期，则要推迟固定成本的投入，并在定位理论指导下克服初认知挑战，同时降低潜在顾客的进入门槛，如果验证结果符合市场需求和规律，则可以按照进度开展和优化。因此，对于新品类市场的开拓，企业既要有前瞻性的布局，又要结合市场需求进行验证和调整，确保资源的有效投入和高效产出。

二、扩展期

验证期结束之后，品类发展进入了扩展期这一阶段，企业要在验证期的基础上不断追加产品投入、开设新店、投放广告、扩大人员队伍，从而促进新品牌在市场中占据领导地位，获得稳固的资本积累。验证期是一个尝试和探索的过程，这个流程可长可短，主要取决于认知成果的积累程度。如果企业或品牌有足够的资源和能力，有强大的队伍做新的品类产品，那么就能快速投入市场和获取反馈，将验证期压缩。但大部分情况下，新的品牌想要寻求市场机遇，往往需要打出差异化的特征，通过市场验证，契合消费者心理需求。

扩展期对于企业或品牌来说，是成长的重要和关键阶段，这一阶段决定了品牌发展的深度和广度，而扩展期的经营要点主要可以概括为以下三个方面。

1. 扩展期关键点一：广泛而全面地扩张

在该阶段，企业要找准机会，努力扩张市场，把验证期的认知成果转化为第一波商业成果，进而扩大品牌经营的范围，得到更多消费者的认可和信任，获得更广阔的市场发展空间，增强其在该品类的综合实力。由于品牌在验证期探索到了市场的综合情况，了解到了自身品牌或产品与市场和消费者需求的契合度，验证了品牌的转化率和转化方式，因此，在品类扩展期，企业或品牌发展的核心要点就在于不断扩大和复制前期的基础市场，在原有范围上进一步拓宽领域与渠道，强化品牌公关能力和营销力度，稳固在消费者心中的地位并进一步挖掘新的潜在消费群体，扩大资本积累。但由于刚走出验证期的新品牌还处于初期成长阶段，尚缺乏足够的实力去跟市场上的头部品牌竞争核心消费者，因此，新的品牌在扩展期应该避开与头部领导品牌的正面竞争，否则容易被头部品牌吞噬。新的品牌要想在该阶段占据优势地位，可以尝试从该品类领导品牌的空白区域和薄弱板块入手，开创新领域，搭建新渠道，探索新资源，站稳新品类市场的核心领域。

新品牌开启扩展期的一个重要信号在于提升消费者的主动性，借助消费者的需求和潜力，把握机遇，进行产品在市场上的快速扩张。Facebook 起初是在哈佛大学推出的，由于其社交属性满足了学生们的需求，获得了较好的口碑效应。紧接着，逐渐有其他大学的学生主动找上门要求 Facebook 开通其他院校，于是 Facebook 察觉到这一需求，快速全面启动在其他高校市场中的扩张，并借助高校这一载体向外发展，最终实现了在全球社交媒体领域的成功。

另外，新品类市场的扩展期存在一定的阻力，由于头部企业和品牌占据了较大的市场份额，新品牌需要有足够的抗压能力和强大的动力去开拓市场，避免直接正面竞争，从其他切入点实现快速扩张发展。20 世纪 50 年代，索尼率先推出了晶体管收音机，这一产品经过验证后确认有一定的市场空间，于是索尼加大投入，起初将产品投放到百货商场这一消费主渠道，但收益不理想。经过反思后，索尼认识到当时电子管收音机还处在收音机消费领域的主要地位，而晶体管收音机由于价格低廉，对于售货员来说利润空间较小，每卖出一台晶体管收音机，就会少卖一台价格昂贵且利润丰厚的电子管收音机，并且失去了后续消费者更换电子管的机会。因此，索尼更换渠道，将晶体管收音机投入类似于沃尔玛的折扣商超中，因为电子管收音机往往不在这些廉价折扣渠道中投放，最终索尼晶体管收音机在该领域获得了成功。

类似的案例还有很多，例如拼多多最先开启在三、四、五线城市的扩张模式；小米手机采用互联网直销方式，开辟新的销售路径，随后才开设"小米之家"模式；当摩拜与ofo单车在一线城市竞争时，哈罗单车开启了在二、三线城市的扩张模式；周黑鸭避开普通门店销售，主要占领车站、机场等区域。这些案例给企业和品牌起到了一定的参考意义，当诸多品牌进入了扩展期时，经营者应衡量市场竞争情况，避开头部竞争者，另辟蹊径，从更适合自身品牌和产品状况的视角切入，打开新的市场。

2. 扩展期关键点二：有序稳固地扩张

产品在验证期为了实现价值假设和增长假设的验证，往往采用成本不固定且高变动性的方式进行投入，而在扩展期则会采用固定成本和低变动性进行发展，进而获得规模效益。因此，新的品牌在扩展期既要保持大范围扩张的速度和效率，又要确保扩张的节奏稳定而有序，这样才能够更好地获取消费者的信任，促进品牌在更广阔的市场中升级发展。品牌经营者可在消费者熟知的某个领域进行产品铺展和销售，在获取其认可的基础上，逐步扩大领域和销售范围，由小到大，由内到外，有阶段、有次序地开启新市场。

在扩展期，随着产品销量的增加和消费群体的扩大，新产品的市场表现力和影响力被强化，因此品牌和产品的定位可以根据市场竞争状况进行调整和优化，逐步有序占据市场的主要份额，在广告营销过程中强调自身"热销""受欢迎""抢手"等性质，强化自身的强势地位，加深消费者对自身品牌的印象和认知，成为该细分领域的领导品牌。在这方面可以获得启发的案例就是我们熟知的王老吉，王老吉在国内的销量超过可口可乐铝罐品项时，立刻调整自身的战略定位，通过各种渠道对市场宣称自己在饮料界是"中国第一罐"，强化了大众对于王老吉市场地位的认知。但事实上，当时可口可乐PET瓶装品项的销量更大，而王老吉则是抓住了独特的切入点，取得了该品类市场的巨大成就。

3. 扩展期关键点三：强化品牌传播力度

新品牌在扩展期的传播，既需要不断强化自身品牌差异化的价值，又需要进一步传播产品热销的相关信息，进行广泛而深刻的品牌公关，加深消费者对于品牌热销的认知，引发大众的热议和消费者自主挖掘新的能力，成为大众主动谈论的内容，实现二次传播，进而吸引投资人、经销商等群体的注意，助力品牌的深度发展。

在扩展期，品牌要合理适度地在目标消费群体中投放广告，广告形式可以多样，但内容需要渗透品牌或产品定位，同时潜移默化地增强消费者的信任感，宣示自身的强势地位，例如表露出产品迅猛上涨的销量和消费者热购的现状等。小米手机在扩张期就是充分利用了品牌公关的营销手段，在线上和线下多领域投放广告，向目标消费者传递小米产品受欢迎、门店热销、渠道拓展和"米粉"忠诚度高等盛况，激发消费者的购买欲，同时还出版了畅销书《参与感》，既传递了小米的价值观，又宣传了小米的产品，有效地打入了消费者的心智。而华为、苹果等电子产品品牌在扩展期也采用类似的方法，每当新产品发布时，都可以看到门店排队抢购、线上手机脱销等相关新闻，全面营造产品火热的市场销售盛况，强化了品牌的受欢迎程度，加深了消费者对于品牌的认知，突破了产品在该品类发展的瓶颈，实现了广泛扩张。

结合碧莲盛案例来看，其"不剃发植发"这一品类发展的扩展期市场行为也具有一定的可参考性和借鉴价值。技术研发不易，但市场推广也是难关。碧莲盛"不剃发植发"新技术在深圳试验成功后，需要在国内其他城市进行扩展，只有搭建较大的业务规模才能有效占据行业技术优势。而碧莲盛的"不剃发植发"技术在全国推广初期遇到了较多的阻碍和困难，虽然碧莲盛三十多所医院都是直营，但是都是独立运营，引入颠覆性的植发技术将意味着过往建立起来的绩效考核、组织架构面临直接的冲击。

首先是院长和护士长，他们每个月都面临几百万元的经营压力，每一个客户都非常重要，凭借着丰富的临床经验，他们认为消费者对于新技术会存在较强的抵抗情绪，会犹豫不决，并且由于新技术的案例较少，没有充足的示范内容，所以很难广泛推广。其次是手术医生，他们觉得为了一个技术耗费太长时间不太合适，一线城市的手术医生觉得手术时间太长，个人收益没有明显的增加，二三线城市的手术医生更不愿意接受，因为价格高，手术量比较少，所以手术熟练程度也不高。最后是形象顾问，他们接触到一个新的技术，但是对于技术的了解程度有限，并且缺乏有足够说服力的临床案例，所以在推荐给患者的时候，他们往往也会犹豫，也会彷徨，最终难以开展后续手术流程。

面对从上而下的一系列难题，碧莲盛董事长尤丽娜通过不断的业务讲解，向大家介绍新技术的本质和优势，从上到下做基础工作，调整绩效考核体系，让整个项目不断在全国遍地开花。为了保持不剃发植发技术在国内的领先优势，碧莲盛一直在寻找国内外植发人才，让整个团队有足够的人才储备，提升团队的医疗实力。同时，碧莲盛也在不断进行技术优化和完善，使不剃发植发的手术速度更快，手术时间更短，提升消费者的体验感。碧莲盛团队持续进行研发和探索，随着技术进步和临床经验的累积，争取让一台不剃发植发手术接近于一台普通手术。尤丽娜也采取措施提升医护人员的技术实力，由于一台不剃发植发手术时间较长，对新植发技术的适应也需要一定的时间，她强调植发医生一旦能够跨越这个门槛就占据了强大的技术优势，有更多的发展空间和机会，因而很多医生跨过了这道坎，增长了植发领域的硬实力，也搭建起了植发市场中的技术壁垒。碧莲盛为了更深层次地推广和应用新技术，努力留住技术人才骨干，为其谋福利和发展，即使经济再困难也没有裁员和亏待员工，获取了员工的信任和尊重。医护人员对新技术进行了尝试和适应，最终收获了一批优秀手术案例，获得了广大消费者的良好口碑。

品类在进入扩展期之后，将面对更广阔的市场空间和更多的发展机遇。因此，新的品牌应当结合市场发展状况和品牌的适应程度，维持较高的扩张效率，趁着较高的市场热度广泛扩张和积累资本。这是因为在该阶段品牌的影响力较大，受到了竞争对手和目标消费者的普遍关注，一旦品牌影响力消退或产品销量停滞增长，就会引发相关利益竞争者的猜测，进而产生舆论，动摇消费者的认知和心态，形成恶性循环，最终可能会导致企业或品牌在该品类的衰落。

但在实际的市场运作中，企业和品牌在扩展期也会面临一定的挑战，常见的挑战包括供应链、管理结构、资金渠道三个方面。因此，经营者要控制好扩张的程度，多渠道获取资源进行融资，提升资金保障，给供应链和管理人员提供一定的调整和适应的空间，保证供应链的稳定，同时也要激励员工，确保产品质量和组织架构的稳定性，避免因急速扩张而造成的负面影响。

三、进攻期

当新品牌在扩展期积累了一定的用户群体和资本后,品牌能够更清楚地了解市场现状和产品适应能力,在一定程度上积淀了较强的实力,能够灵活地应对市场变化。新品牌为了进一步夯实其市场地位,提升其在特定品类领域的影响力,采取相应的策略尝试回归传统大众市场,提升自身产品和服务的质量,更好、更全面地满足消费者的特定需求,这就可能与市场头部领导品牌正面争夺顾客,也就步入了品类市场的进攻期。

在现实情况中,新的品牌往往并不会等到扩展期市场全部占领完毕之后才进入进攻期,被挑战的头部领导品牌也不会完全坐等其他品牌的入侵,而是在觉察到市场威胁之时就采取市场行动进行反击,阻止其他品牌进一步发展和对自身的挑战。因此,品类市场从扩展期到进攻期是一个螺旋交织的过程,比验证期到扩展期之间的界限和方式更加模糊和复杂。例如提到火锅品类,消费者往往会率先想到海底捞这一头部品牌,而后起品牌巴奴在刚进入火锅市场扩展期的时候,海底捞就意识到了市场竞争态势,立刻采取新的反击策略,阻止其对自身品牌的威胁。

相对于验证期来说,品类扩展期和进攻期这两个阶段虽然界限相对模糊,但市场策略却更为清晰。进攻期的品牌要想撼动头部领导品牌的市场地位、撬动其消费群体,就要调整自身的品牌定位,优化产品质量,为消费者带来更丰富的内容,提供更多的价值,满足其更多的需求,才能够获取原有消费者的信任,转换购买倾向。对于定位策略的调整，虽然可能会撬动领导品牌的顾客，但是也可能面对原有消费者购买态度的转变，尤其是科技化产品在市场发展中需要在性能和成本之间做出平衡。品类为了给消费者提供性价比高的产品而取悦消费者，但这种平衡感的寻求有时候却容易让用户丧失对其科技感的认知，最终使品牌丧失自身独特性，甚至被消费者所诟病。例如江小白起初通过文艺风的走心文案吸引目标消费者的注意，也累积了不少黏性较强的年轻消费者，但随着市场的扩大和品牌进一步发展的需要，江小白想要将小众白酒领域扩展到大众白酒消费领域，这就意味着其自身定位需要有所调整。在江小白尝试回归传统白酒品类的过程中，不少原有的消费者就感受到了自身独特性品位和小众喜好被市场所弱化，进而将这种商业化的行为视为对自身亚文化的挑战，从而放弃对江小白的消费。因此，新的品牌在进攻期需要做好心理准备，从小众到主流的回归可能会随时面对原有消费者的流失和领导品牌的打压，最后铩羽而归。

新品牌要想在品类市场上发展，除了在调整市场定位的基础上做好应对消费者流失和头部品牌压制风险的心理准备之外，还要把握好以下三个关键点。

1. 进攻期关键点一：聚焦资源，形成优势

在进攻期，新品牌面临着两个方面的竞争，既有同期众多新品牌的竞相迸发，又有传统优势头部品牌的压制，竞争环境复杂且激烈，新品牌实力相对弱于强势品牌，发展压力较大，但不论新消费趋势如何发展，消费者的需求如何变迁，最终都要落到产品和服务的质量上来，这就需要企业有足够的能力保证产品质量，确保在纷繁复杂的竞争中有扎实的产品和服务基础。因此，企业或品牌要想在这种竞争环境中突围，就要集中资源，形成自身坚不可摧的强烈优势。这里的资源既包括产品本身的供应链等资源，又包括组织架构、人力资源，还包括媒介渠道等营销方面的资源，只有集中这些资源，强化自身品牌和产品的独特优势，才能够为企业在进攻期提供稳定而坚实的保障，保证其有足够的实力在市场上夺取份额。

例如蜜雪冰城在奶茶领域开启进攻时，整合多方资源为品牌发展拓展空间。蜜雪冰城在市场进攻期强调自身低价亲民的定位，洞察了目标消费群体的社交偏好和消费特征，推出了洗脑有趣的广告曲，打造了"雪王"的有趣形象，并且在各平台、各渠道进行投放，既有蜜雪冰城官方微信公众号、抖音号、微博号等社交媒体账号，又为"雪王"开通了专门的账号，整合了全渠道资源进行品牌营销和市场公关。截至2022年10月，IP形象"雪王"相关视频的播放量超10亿次，主题曲播放量超40亿次，抖音平台相关话题播放量就达到170亿次，微博平台粉丝量为新茶饮品牌TOP3。

在此基础上，蜜雪冰城推出了雪王顿顿桶水杯、手办、贴纸等系列周边，与洽洽瓜子、法狮龙等品牌跨界联名。另外，蜜雪冰城完善信息化系统，利用云计算和大数据平台，辅助门店终端销售，打造智慧供应链，同时还为门店人员开启在线培训等，提高运营效率，将资源利用发挥到最大化，确保供应链的完备和产销率的提升。一次次完美的事件营销和系统科学的营销资源体系成功地把蜜雪冰城推到了高性价比奶茶品类的顶流，并且蜜雪冰城也在社交媒体上通过展示消费者参与蜜雪冰城门店小游戏等场景，持续向大众传递其火热的销售状况，形成了广泛的品牌影响力，也让其短时间内在奶茶市场领域占据了鲜明的优势地位。

2. 进攻期关键点二：出其不意，以"弱"敌强

传统头部领导品牌存在着较强的市场地位，意味着其必然有着其他品牌无法替代的功能和优势，能够占有该品类的首要特性和核心的功能。而对于头部品牌来说，他们长期扎根的基础愈发坚实，有着强

烈的市场话语权，新品牌难以撼动。新品牌在该品类若想进攻头部品牌，就需要从头部品牌的薄弱板块入手，放大其弱点，突出自身的独特优势和差异化特征，调整定位，满足消费者在该视角上的需求。

常见的一个案例就是京东和淘宝的市场竞争。淘宝常被大众称为"万能的淘宝"，这是因为平台上的内容丰富多元，各类物品或服务都能够买到，但这也造成了商家和产品的质量难以保障，品质良莠不齐，不少消费者因此而抱怨。而京东则觉察到了这一市场现状，不断强调自身"正品行货"的品牌定位并采用自营物流配送，服务品质较高，与淘宝的弱点形成了对比，获取了大众对京东的信任。很多消费者在购买电器或其他贵重物品时为了确保品质往往会选择京东。但针对京东这一模式，淘宝也采取了防御和反击策略，推出了天猫平台，保证产品和服务的质量，优化其品牌形象，获取更多消费者的信任。

百事可乐与可口可乐的竞争也是品类进攻期的经典案例。在早期的可乐市场，可口可乐有着绝对的市场优势，百事可乐被打压得几乎没有生存之地，无奈之下百事可乐请求可口可乐将自身收购，但多次请求都被可口可乐拒绝了。在这样的背景下，百事可乐决定绝地求生，仔细分析了市场现状，将自身定位为"年轻人爱喝的可乐"，而强调可口可乐的定位是"正宗却是长辈喝的饮料"，弱化可口可乐的优势，突出自身的差异性。这一定位打出之后，百事可乐为了彰显自身的年轻感，对配料进行了调整，使口感更甜，气感更强烈，同时聘请了年轻人喜爱的明星进行代言推广，获得了年轻消费者的普遍认可。面对如此激烈的竞争，可口可乐被迫反击，调整产品配方，但没想到的是大众对于这一举措的反应十分不满，原有的忠实消费者觉察到了其口感变化，要求其恢复原配方。可口可乐见状不得不重新回归原始配方并强调自身"正宗"这一主要特性，但经此一战，百事可乐获得了广阔的消费市场。

需要注意的是，新品牌在着眼头部品牌的薄弱板块时，要确保这个弱点不是头部品牌核心功能中的弱点，否则即使新品牌做出了优化，在后期发展中，头部品牌在强大的团队能力和革新技术的作用下，最终也会自我攻克这个弱点，甚至会吞噬掉这些新品牌。例如前些年的子弹短信，虽然解决了微信语音播放的部分弱点，但随着微信平台持续地更新迭代，微信团队意识到了微信语音不能暂停播放等功能方面的不足，进行了全面的完善升级，之前存在的问题在新版本中都得以解决，而那些新品牌最终以失败而告终。

3. 进攻期关键点三：全面公关，及时传播

新品牌在进攻期获取阶段性成功的同时，需要及时对外传播，频发相关信息，潜移默化地搭建品牌的强势形象，提升品牌声誉，让消费者形成该品牌火热且势不可挡的印象，在品牌形象上赢取相对优势的空间，同时公关的及时性也能够帮助品牌在市场上获得更多的支持和资本，有更多的利益相关的商业盟友加入进来，增强品牌在竞争市场上获胜的决心和信心。在智能媒体技术发展迅猛的当下，各类数字媒体成了品牌宣传的核心阵地，企业或品牌要想实现全面公关，既要保证渠道的多元性和通畅性，又要利用数字化技术帮助品牌精准定向投放，提高广告的转化率。

同时，品牌在进攻期要有合理的目标和规划，并不一定要完全取代某个影响力巨大的头部品牌，也可以与之共存，占据较为稳定的市场地位。而进攻期的交织竞争也是一个必要的环节，经过层层对比，才能够更好地形成合理有序的市场层次。在经历了进攻期这一特殊时期后，如果新品牌的功能和特性能够替代原有头部品牌，并且更充分全面地满足消费者的核心需求，则能够替代原有头部品牌，成为消费者的优选品牌，占据该品类市场制高点，成为该领域新的具有领导性质的品牌。当然，在这个过程中，品牌也要结合社会文化变迁和消费趋势灵活处理自身竞争策略，防止因为社会变迁带来的消费转向，最

终影响品牌发展。例如传统手机的核心功能在于接打便捷且耐用持久，但随着互联网技术的演进和人们生活娱乐需求的变迁，性价比再高的功能手机也难以与智能手机竞争。因此，品牌在全面进攻和品牌公关的同时，也要契合人们的生活方式和文化消费理念，通过自身理念和定位的调整引导当下的消费趋势。

碧莲盛不剃发植发品类发展的进攻期也有其发展特色，可以概括为"上下同欲者胜，同舟共济者赢"。在不剃发植发技术经历了验证期之后，经营者确认了其市场潜在价值和投入资本，开启扩展期的策略。医院的人员组织架构和业绩考核等也都在董事长尤丽娜的带领下进行了调整和优化，人员配置问题得以解决，还保留了一批技术扎实、经验丰富且信念坚定的医护人员，为企业和品牌发展打下了坚实的基础。在这样的背景下，技术创新带来了市场的革新，不剃发植发技术得到了大众的认可和信任，消除了剃发的尴尬期，也保护了消费者的隐私，在消费者中形成了良好的口碑效应。在此基础上，碧莲盛进入了进攻期。

第三方权威调研机构"秒针"发布了《2021年中国植发行业报告》，在这份报告中可以看出，碧莲盛在不剃发植发品类市场领域的占有率达到了92.3%这一惊人比例。《消费日报》发布了一份《2022年中国植发行业报告》，在这份报告中依然可以看到碧莲盛的名字稳居在前，2022年碧莲盛在不剃发植发领域的市场占有率高达92.8%，占据了该品类市场的绝对优势。

这些突出的市场成绩证明了碧莲盛在该品类市场的竞争实力，但这并没有完全达到碧莲盛的品牌目标，碧莲盛更希望在此基础上搭建起以"植发医院"为主线、"医疗生发、医疗养发、医疗固发、头皮抗衰"等全产业链协同发展的战略布局，从多个维度全面实现消费者对于头发养护的消费需求，搭建一个系统且完整的毛发健康产业生态。因此，碧莲盛不断优化产品和服务，推出了"碧莲盛养发"康疗品牌，想要借助线下社区营造家庭头发养护的消费场景。由于当前植发或养护等消费仍然是一个初期市场，很多人去植发医院或服务中心会经历一个纠结的决策过程，而这个过程中，家庭成员会参与进来，因此碧莲盛选择在家庭场景中曝光自身品牌，在广阔的潜在消费群体中强化品牌印象；另外在封闭的电梯间大量投放广告，高频反复地传播品牌名称和强调其优势价值，广告内容贴近大众生活，逐渐将品牌特征渗透到消费者的脑海中，传递出高品质生活和注重毛发养护的健康理念，实现了该品类市场的强势进攻，压缩其他品牌的成长空间，实现了在该品类的爆发式增长。碧莲盛的发展并不止步于此，当前依然在持续进行医疗技术攻关，与各大三甲医院和科研机构合作，尝试探索干细胞培养毛囊这一全球前沿研究，努力实现技术更新和品牌产品服务质量的提升，稳固其市场地位。

综合来看，新品牌在完成验证期的价值验证和增长验证两个核心要点之后，就进入了快速增长和累积资本的扩展期，这一阶段是要将验证期所得出的结论转化为第一波商业资金，为品牌长期发展奠定基础，同时也要做好品牌传播策略，有序扩张和获取消费者信任，在消费者心中强化品牌定位和产品概念。而扩展期之后就进入了竞争激烈且严峻的进攻期，积攒了一定实力和市场经验的品牌为了开拓更广阔的市场空间而向该领域头部领导品牌发起进攻，从其薄弱的板块入手，聚焦自身优势，突出能够满足消费者需求的产品核心要点，传播品牌的市场成就，稳固消费者和其他资本利益相关者对该品牌强势地位的认知，为品牌竞争和长久发展提供保障。

四、防御期

在中国历史文化中流传着"江山易攻不易守"的古训，原本指的是军事领域的策略，在当下社会背景下，这一传统概念同样适用于激烈竞争的商业市场。当一个新的品牌占据了品类市场主导地位并属于该定位下的核心产品时，也就意味着该品牌成了某种意义上的品类领导者，在接下来的市场竞争中，该品牌为了保证自身的主导地位和长久发展，就需要开启防守策略。

开启防御期的前提在于品牌对自身有一个清楚的市场地位认知，判断品牌是否处于主导地位的标准主要是衡量该品牌在消费者心智份额和市场份额中的占领程度，进行量化分析，得出较为直观的数据结论。考量心智份额时，往往会采用市场调研中常见的一种方法，叫作"无提示第一提及率"，调研者不暗示、引导受访者，进行自然对话，观察受访者能否主动率先提及该品牌，例如询问消费者"你知道哪些牛奶品牌""哪些牛奶品牌的营养更丰富"，统计消费者在该问题下的回答和反应，记录其第一个提出的品牌。这种测量方法能够更好地探究品牌的知名度和在该品类行列中消费者的认知程度和信赖感。而考量市场份额时，则需要全方位进行财务数据统计，包括销量、利润等份额，这些数据十分重要，企业往往不对外公开，只在公司内部发布，外人很难获取这些数据，然而品牌自身心中通常有大体的概念。如果心智份额和市场份额都处在较为突出的水平，则证明该品牌属于该品类的头部领导品牌，在市场中起到主导地位和风向标的作用。但品牌在该阶段也要衡量好自己的市场范围，从国内和国际多个市场进行分析，确保资源有的放矢，发挥最大的市场效果。

在品类发展的防御期，企业或品牌既要强化自身在市场的核心地位，稳住在消费者心中的领导品牌印象，又要采取一定的策略，建立起系统化的防御攻略，确保有抵抗竞争对手的坚实"围墙"，这就需要把握以下四个方面的防御关键点。

1. 防御期关键点一：强化专属标志，持续品类创新

品牌在进入防御期时，为了保证自身的持续发展，确保在消费者心中占据长期稳定的心理地位，一方面需要不断强化自身的品牌专属标志，在延伸的产品上沿用原有的形象，从直观的品牌识别标志和产品概念上稳定市场；另一方面也要持续更新自己的产品链，加强产品迭代发展，推陈出新。例如我们熟知的手机品类，不论是国外品牌苹果还是小米等国产手机，都在原有的品牌标志基础上每年持续更新换代，并且在命名方式上有序且令人印象深刻。同时，品牌推出的新一代产品都会结合当下的热点进行营销，例如小米选用苏炳添作为代言人，因为他在奥运会赛场上发挥超强且稳健，诠释了"中国速度"，符合小米手机系统稳定、快速运行的特征，因此广告词中不断强调"快、更稳"，加深了消费者对小米产品性能的认知。淘汰旧产品，推出新产品，在原有的企业标志和形象的基础上开展品类创新，这是品牌发展的必经环节。企业或品牌只有保持创新的意识和增加持续创新能力，才能够适应市场变化和消费者日益增长的需求，传递出其作为领导品牌的革新能力和发展潜力，稳固其在市场和用户心中的强势地位。

2. 防御期关键点二：调整竞争心态，灵活跟进创新

由于市场复杂且竞争激烈，品牌难以把握竞争对手的发展进程，因此部分品牌在防御期的品类战略可能会存在一定的滞后性。企业或

品牌如果错过了该品类创新的时机,也不要因此灰心和扰乱原有的市场策略,而是应该调整竞争心态,了解市场变化的本质和消费趋势,及时跟进竞争品牌的发展方向,深入研发和创新发展,在较快时间内推出类似的产品或服务,形成有效的防御措施,起到对竞争品牌的牵制作用。这是由于头部领导品牌在市场上有着较广泛的资源和影响力,长期形成的品牌印象让其地位在短时间内难以被撼动,同等情况下消费者对于头部品牌的信任度和接受度更高,即使在竞争的某些阶段处于短暂的相对落后,也依然有实力可以根据市场变化采取新方法进行跟进和研发,回到领先的优势地位。但这只是补救措施,是对市场反应稍有落后的举措,如果对于该细分市场落后太多,竞争品牌已经在市场上形成了强烈的进攻之势,即使头部品牌跟进研发,也难以回归原有地位。因此,企业或品牌在发展的过程中,不能只低头看自己,而是要抬头看整个市场,培养敏锐的市场洞察力和持续的创新能力,时刻关注自身品类市场的商业动态,多渠道了解竞争对手的发展情况,在察觉到市场变化和竞争对手的行动后,适时采取相应的方式和方法稳住市场地位,搭建强有力的防御体系。

这个领域的竞争案例也有很多,例如在空调品类中,消费者通常认知的头部品牌是格力、美的等,但随着市场需求的变化和科技的迅猛发展,其他空调品牌加强了技术创新,海信率先推出了变频空调,虽然其品牌价值和影响力不及格力和美的,但是这一新技术让消费者对其产生了认可。格力和美的在意识到市场变化之后,立刻加紧研发,升级核心技术,在变频领域抢占赛道,美的推出"买变频,选美的"的口号,一时间获得了较大的影响力;格力也不甘示弱,强势快速跟进,最终市场依然重归这两个品牌主导的形势,虽然海信率先推出该技术,但最终没有撼动这两个头部品牌的优势地位。

市场反应速度有时候会对企业和品牌造成重要的影响,经营者应保持敏锐的洞察力,及时跟进,否则就会令自己陷入劣势局面。作为

"方便面"双雄的统一和康师傅也进行过类似的市场竞争，1998年世界杯时，康师傅在干脆面中推出"球星卡"，很快掀起了集卡热潮，在世界杯落幕后，统一抓紧时间追击，在小浣熊干脆面中推出"水浒108将"卡片，不少学生为了集卡而纷纷购买该干脆面。2008年，统一经过市场调研，决定推出老坛酸菜这一口味，还邀请了汪涵作为代言人，受到了消费者的普遍喜爱。康师傅见状立刻对该市场进攻，产品包装与统一老坛酸菜面如出一辙，投入大量的品牌营销费用，邀请了姚晨等明星代言。统一见状后，老坛酸菜的广告语也发生了改变，汪涵在代言中说道"有人模仿我的脸，有人模仿我的面，模仿再像也不是统一老坛"，这无疑是在内涵康师傅，让康师傅陷入了尴尬境地。康师傅由于跟进不及时，错过了最佳拦截时期，市场已经被统一占领了绝大部分，在这场老坛酸菜面的品类竞争中，康师傅失去了竞争优势。

3. 防御期关键点三：识别自身弱点，自我更迭革新

作为社会个体，我们在生产生活中要学会自我批评和自我革新。同样，在市场发展的各个阶段，企业或品牌都应该保持着自我完善和优化的能力，与其等待他人的进攻，不如自我攻击，推出新品牌。这样既能自主把握节奏和程度，又能增强防范风险的能力，适时抵御竞争者的市场攻击，不像他者进攻无处可防且局面难以把控，自我攻击的成果依然属于品牌自己，多维度发展也进一步促进了企业的快速成长。

加多宝与王老吉的"爱恨情仇"是营销史上的经典案例。加多宝在租用王老吉品牌期间，没有重视王老吉配方中的夏枯草问题。夏枯草是凉茶中常见的材料，但由于成分的特殊性，容易导致胃寒，因此容易引发消费者争议，这也是王老吉"正宗"优势中的固有弱点。这个配方上的弱点如果被竞争对手挖掘和持续放大，王老吉将很难做出

防御，会对品牌发展造成严重的影响。加多宝和王老吉分家之后，加多宝采取了一系列的营销和攻占手段，最终抢占了王老吉正宗凉茶的定位，开启了新的市场篇章。如果加多宝在使用王老吉品牌期间就意识到夏枯草问题，在分家之后及时推出不含夏枯草的凉茶饮品，将会更早在凉茶市场上掀起耀眼浪花。

钟薛高在发展的过程中也经历了自我优化和调整的过程。前期钟薛高主打高端国产雪糕路线，强调原材料的高品质，同时将外观做成国风瓦片形，价格较高，与市面上其他雪糕形成差异化竞争。但由于一系列舆论事件导致钟薛高被称为"雪糕刺客"，不少竞争品牌想要乘虚而入。但钟薛高为了应对这一危机，很快推出了线下单独实体冰柜，同时延伸产品链，打开低端市场，推出了子品牌钟薛不高，价格仅 3.5 元，成功地化解了"雪糕刺客"这一矛盾点，还获得了更多的品牌曝光量。

前面我们提到过淘宝和京东的"正品行货"之争，虽然淘宝也推出了天猫商城这一防御京东的平台，对其进行抵抗和抢夺消费者，目前成效也较为显著。但如果淘宝在早期自主攻击，提前创建起天猫商城，合理管理和推广应用，就会更好地应对京东的攻击。

4. 防御期关键点四：隐藏品牌特性，强化品类市场

品牌是依附于品类而存在的，只有品类突出，品牌才能够获得更多的关注。因此，作为某个品类的领导品牌，应该重视对品类市场的维护，只有把该品类搭建好和维护好，做大做强，构建起品类竞争壁垒，减少竞争者参与的概率，才能够更好地维护自身品牌在该品类的优势地位。因此，头部品牌要提高社会责任感，肩负起市场的责任，创新技术，推动品类门槛的搭建，同时减少负面新闻带来的品类发展风险。

在国内的市场案例中，有诸多品牌做到了这一点。比如百果园由于品质优良且在鲜果类市场起到了示范作用，推动了水果分级标准的

建设和发展；王老吉积极申遗，推动凉茶成为国家非物质文化遗产，该标准的构建使其更具有权威性和正宗性，也让夏枯草避免了被市场质疑的风险。这些市场战略举措将品类发展推到了新的高度，而品牌自身也在这个过程中受益并得到了更多的认可。实际上，当品类市场的领导者足够强大，也可以忽略品牌本身的存在，比如"钻石恒久远，一颗永流传"并没有强调某一个品牌的概念，而是将整个钻石品类推到了消费者面前，但这并不影响该广告背后的经营者戴比尔斯的利益，因为他占据了全球约70%的钻石矿产资源，只要该品类市场足够庞大，对他来说都是一件终身受益的事情。类似的市场案例其实在国内品牌中也十分明显，比如乌江榨菜将榨菜品类做大做强，涪陵榨菜这一地方品类成为代表性的标杆，其他地区再怎么出现榨菜品牌，也没法像涪陵本地的品牌对大众来说认可度高，而在涪陵榨菜的这个品类中，乌江榨菜又是具有代表性的品牌，因此，品类的发展也对品牌本身的成功起到了重要作用。

但在现实的市场竞争中，不论是品牌自身发展还是推动品类做大做强，都需要有序地参与竞争，不能完全摆脱竞争对手。缺乏竞争的市场容易导致品牌丧失创新发展的能力和动力，忽略消费者的需求，也难以关注到更多的消费层面，最终陷入垄断和停滞发展的局面。良好的竞争秩序能够更好地促进品牌创新发展及整个市场的良性稳定运行，使市场充满生机和活力，也更全面地满足人们生活的需要。

回归到碧莲盛不剃发植发的案例，其在防御期的市场策略也可圈可点，具有一定的参考和借鉴价值。

2020年秋天，碧莲盛发布不剃发植发技术后，不少竞争对手看到了这个领域的价值，多家植发机构也宣称可以做不剃发植发手术，但由于其他机构的临床经验较少，缺乏足够的支撑，对于临床案例只字不提。这些机构跟随碧莲盛的发展轨迹进行摸索，在这种环境下，不少竞争对手尝试用类似的方法来抢夺碧莲盛的市场，例如大麦植发推出微针不剃发技术，雍禾植发采用点阵种植技术和艺术种植技术等，甚至针对女性用户推出"发之初"这一女性植发品牌，以满足对美学元素更关注的女性市场。不同品牌都尝试推出类似的植发技术，搭建技术壁垒。这些均无法改变碧莲盛在"不剃发"板块的市场地位。

碧莲盛的核心优势实际上在于其能够吸引和培养一批优秀的医护人员，技术专业且信念坚定。碧莲盛在意识到竞争对手的市场策略后，为了稳住自身的优势地位，开启了"人才防御战"。蒋学是碧莲盛医疗技术负责人，他常年在植发手术台前，有20多年丰富的临床经验，对碧莲盛技术发展起到了极大的支撑作用。他表示，植发领域竞争较大，但新技术和新设备并非真正的行业壁垒，关键在于那些受过专业培训且临床经验丰富的植发医生。能否做到手术的成功并保证消费者形象上的美观，很大程度上取决于医生的手术水平，经验不足的医生即使借助精密的仪器，也依然难以确保手术的完整性和科学性。植发手术的时间较长，对于医生的体力和专注度等方面要求较高，且手术成本是剃发技术的数倍，每次手术都需要一批有经验的医生同时协作才能完成。随着提取难度的增大，能够坚守该领域且有此类技术的医生数量较少，碧莲盛采取一系列待遇保障措施稳定医护人员的心态，使其对碧莲盛产生信任感，目前碧莲盛已经有100余位专业医生及300多位护理人员，均有5年及以上的临床经验，科学丰富的医护人员配置保证了植发手术的安全高效。碧莲盛的医护人员质量高且配比均衡，只招有外科手术和执业经验的优秀医生，在常年的培养下，碧莲盛的植发医生技术突出，植发领域硬实力强。碧莲盛在人才上有着较高的技术门槛，十分爱惜人才，强化自行培养并对人员进行合理安排，将这些优秀的医生人才分派到全国的分院，发挥其技术和经验优势，保证每个分院都有专业化的医生来带领，促进各地分院取得了耀眼的商业成绩，也帮助碧莲盛在该品类占据了强势的市场地位。

品类市场防御期的战略相对于前三个时期来说，需要有更多坚实的资本基础和更加灵活的创新管理能力，要敏锐地感知消费趋势，洞察消费者的需求，同时又要观察竞争对手的市场战略，既可攻，又可守，稳住自身的绝对优势地位，形成系统科学又灵活变通的防御体系。

五、转移期

前面我们结合诸多案例讲述了品牌发展经历的验证期、扩展期、进攻期和防御期这四个不同阶段,在每个阶段,经营者都需要全方位、多维度地进行思考和采取相应的措施来保证企业和品牌的平稳发展。经历了防御期,部分品牌和品类发展可能会逐步进入转移期,这个阶段具有一定的特殊性,虽然部分品牌可能会陷入衰退的趋势,但在这个时期如果把握好市场动向并采取合理的应对措施,同样能够发掘新的品类机会。因此,企业或品牌经营者需要抓住这一时期的关键节点,进行品类战略调整,灵活应对,争取新的市场出口,在竞争市场中开拓新天地。

由于社会变迁的影响,市场的复杂性增大,大部分企业或品牌的发展都会经历一个波动的过程。技术进步和人们生活方式的改变会不断催生一些新的品类和品牌出现,在这些新竞争者的影响下,品类发展往往都会逐步走向衰退或消亡的境地,或者再次分化成其他众多细分和抽象的品类。传统品类的消亡意味着市场上有新的品类和产品能够更全面地满足当下消费者的需求,传统品类的市场价值逐渐降低。智能手机的出现满足了互联网时代大众的消费诉求,意味着功能手机市场的没落。实际上,随着技术的进步,很多品类发展已经达到了一个高峰,比如当前很多电脑和手机的内存已经远超过人们的实际使用需求,而在这种背景下依然强调这些性能上的优势就难以再实现差异化的竞争。因此,在这个阶段,经营者需要结合市场现状,及时采取相应的措施,开启转移期的市场策略,主动撤退和最大化实现现金流折现价值，保证企业有更多的资本和机会再次开拓新领域，所以这个阶段不叫"衰退期"或"消亡期"，而是叫"转移期"。

转移期的品类策略具有一定的规律性，需要注意以下三个关键要点。

1. 转移期关键点一：削减品项，节约成本

在转移期，企业或品牌的资本和精力有限，原本的消费群体数量逐渐减少，之前不断研发的各类产品满足了消费者的个性化需求，但在这个时期，这些长尾品项失去了原有的规模效益，难以再创造广阔的价值空间。因此，企业或品牌应该集中精力强化自身的核心产品价值，适当削减这些后期顾客逐渐减少且创造不出太大价值的品项，为企业保留核心消费群体留出空间，也为研发和推出新产品提供基础。

随着光学技术的演进，拍照产品的功能越来越丰富，数码相机和拍照手机成为大众在该品类消费的主流，而胶卷冲洗等产品和服务逐渐淡出消费者的视线，该品类的衰落也呈现了鲜明的趋势。提到柯达，很多人会想到曾经在街头的很多胶卷店和冲印服务。但很多人不知道的是，实际上数码照相技术起初是柯达发明的，但柯达没有意识到该市场的价值，该技术没有得到有效的推广，也没有采用我们前面在防御期提到的自我攻击建立新品类、新品牌，最终被其他竞争品牌攻击。

在现实的市场竞争中，不少企业或品牌在转移期的具体做法是与我们提到的市场规律相反的，这也是经营者容易陷入的一个误区。由于在前期发展的进程中，新品项的增多与企业价值的增加是呈正相关的趋势，二者相辅相成、相互成就，因而很多经营者认为在市场上不断增加新品项就能够带来更多的市场价值，挽回自身发展的机会，但实际上投入了诸多的人力和物力资源，最终还是造成了浪费且没有扭转企业发展的局面和趋势。尽管我们这里强调企业或品牌在该时期要集中资源，适可而止地撤回部分品项，但并不意味着完全放弃研发方面的投入，而是说要将有限的资源和精力投入更核心、黏性和价值更高的消费群体身上，满足其核心需求，在细分领域实现高质量发展。虽然数码相机涌进市场，抢占了柯达的份额，但是刚开始时数码相机像素不高，柯达的成片质量更优越，因此柯达应该将目光转向对成像质量要求高的领域，并且集中资源投入，展示自身的关键价值和难以替代的功能。

2. 转移期关键点二：投入新品类，创建新品牌

转移期的另一个关键点在于着眼新兴品类，及时创建新品牌。实际上，这也是企业本身的生存方式和战略手段。这个新目标的选取，可以从自身原有弱点入手，也就是其他新品类竞争品牌攻击和取代自己的地方，尝试加入这个新发展领域，用丰富的经验和创新的手法打入新市场。

回归我们刚刚提到的拍照领域，富士和柯达早期同样是在胶卷行业里发展，随着数码摄影品类的发展，胶卷冲洗等传统影像必然会受到严重的打击，传统的胶卷相机品牌必须结合新的发展趋势谋求出路。富士面对这种行业冲击，没有选择自动退出，而是主动进军数码摄影领域，依托自身在胶卷摄影积累的技术经验，又融合了新的技术，在复古相机领域重新回到了优势地位，也牵制住了相关品类的竞争品牌对自己的冲击，目前居于数码摄影领域第二梯队。同时，富士还主动开拓新品类，将胶片的材质进行提炼优化，开启了跨界的模式，打开了化妆品市场，主要着眼于抗衰老，是功能性化妆品。富士曾推出"ASTALIFT"品牌的护肤品，其化学名称也就是我们日常熟知的"虾青素"，能够起到紧致皮肤和抗氧化的作用，不少美妆"成分党"对其兴趣很高，新销路由此打开。富士还成立健康生命科学事业部，专攻医药、美妆等领域，这些新品类的探索和尝试，成功为富士的长期发展争取到了新的市场空间和更多的机会。

3. 转移期关键点三：识别市场，避免逆流

孔子说"危邦不入，乱邦不居"，警示我们不要卷入过于混乱和危急的局势。这其中蕴含的道理同样适用于商业领域，处于转移期的企业要明确识别市场的态势，观察其是否具有新的空间，如果该品类正处于鲜明的衰退期，经营者要提高警惕，避免在该品类创建新品牌，而是要将精力运用到更多有效的渠道上。正如我们日常消费的笔记本电脑品类、空调品类等，前期各大品牌竞相研发和推广各自的产品，甚至配置已经远超人们的日常所需，市场饱和度较高，即使有破釜沉舟的勇气，也难以在该品类开拓出全新的品类以获取消费者大量的注意力。因此，在这个阶段，企业或品牌要做的应该是洞察新的消费趋势，及时建立新品类的新品牌，抓紧时间扩张和发展，而不是逆着时代的洪流去夺取仅有的空间，这会造成资源的大量浪费，也会导致自身疲于应对没落的市场，最终牵制住了自身的发展。

碧莲盛的品牌发展也经历过一个曲折波动的过程，其转移期的品类市场策略也展示了其魄力和智慧。碧莲盛在探索不剃发植发道路的进程中，高层领导看到了医疗 SAAS 的发展趋势，便及时组建了一支技术人员队伍，做出了一款针对医疗行业业务管理的工具类产品。该 App 可以同时在电脑端和手机端运行，是一款高效率办公服务软件，便于管理订单和提高服务效率，能够帮助消费者了解产品情况和进行服务预约，也能帮助运营者熟悉业务信息，更好地服务顾客。碧莲盛便在各个门店推广，辅助企业调整营业信息和管理门店，提升企业的管理效率和用户的消费体验。

虽然该 App 适应了互联网时代的应用趋势，也更加便捷简单，便

于追踪用户信息，提供智能服务，但是该 App 投入的成本高达数千万元且并没有对市场销量起到非常直观的作用，在医疗行业无法得到大量推广应用。碧莲盛立刻意识到这并非其需要攻破的核心点，只不过起辅助作用。碧莲盛开始及时止损，开启战略转移，全面停止了该 App 的市场研发工作，回归医疗本身，集中精力投入医疗技术的研发和探索。

在品类战略的转移期，企业或品牌需要时刻关注市场动向，分析自身所处的市场位置，及时识别转移期的到来并采取相应的措施进行补救。转移期的企业或品牌的资源有限，需要削减一些无法产生更多价值的品项，节约资金和成本。在品类衰退期，消费者对于该品类差异化的需求较少，品类集中度较高，因此经营者要主动撤掉部分价值特性不高的次品牌，集中精力投入核心功能，顺应趋势，利用品类集中度来提高顾客的消费意向，再强化到核心顾客的身上。同时企业或品牌也要有灵活应变能力，跟随市场变迁的趋势和竞争对手的策略方向及时调整市场目标，构建新品牌。当然在觉察到市场明显衰退的趋势后，若没有足以扭转整个大市场的能力，尽量要避免逆流而上，否则既会造成成本浪费，又改变不了自身衰退的趋势。

综合这一章所讲述的内容，我们可以了解到品类市场的发展通常会自然地经历验证期、扩展期、进攻期、防御期和转移期这五个阶段，不同阶段有不同的任务和目标，需要采用灵活的策略和方法应对市场演变趋势、消费者消费观念的变迁，以及竞争对手的发展。因此，作为一个新的品类和品牌，要有敏锐的市场洞察力，在市场进行广泛而深刻的调研，了解自身品牌发展的适应性。在此基础上，企业或品牌要集中资源强化自身的优势，打出差异化竞争。在形成相对领导地位后，企业或品牌要持续进行自我攻击和创新发展，开拓新的市场，探索更广阔的渠道和机会。即使面对时代变化和技术冲击，经营者也需要保持冷静客观的态度，调整产业布局和品类发展方略，跟进新品类，控制研发投入，降低成本，集中资源强化核心优势，同时转移市场目标和挖掘新的品类机会，在市场的浪潮中重新扬帆起航。

第五章

品类归属及品类细分

一、定义新的品类或子品类

企业如何做到竞争差异化，找到自身独特的价值，从而占据用户的心智？我认为，差异化竞争最佳体现方式的集合体就是品类。对于企业来说，品类是企业的内涵，可以塑造品牌的形象气质。品牌具有什么样的差异化，应该由品类来决定。对于消费者来说，一般在消费产品或服务时，先用品类思考，再用品牌表达。消费者是用品类解决需求，用品牌简化决策。引起消费者购买欲望、推动购买的并不是品牌，而是品类，消费者在决定了品类之后才选择该品类的代表品牌。

1. 以消费者需求为出发点：用新品类打造领导品牌

我们一直在强调，新品类的根源在于消费者心智，要在消费者心智中找到那个已经存在但没有被满足的需求，这就是新品类的机会。从消费者的需求和认知出发，用新品类塑造领导品牌，可以帮助消费者降低决策成本，从而在众多竞争对手中选择你。比如，我想买一部快充手机，可能会想到"充电五分钟，通话两小时"的OPPO手机；我想补充能量，可能会想到"你的能量超乎你想象"的红牛功能饮料等。

从企业的基本商业逻辑出发，企业的竞争以品牌为单位，而塑造品牌的核心方法就是开创并主导一个品类。当你在品类上卡位成功，才有机会在行业中产生影响力，变成领导品牌。因此，品类是差异化最本质、最直接、最有效的表达方式。要想找到属于自己的独特且有市场价值的新品类，与其盲目跟风创建新产品，不如静心调研，发现刚需，定义新品类。

这一点对于那些初创品牌尤为关键，是从巨头的存量市场中厮杀出自己的一条细分赛道的不二法门。比如，在过去的40年间，我国的饮料市场一直被可口可乐和百事可乐这两大国外可乐巨头垄断。值得一提的是，除了健力宝一度成为全民碳酸饮料外，还没有任何一款中国饮料突破过"两乐"的铁幕，取得全国性成功。而"元气森林"就打破了这个常规，发展速度超出了常人的想象，短短3年间就从一个默默无闻的小品牌成长为一家能够与农夫山泉、可口可乐竞争的巨头。

元气森林为何成功做到了？根本原因在于它顺应用户"既健康又好喝"的需求，抓住这一市场空白，成功在外资饮料巨头铁幕之下撕开了一个口子，开拓了一个规模巨大的新市场，塑造了自己的品牌。之后元气森林的产品品类不断增加，外星人电解质水、乳茶、纤茶等，基于当代年轻消费者需求越来越多元化的趋势，进而满足不同用户的不同需求，哪怕是细分人群的需求。

其实无糖饮料在中国大陆市场早就有过试水，但过去很长一段时间，无糖饮料在中国大陆的入局与发展之路并不顺利。以无糖茶为代表，1997年，三得利乌龙茶就以"超越水的新一代饮料"为口号进入中国市场，但基本上没什么反响。之后，统一、可口可乐、雀巢等一众品牌的尝试也遭遇滑铁卢。而2011年农夫山泉推出的东方树叶则因彼时消费者对无糖茶的接受程度不高，在很长一段时间内难以打开市场。元气森林却成了饮料新秀，除了顺应人们对健康饮食日益重视的趋势，也与它发现这一品类新的定义离不开关系。元气森林一问世就以无糖饮料这一品类出场，比起其他饮料品牌后续跟风推出的无糖系列饮料更让消费者信服，可见抓住用户心智中新品类的重要性，那么我们如何定义新的品类或子品类呢？

2. 挑选关联属性定义品类：从属性集合到品类标签

定义新的品类或子品类，总的来说，就是要找到 1 ~ 5 个最能代表其特质的关联属性来界定。这个用于定义的关联属性的集合往往是从更大的集合中挑选出来的，不仅仅能实现功能上吸引顾客，甚至包括自我表达和情感上的益处，驱使顾客做出购买决定，从而体现目标品类或子品类的独特性，为其他想获取相关性的品牌树立进入壁垒。

尽管界定新品类或子品类的属性集合可能包含 5 个属性，但其中有 1 ~ 2 个是最独特的，也是形成这个定义的最核心的部分。所以当元气森林推出"0 糖、0 脂、0 卡"苏打气泡水时，饮料行业一个新的子品类形成了，这个子品类指的是健康、好喝的无糖饮料，但真正让这一品类与众不同的是元气森林不仅兼顾口感和健康，同时还在产品外观上下足了功夫，让消费者走进便利店一眼就能被吸引，想要买一瓶来尝尝，它更是引领了一种轻松、无负担的生活方式与状态。

从属性集合中挑选出少数几个属性，用它们来定位这个品类或子品类，这其中必定会包括能反映实质性创新或变革性创新的关联属性，因为正是这些创新定义了这个新的品类或子类。基于一组关联属性来界定品类或子品类，有些界定是通过典型的范例产品，但这一品类或子品类没有自己的标签。有些品类或子品类有清晰的标签或描述语，却没有广泛接受的范例产品。因此标签很重要，因为一旦产品获得了成功，它将影响品类或子品类的形成。

范例产品驱动的品类或子品类例如汽车共享——城市生活方式、省钱、环保、便利；SUV——时尚、舒适、续航能力强、户外生活方式；高纤维——纤维含量高、有活力、健康；无印良品——简约实用、天然用料、持久、产品价值、贴近大自然、低调；钟薛高——国潮冰激凌、低脂、选择多样。

这不意味着新品类的标签或描述语越多越好，而是要有价值主张。

品类或子品类需要一个什么样的价值主张与其他品类作区分呢？那就是能一直提供有助于定义品类或子品类的功能性益处。如果品牌缺乏这种益处，那么这个品牌就不属于该品类或子品类，也就不会被人考虑。比如，沃尔沃汽车长久以来拥有安全方面的功能优势，它的设计和品牌定位都强有力地打造了其在安全维度上的可信度。对有些人来说，沃尔沃汽车就是"更安全的汽车"这一子品类中的典范。DQ冰激凌的"倒杯不洒"一直深入人心，因为它的空气比只有35%左右，奶浆纯度比较高，脂肪含量只有2%左右，再加上搅拌，使得冰激凌更加贴紧内壁，所以可以倒杯不洒。在大众心智中，留下了DQ的产品是优质的、"倒杯不洒"的冰激凌才是好冰激凌的认知。

3. 如何定义产品的功能性益处？——从产品、顾客、企业三方面进行考量

我们可以从哪方面去定义一个品类或子品类的功能性益处呢？从产品上说，包括产品特色、优点组合、审美设计；从顾客上说，有基于系统的解决方案、顾客参与、顾客亲密度；从企业上说，包括新一代产品、扩大的竞争空间。

品类或子品类传递着新的功能性益处，具体有以下这些价值表达方式。

（1）强大的特色或优点。

一方面，某一种特色或优点非常强大，甚至可以定义一个品类或子品类，市场中一般人都不会购买没有这一特色或优点的品牌。比如英国航空多年来是唯一提供商务舱的大型航空公司，商务舱为顾客提供了更舒适的空间，因此为一些商务旅行者定义了一个新的子品类，这些旅行者不会考虑在这方面无法与之媲美的其他品牌。另一方面，也可以是增加新属性、赋予新特点，达能是1919年创立于欧洲的公司，1942年开始在美国经营，是一家被定位为健康食品供应商的

酸奶企业。1950年，达能加入了一个新的、有特色的、有价值的优点——把果酱放在杯底，不仅定义了一个新的子品类，还改变了整个酸奶行业，使得在一段时间里，原有的其他品牌都失去了相关性。由此，达能焕发出了更大的活力，并且大大扩展了其潜在的顾客群。

问题是，产品在一个方面有很强的优势，也许意味着在另一个方面存在不足。这种情况一般出现在那些开创低价格新品类的品牌，也就是那些主打价格维度的品牌中。这类品牌自然而然会在质量、可靠性或特性方面存在某种缺陷。不过20世纪70年代丰田的经历及之后现代汽车的故事表明，这种假设是可以被消除的，但是也许要花比较长的时间。在这期间，子品类生存会比较吃力，而且竞争对手拿缺陷做文章的现象可能会一直存在。当然这种现象不仅存在于价格维度，比如多年来沃尔沃汽车主打安全特色，但其设计样式一直被认为不够时尚，让车主在驾驶沃尔沃汽车时无法拥有优越感。

（2）多种优点的组合。

结合多种优点来定义一个新的子品类。一个广被接受的品牌要有一个优点集合。宝洁的许多变革性创新之所以能够实现，都是得益于它将不同业务单元的属性结合在一起的能力。比如，汰渍冷水高效能洗衣液就有3种优点：①可以用冷水洗；②洗衣高效；③不含染料和香精。同样地，有多种优点结合的子品类也驱动着牙膏市场的发展。20世纪50年代，佳洁士在高效清洁的基础上又增加了防蛀牙功能，从而开创了一个新的子品类并维持了数十年强大的市场地位。到了1997年，牙膏市场变得纷繁多样，有数不清的额外的功能、口味或包装，让人眼花缭乱。高露洁推出的全效牙膏通过把几大优点结合在一起，开创了一个新的子品类，最突出的优点是它能提供长效清洁及保持口气清新，牙膏中的抗菌成分能够在两次刷牙期间一直保持活性，抑制多种口腔细菌的生长。这一新的子品类使得高露洁全效牙膏后来居上，超过了佳洁士。

优点的组合还能联合其他公司，目光不要只停留在自身企业。比如 Nike Plus 是一款内嵌芯片的跑鞋，这个芯片与 iPod 相连，使用者可以记录并分享自己运动的公里数。在最初的 3 年，Nike Plus 跑鞋的使用者们就记录了数以亿计的公里数，耐克在跑鞋市场的市场份额也从 48% 上升至 61%。一部分原因是该产品进一步挖掘了 iPod 的潜在顾客，另一部分原因是它找到了一个可以让顾客产生共鸣的概念：一款可以"辅助锻炼"的跑鞋。联合品牌可以带来很大的优势，比如福特在 1983 年推出了福特探险者埃迪·鲍尔版（*埃迪·鲍尔是美国知名的户外服装品牌*）汽车，销量达 100 多万辆，这款车集合了多种优点，成为 SUV 子品类中的典范。它一方面具有福特探险者本身的特色与质量，另一方面又拥有埃迪·鲍尔品牌所传递出的皮质的舒适感、时尚感，此外还强化了福特这一品牌与户外活动之间的关联。

是否存在这样的可能：一种新品并没有使用任何新技术，却能和之前的产品有质的不同？普利茅斯捷龙就是这样，它的出现取代了之前的厢式货车，无论在视觉上还是功能上，都有明显不同。从功能方面来看，它提供了更多的内部空间，空间的使用也比厢式货车便利很多。Kindle 无线阅读设备、李施德林杀菌口香片、赛格威思维车等都实现了新的不同优点的结合，因此能够定义新的品类或子品类。这些优点的组合无疑给其他企业带来启发。

（3）独特的外形设计。

创新不拘泥于产品功能上，还可以发生在产品包装上，以定义新的属性。比如优诺推出了管状包装的 Go-Gurt 酸奶，方便儿童吮吸，由此开发了一个新的业务，目标市场、价值主张、竞争对手都与传统包装酸奶不同。结果，它的出现改变了整个酸奶市场的份额分布，它借此超越了达能。还有 L'eggs 蛋袜，这款长筒袜被放在白色鸡蛋形状的塑料容器中，外加开辟了诸如超市这样新的购物渠道，所以 1970 年它一经推出就震荡了整个长筒袜行业，开创了新的子品类。

从审美的角度来开发品类或子品类，还可以实现产品潜在的自我表达和情感优势。捷豹汽车一直沿用这一策略，在外观设计上，与那些看起来雷同的竞争对手相比显得与众不同。其他汽车看起来似乎都用了同一个风洞，造型也相差无几。W 酒店的独特外观非常吸引时尚前沿的旅行者。半透明的苹果 iMac 让人意识到即使是电脑也可以展现出设计风采，随后苹果公司推出的其他产品也都证明了设计可以成为一种持续的价值主张。史蒂夫·乔布斯曾说："外形设计是人工创作的灵魂。"

在选择设计独辟蹊径的一大挑战是，不仅需要企业对于设计有真正的激情，还要为设计团队提供强有力的支持，这才是外形设计在企业获得成功的关键。比如捷豹汽车、W 酒店和苹果公司，对于其他以设计为驱动力的公司来说更是如此，比如迪士尼。因为有时候在公司内部设立一个设计基地比较困难，所以有一种方法是和专门的设计公司或独立设计师合作，这样一来，企业在有需要的时候就可以获得最优质的设计师。

另一大挑战就是设计如何赢得客户的信任和关注。塔吉特使用拥有独立品牌的个性设计师，帮助其突破只关注实用性的企业形象，开创了专售设计师生产线服装和其他物件的零售店子品类。2004 年，著名设计师艾萨克·麦兹拉西推出了塔吉特平价服装系列，包括针织衫、衬衫、长裤、半身裙、连衣裙和钱包，在市场上反响极佳。著名建筑师迈克尔·格雷夫斯为塔吉特开发出了成套的烹饪器具和其他餐具。

（4）从元件到系统。

从元件到系统是一种经典的改变市场的方式，主要通过发掘产品或服务所在的系统来进行横向认知扩展。开发基于系统的新品是一个大型、普遍且越来越常见的举措，因为客户越来越希望拥有一套系统的解决方案，以及相应的、可靠的一站式企业服务。

软件企业通常会把不同元件的程序结合在一起。1992年，微软把 Word、Excel、PowerPoint 整合，开发了微软办公软件 Office。这样一来，客户的购买内容与之前大不相同，主要竞争对手的相关性都被削弱直至消失。15年后，微软又将其办公软件针对不同的细分市场进行了调整，提供了几个不同的版本——标准版、小型企业版、专业版、程序员版，这一招杜绝了那些试图寻找小众市场开始反击的竞争对手。

荷兰皇家航空公司（以下简称荷兰航空）把不同服务对象组合在一起，提供系统的解决方案。针对货运业务盈利空间变得较低的现象，荷兰航空发起了"生鲜合作伙伴"活动来为顾客、进口商、零售商提供系统解决方案，这些顾客之前都有过很糟糕的经历，心灰意冷，因为他们永远不清楚哪一个物流环节能够对运输过程中发生的问题负责。"生鲜合作伙伴"活动提供了一个从生产到定点送货之间不间断的冷链，服务分为三个层次——新鲜常温、新鲜冷藏和新鲜冷冻，所有服务覆盖从源头到送货的全过程（即从卡车到仓库、到飞机，再从下飞机到仓库、到卡车，最后到零售商的整个过程中保持特定的温度），客户包括从泰国进口兰花和从挪威进口三文鱼的公司。

B2B 公司通过为物流系统增加服务和价值来提升产品、创造差异性。例如，联邦快递率先使用了包裹追踪系统并将自身的软件系统与企业用户已有的系统相融合，这样用户就可以对自己的货运情况进行控制和管理。西麦斯是一家混凝土公司，它发现顾客会花很多钱以使购买过程可控，因为混凝土很容易腐坏。因此西麦斯开发了电子系统，使得驾驶员可以根据交通情况来做出实时调整，还可以更改客户的时间表。由此，它可以在几分钟内交付产品并动态地处理更改后的订单。它满足了一个未被满足的需求，随之产生的全新的业务模式使其从一个地区型企业一跃成为全球第三大混凝土制造商，业务遍及30多个国家。

（5）加入客户参与。

大多数品类或子品类与客户之间的互动都是被动的。然而，我们有机会开创品类或子品类，让客户成为积极的参与者，这种参与可以成为品类或子品类定义的一部分。零售商通常服务于客户，而在一家自助式冷冻酸奶甜品店，客户可以自己操作机器，按照自己的心意来添加各种口味的配料，有 50 多种配料可供任意搭配，甚至还包括热巧克力糖浆，一切都由客户做主。在这里，酸奶不再是特定分量、单一配料，也不用再等服务员来制作。任天堂于 2006 年推出的 Wii 遥控器可以探测到三维空间里的运动，用户借助它可以跳舞、打拳、弹吉他等，甚至还可以跟世界另一边的用户进行网球、棒球比赛。才推出两年，其销售量已接近 3000 万台，基本达到了索尼 PS3 和微软 Xbox 销售量的总和。

根据市场需求，品类在不断成熟的过程中逐渐细化为若干个子品类，以满足之前服务不周或根本没覆盖到的用户。这个过程对企业而言是很有意义的机会，企业可以识别出未被满足的需求、探索这一需求的潜力并确定是否有方法来开创有吸引力的新品。

比如由 PowerBar 开创的能量棒市场最终细化为许多各不相同的子品类。最初，它的目标客户群是运动员，因为运动员在马拉松等高强度运动中需要这样的食物。这种能量棒主要针对男性，最主要的特点是产品体积大、口感黏糊。女性，尤其是日常很少做高强度运动的女性，对这个产品及其定位根本没兴趣。结果，PowerBar 的竞争对手 ClifBar 专门推出了针对女性的能量棒，开创了一个新的子品类 LunaBar，其口味、质感和原料都是专门为女性打造的。经过一年的努力，PowerBar 做出了回应，推出了更好的女性产品 PriaBar，比 LunaBar 更小巧，卡路里含量也更低。尽管 LunaBar 独霸市场一年多，但 PriaBar 通过对这一子品类进行改进又重新获得成功。因此，企业想开拓新的市场，关键是不要只聚焦于最主要的用户——"市场上的大蛋糕"身上。相反，可以去研究那些需求未得到满足的客户群，研究那些认为现有的产品有缺陷、不够理想甚至厌恶的人群。

开发基于活动的品类或子品类可以开拓市场，并为驱动品牌赋予可信度和相关性。另外，一个应用或活动通常能促进客户参与并提供自我表达和情感益处。以下的几个例子中，子品类就是由某个新的应用或活动定义的：绘儿乐有高质量的蜡笔和其他儿童绘画工具。然而，它将品牌和目标品类的价值主张重新定位于色彩乐趣和儿童生活中的创造力，以及为视觉表达提供途径，与原有的艺术工具品类完全不同。奥维尔·雷登巴赫尔推出了微波炉爆米花，它的定位来自将影院里的感受带到家庭活动中。林赛橄榄尝试将其品类从橄榄转化为社交体验，这种体验让人感觉到享用橄榄比吃胡萝卜、芹菜等其他食品更有乐趣、更有滋味。

（6）提升顾客亲密度。

所有的企业都很重视顾客。有些企业产品能够和顾客产生密切的关联，客户参与度之高和热情之大催生出了新的子品类。对这些企业而言，顾客亲密度是一个战略选择。比如苹果商店为苹果产品增添活力，苹果公司丰富多样的产品打造了以体验为基础的客户关系，苹果商店围绕这些多样化的产品营造出了友好、专业的氛围。再比如星巴克打造除了家和办公室以外的第三场所，让人们觉得舒适和安全，人们在这里可以品味一天中最美好的时光。当然，一旦建立了这样的顾客关系，消费者的期望也会逐渐提高。所以星巴克不得不精心挑选新的咖啡和食品种类，以此来提升而非削弱顾客体验。

亲密度的提升除了靠打造体验场，还可以借助双方共同的兴趣爱好。Etsy 开发了一个网站，为那些能工巧匠们搭建了一个展示自己作品的平台，而潜在的买家也可以在网站里挑选产品，充分挖掘人们对于真实、手工打造、独特、非大批量流水线产品的渴望，提供的不仅是商品市场，还是一个社区之家。人们在这里可以交流思想、组成小组、发布活动通知及参加各种论坛。加入的人越多，该网站的优势越显著。这些都是提升客户亲密度的做法。

（7）超低价格。

大量的新子品类都以超低价格进入市场。产品能实现超低价，往往是由于特征更简单、质量打折扣或产品的生产外包给那些成本较低的地区。在市场研究上，消费低价格产品的主要有两种类型的顾客：一种是现有顾客，他们不需要功能多样、质量上乘的产品，喜欢更简约、更便宜的产品，哪怕质量打了折扣。另一种顾客认为其他产品太过昂贵，而新品价格适中，值得购买。

采用这一模式来吸引顾客的企业有很多，它们吸引了那些原本因为价格因素而退却的顾客。比如，服装零售商Ross和T.J.Maxx都是充分利用过季的产品，让那些原本从不买大牌的顾客也有能力购买此类产品。一次性相机也开辟了一个新市场，如一个世纪以前的柯达·布朗尼。先锋的低成本指数基金将许多新买家吸引到这一行业中。20世纪70年代早期，美国西南航空公司开始采取新的运营方式，目标不仅是那些想寻求低价航空的顾客，还有那些想要放弃汽车改乘飞机的人群，后者是之前其他航空公司没有关注过的顾客群。在这种情况下，那些面临价格障碍而无法购买的顾客得到了关注，他们之前一直被已有的企业所忽略，因为那些企业更倾向于把注意力放在主流客户群，也就是最能给他们带来利润的顾客身上。

（8）优质新品。

与创造超低价新品相反的另一个极端就是推出优质或超优质的子品类。每一个人都会被最优质的产品或服务所吸引。另外，成为最高端子品类的一部分也意味着该产品的质量和使用体验都更胜一筹，顾客也可以从其中获得情感和自我表达的益处，因为他们知道自己购买和使用的是最佳产品。

比如新加坡航空公司推出了比头等舱更高级的舱位，他们对大型A380客机进行了改造，专门配置了12个超级豪华的座椅，并为乘客提供由名厨精心设计的奢华套餐。梵豪登拥有高级巧克力品类已有

180多年，它依靠的是由获得专利的可可配方打造出的"拥有天鹅绒般的丝滑口感"的高端巧克力。阿玛尼在阿玛尼银座大厦有一个会员专属休息室，会员在这里可以享受到真正的奢华与清净，提供了一个至纯的商业氛围，是一种终极独家体验。

在低价品类中也可以有优质的子品类。星巴克开发的速溶咖啡 Via 就是将目光瞄准了这一产品巨大的市场潜力，之前这一领域一直被雀巢咖啡所占据。星巴克打造的关联性让人们相信 Via 可以是一个优质品牌的产品原型，其质量可以超越其他现有产品。宝洁的玉兰油品牌将高端护肤品的优点带给大众市场。灰狗巴士在 2006 年推出了闪电巴士，主要针对年轻的职业旅行者，车上配有皮质座椅、宽大的伸腿空间、免费无线网络及座椅背后的电源插座，目标是打造优质巴士品类。品牌打造通常是开创优质子品类的关键要素，因为品牌代表了必要的可信度，并且有助于社会和自我表达的实现。

（9）新一代产品。

新的品类或子品类对消费者来说最有吸引力的地方，就是它带来了新一代产品，从而使得市场上原有的品牌和产品要么过时，要么明显处于劣势。新一代产品的优势是潜在的新闻价值，人们愿意谈论这种产品，而且它具有可信度，宣传语让人信服，但也存在需要面临的挑战。

挑战之一是如何说服消费者，让他们相信购买新一代产品的风险很小，哪怕有风险也可以通过活动和过程来控制。企业越是强调产品突破性的差异，改变消费者对差异性和风险的认知就越困难。Salesforce 为用户提供了新一代软件，可以实现多种功能，但它也必须要应对人们对于云计算的安全性和可靠性风险的担忧。

另外一个挑战是如何在混乱的市场中宣传自己的新产品，让顾客意识到自家产品是新一代。夏普和三星当年都推出了新一代电视机。三星从 1999 年之后一直是平板电视的市场领先者，2007 年又推出了新一代液晶电视——Luxia 电视。这款电视的屏幕后面有很多 LED 灯，为用户带来了更高的清晰度和亮度。它的屏幕寿命更长、能耗更低、更轻薄，这些优势都使得将价格提高 50%~100% 变得非常合理。2010 年，夏普推出了有望成为新一代产品的电视，它的创新点在于在传统的红、绿、蓝三色技术的基础上又增加了第四种颜色——黄色。这项技术被命名为四色技术，被用于夏普 Aquos 四色技术电视中，可以显示出 1 万亿种色彩，远胜于之前的产品。有了 Aquos 这样强有力的品牌，以及四色技术，夏普的技术进步非常易于传递，定位为新一代产品也更加可行。相比之下，三星的 Luxia 品牌故事太繁杂，处于弱势。后者只能获得品牌偏好度优势，而前者却足以开创一个新的子品类。

聪明或幸运的品牌能开创一系列新产品。比如 20 世纪 80 ~ 90 年代，英特尔每 3 ~ 4 年就推出新一代产品，它面临的挑战是如何为它们命名，后来的解决方案是根据创新程度的不同：那些有明显突破和相应冲击力的新品被赋予新的名字，所以有了"86"系列、奔腾系列、赛扬系列、至强系列和安腾系列。其他产品则被命名为某新一代产品的衍生品，例如奔腾 DX、奔腾 4F 和奔腾至尊。

（10）扩大竞争空间。

企业有时可以扩大品类或子品类的范围，把可能会重视自己产品的非顾客及处于劣势的竞争对手纳入其中。回想一下美国西南航空公司的典型案例，它开启了休斯敦、达拉斯和圣安东尼奥之间的线路，声称要与汽车竞争，从而开创了新的品类，这个品类包含全新的维度：旅行消耗的时间和精力。

高乐士的碧然德是一个水过滤产品，其客户群本来只局限于那些想要提升自来水水质的群体。然而，它把自己的品类进一步扩大，囊括那些瓶装水用户，解决了巨大的能耗和一次性水瓶带来的问题。它的理念是只需要使用碧然德过滤器和可循环利用的容器来取代瓶装水，这样顾客不仅可以节省很多钱，更重要的是对环境产生积极影响。

碧然德的用户不会再使每年 380 亿只塑料瓶的废弃和填埋问题变得更加严重。碧然德还发起了 FilterForGood.com 网站，专门讨论一次性塑料水瓶对社会带来的危害及过滤水的优势。

总之，定义新的品类或子品类要时刻围绕用户目标、服务体验、使用情境，并且采取横向置换的技术，多问自己三个问题：市场上现存的产品还可以和什么现象产生关联？它还可以实现什么其他未被满足的需求？哪些产品和它满足了相同的需求？之后借助以上十种价值表达方式一起思考，找到自己的新品类。

二、品类归属

企业经营的品类不是一成不变的。在瞬息万变的时代，新事物不断涌现，人们的思维方式也随之改变。比如滴滴出现后，出租车行业遭受严重冲击；国民美食方便面销量持续走低，就是败给了横空出世的外卖行业；绿箭口香糖市场占比大幅下滑，对手不是益达，而是微信。可以说变化才是永恒不变的，如果一个企业不去努力发展，不去创新，不去变革，终将会被时代淘汰出局。

1. 东方甄选：新东方转型电商直播风口赛道

面对教培行业赛道寒冬，俞敏洪作为新东方董事会主席，转向充满流量的电商直播风口，他原本的计划是 5 年投入 5 亿元，每年能够接受直播间亏损 1 亿元。结果东方甄选连续三个月日均 GMV（商品交易总额）超过 3000 万元。根据招商证券的预测，在 2023 财年，东方甄选的 GMV 将达到 90 亿元。

2023 年 1 月 5 日，"新东方在线科技控股有限公司"发布公告，拟将名称更改为"东方甄选控股有限公司"。俞敏洪直言旧名称已经无法承载企业未来成长的可能性："公司已经认识到重点转向直播电子商务领域可带来的长远增长潜力。"回顾 2022 年，俞敏洪直言，对于新东方来说，"最突出的亮点毫无疑问是'东方甄选'"。

"中国的民营企业家不是培养出来的，是像野草一样，顽强地从地里生长出来的。"俞敏洪写过一本书叫《我曾走在崩溃的边缘》，其中这句话恰如其分地呼应了 2022 年新东方的直播尝试。回顾 2022

年的努力，俞敏洪说："不管 2022 年怎么变化，新东方还有 5 万多名员工，没有欠员工一分钱的工资，没有欠员工奖金，也没有更多的员工被新东方淘汰掉，而是进入了一个稳定的布局。"

如今东方甄选直播间销售额前十的产品中，有 9 款属于自营。这意味着，在流量爆红之余，新东方已经从无到有，打造出属于自己的渠道供应链。此外，除了最初爆红的东方甄选直播间，同系列的东方甄选直播矩阵也在展开。东方甄选之图书、东方甄选美丽生活等账号陆续突破 100 万粉丝数，新东方旗下各账号粉丝总量突破 3600 万。

以上种种，共同见证一个新的电商品牌正在形成。改名意味着新东方开始抛弃过往，探寻一条新的道路。从新东方在线到东方甄选，从品类的改变到企业名的改变，企业选择的经营品类从来不是一成不变的。当企业原有的品类无法承载利润和满足市场需求时，品类该往什么方向转变才能东山再起？我们要清楚品类归属的三个基本点。

2. 品类的三大基本点

品类的三大基本点是：品类属性、品类特征及品类原型。

（1）品类属性。

品类属性是指某一品类在群体消费者心智中直接反射出的事物所能提供利益的集合。品类在文化催生的过程宛如一颗种子成长的过程，需要阳光、温度、水分等，也就是符合群体的某些需要、某些利益。于是这些需要及利益集合起来构成品类的根基，形成了该品类的属性。

因此，品类属性对于品类成员营销活动的影响主要体现在两个方面：一是品类生存，二是品类创新。品类属性必然会对品类的一切营销活动进行相应的约束。无论是商业活动还是商业创新，品类属性是不可违背的。比如冰箱这个品类的竞争中概念层出不穷，无论是静音、节能还是大容量，概念说得再怎么天花乱坠，一旦丧失"制冷"这个基本属性就如同废铁一般，冰箱制冷就是它的基本属性。很多品类会有相似的品类属性，就像可乐、果汁、矿泉水都具有饮料的基本属性——解渴，但它们彼此又是如此的不同，兼具鲜明的个性。正是这些不同的个性占据了更为显眼的位置，才促使一个全新的品类得以细分成功。

（2）品类特征。

品类属性确立品类功效利益的共性，品类特征则是为了实现这些功效利益产生的一系列物理性状和审美共识。品类特征是品类重要的识别功能。

相信很多人都有自己的外号，最简单的是"小"字后面接一个姓。外号通常能反映一个人的个性特点，而外号最重要的作用是能帮助别人快速记住自己，我们可能已经想不起一个人原本的名字，但往往会记得他的外号。原因很简单，那些外号是基于当时他身上的某一特征而产生的，有可能是内在，也有可能是外表。

不仅是人，很多化妆品也拥有自己的外号。例如，最有名的是SK2的护肤精华露被消费者称为"神仙水"，雅诗兰黛的精华液被叫作"小棕瓶"，还有MAC的"子弹头"口红等。像这些有外号的化妆品，通常都是行业里有名的爆款，有些外号是消费者取的，也有些外号是品牌自身营销出来的。而无论是哪一种外号，只要是褒义的，对于一款化妆品来说都是好处多多。

外号能够让消费者更好地记住产品名字。遵照规章制度，很多化妆品在取名字时都必须把功效或成分写上去，如此才更容易过审，然而也正因此导致很多化妆品的名字很长、很难记，例如雅诗兰黛的"小棕瓶"本名叫"雅诗兰黛特润修护肌透精华露"，SK2的"小红瓶"本名叫"SK2肌源修护精华露"等。名字不容易记忆，便会大大降低产品的传播效率。而外号的诞生，显然解决了这个棘手的问题。

事实上，有外号的产品就等于自带了传播属性。依据特性给商品取外号是极为有效的,但在进行品类命名时,我们往往通过反映品类属性的方式进行命名。就像一个人的外号可以依据特征来取,但大名往往能反映出血亲及个人理想。

当品类属性不变时,通过对其"形、色、质、构、动、性"六个方面进行描述,改变它的材质和结构,或者改变它的色彩及运动方式,都有可能诞生新的子品类。品类特征的改变有一个基本限制:改变不应违背人的常识,应当不足以影响品类属性发生质的变化。就像前面说的冰箱,你可以通过改变色彩、机能、形状来诞生子品类,但一旦制冷这个属性没了,也就不叫冰箱了。人们认可事物变化的可能性都会有个限度,无度的变化只会将产品推入别的品类,导致产品定位偏移。

(3)品类原型。

品类当中某个特定的成员获得最多品类特征时,它就变得极具代表性。人们总是以最小的代价获取或概括尽可能多的信息,这导致每个品类都存在一个中心,即品类原型。当某个特定的品类成员获得更多品类特征时,它就变得更具中心性。橙子和大枣哪个更像水果?苹果和椰子哪个更像水果?以此类推。在水果评价测试中,人们认为橙子和苹果比大枣和椰子更像水果。皮软、多汁、香甜软滑、个头适中、色彩诱人、果肉多过皮核等,这些水果的品类特征在各个水果身上体现出巨大的差异。橙子和苹果之所以得到较高的品类评价,只是因为它们具有更多水果的品类特征。

"最像水果"的水果是橙子,橙子便是水果这一品类的中心,也就是所有水果的品类原型。以品类原型为基础的商品是最具竞争力的,这种现象被称为"橙汁效应"。最接近品类原型的产品将获得最大的市场份额。

品类的原型从未改变,改变的是我们的认知。品类来源于集体文化,存在于消费者固有的、已有的认知中,大多数品类在领导品牌出现之前就存在了。品类反映的是同一文化领域的群体对事物的集体认知和集体需求，如消费者知道贴止血贴能好得快些，酱油是晒出来的，凉茶能降火，中秋节吃月饼，过年要贴对联、放鞭炮。

从商品的角度看我们身处的世界，一切都是如此原始，如果只是满足民众的基本生活，现在市场中的商品几乎在千百年以前就都有了，以前没有的，现在的市场上也很少见。如果说存在什么不同的话，那只是因为我们的认知发生了改变，我们以为我们活得很不同。

环视一下我们身边的商品，如桌、椅、板凳、床、床垫、地毯、香水、肥皂、炊具、酒、车、灯具、钟表、珠宝……这些物件古已有之，差别只是我们用汽车代替了马车，用电灯代替了油灯，手机、电子邮件不过是八百里加急的替换形式罢了，我们引以为傲的现代文明标志——高楼大厦的搭建，也不过是现在用机器，而古时用人罢了。

我们可以想象，一个聪明的古代人走入我们现在所谓富足的社会，他会很快发现一切生活用品不过是换了一副模样。他只要了解这些换了名称的物件能干什么，就能很快识别出自己要买什么、不买什么，例如口渴需要喝水，而不是要吃饭，如果他不需要这个品类属性，这时品牌、广告、促销等充满创意的营销手段都不会发生作用。我们经常会遭遇这样的商业个案：一件创新产品的诞生被人视而不见，被市场雪藏。分析其中失败的首要原因，往往是因为人们像古人一样，不知道那些充满创意的产品能做些什么。

一切传播的修饰都没有品类凝聚的商品力量来得汹涌澎湃。品类之所以具有这种商品的凝聚力，主要因为它是人们内心与生俱来、不可生造的，它脱胎于人的心智、存于人类集体潜意识、根植于文化，这使我们有理由相信，品类源自集体文化。

可以看到，品类原型设计就是要最快抵达顾客认知，传递品类和品牌信息。"90%的商业设计都是给客户添乱"，而添乱的原因是没有简化到最基本的"品类原型"，无法用最快、最直接的方式触达顾客认知，达成最高效的沟通。陈国进的品牌设计，往往看不到刻意设计的痕迹。山楂酵素饮料瓶上，直接就是一串三个硕大的山楂，映衬着品牌名；露露杏仁露瓶子上，也是极其显眼的杏仁落进白色饮料的瞬间影像。陈国进说："不要让顾客去思考，特别是不要再去解释，一解释你就没有机会了。"可见品类原型的重要性。那么我们如何找到品类价值原型呢？以下是品类价值原型设计"三步法"。

3. 品类价值原型设计"三步法"

（1）寻找品类原型。

第一个方法是子品类向母品类原型的回溯分析，找到分化的路径。任何品类一定会有一个母品类，任何需求一定有一个上级的需求。在各品牌里，品类进化的基因是很清晰的。因为任何品类都是分化的，所以一定要找到母品类，比如SUV的母品类来自军用越野车。

再回想国产汽车，前些年品类原型感不强的企业通过表皮化的设计是没用的，它在顾客心智当中不稳定。任何一个打算开创并主导品类的品牌，如果不能占据品类原型，在心智当中的位置是不正宗的。我一直有一个观点：只有品类价值发生作用时，营销才能发生作用。营销本身不能创造任何额外的价值。每一个时代的品类开创者首先要考量的是品类原型，你的母品类到底是怎样的？

第二个方法是做品类原型演化线及演化动力分析。最典型的是双胞胎兄弟，由于长时间成长在不同的地方，一个长了一身肌肉，另外一个却弱不禁风，这种差别出现是典型的刻意培养。所以不要觉得开创品类概念之后，一切会理所当然地出现。

如果不是史蒂夫·乔布斯回到苹果公司，会有今天的苹果公司吗？如果史蒂夫·乔布斯是另外一种经历，会有今天的苹果公司吗？如果史蒂夫·乔布斯不用乔纳森·伊夫做设计总监会有今天的苹果公司吗？如果这个设计总监不是因为特别欣赏博朗首席设计师迪特·拉姆斯，会有今天的苹果公司吗？如果迪特·拉姆斯不是受包豪斯的影响做博朗的设计，会是今天博朗的感觉吗？这些关系只要往前一研究，你会发现它也是决定你未来发展方向的东西。

哲学上有一句话：历史是已经发生的未来。杯子是怎么形成的？猿人在野外喝水是用手捧的，但是手捧有问题，用树叶也有问题，那就捏点泥，泥也有问题，泡水就融化了。怎么办？烧一下吧。有人可能会说，讲这些事情有点多余，我认为，一个不具备原始路径思维的人，设计的东西天生是不行的。对于设计师来说，这个思维是最基础的基本功训练。

（2）明确表达方向。

先要了解表达方向的维度。表达方向也有维度，但是经营了几十年的企业，它一定对已有的任何产品都已经形成了期待的结果。可是顾客心智的逻辑不是企业的内部逻辑。如果表达方向不能以顾客心智确定维度，做的动作就都是多余的，不会产生任何结果。

最好的办法是，抓住品类原型的第一特性后，让它自然形成，不要刻意改变它。因为一旦刻意调整，顾客便会掉头就走。今天的信息处在一个过载的传播环境里，任何让顾客需要去思考的动作都是对企业的巨大浪费。所以企业对顾客进行的"心智手术"要特别严谨，就像脑科手术，差半毫米"命"就没了。真正的顾客价值不来自设计师的天赋，也不来自企业家的一厢情愿，而来自对竞争规律和品类价值原型的理解。

（3）实现审美表达。

审美到底怎么界定？这是比较难的，千人千面。做定位设计最困难的就是这一点，因为设计师本身的经历不同、基本功不同、教育背景不同，他们必然会产生对这种品类的天生偏见，再加上他们对自己手法、对搜索资讯的依赖，所以一出手就难逃固定的感觉烙印。

建筑师扎哈·哈迪德做任何东西都是曲线的，美国的建筑大师理查德·迈耶做任何东西都是白色的。但是作为要去主导一个品类的企业，就不能把自己的品类机会绑架到某个设计师的天赋上，除非这个品类就是由这个天才创始人开创的，比如苹果公司。

总之，作为新品牌、新品类，顾客需要的是信息而不是创意，也不是美感。任何让顾客产生转向的动作都是愚蠢的。设计是为了沟通，而沟通最大的问题在于不可理解。21世纪的挑战，就是产品种类暴涨、信息泛滥、创新设计层出不穷、顾客厌烦思考和选择。品类原型设计是一种触发本能的沟通方式，不需要思考就能领会，甚至能够跨越语言、符号的边界，通过潜意识来调动大脑的认知资源。

三、品类分类

品牌相关性的核心就是从 0 ~ 1 做起，创建和主导一个新品类或子品类，且正确地定义新品类。创建新品类或子品类的前提是对品类能进行清晰的划分，消费者研究人员和心理学家将品类划分定义为"以明显的相似性为依据对物品和活动进行分组的过程"。事实上，一些心理学家认为，分类是一种非常基础的人类思维活动，是所有场景和活动的基础。一个人通过对人、情境和事物进行分类，从而理解它们，即人们利用不同类别来组织和简化他们每天遇到的信息。那如何对品类进行划分和描述呢？这里介绍两种常用的分类方法。

1. 如何划分产品的品类：属性匹配法 VS 范例产品法
（1）属性匹配法。

这种方法使用一个定义规则的流程。一个品类或子品类会有一组理想的特征。比如一个汽车的子品类可以被定义为四轮驱动车；也可以被定义为"具有时尚的外观、省油性能和舒适内饰的运动型多用途轿车"。我们可以根据这些特征来判定一个新品的品类，如果缺失任何一种属性，此新品都无法被归入 SUV 这一子品类。

除了有"属于还是不属于"的绝对界定，我们还可以利用模糊集的概念，判断该新品与这个品类有多接近，其结果是关于"合适度"的判断。新品与此品类的差距可以依据匹配时缺失特征的数量和性质而定，或者基于新品在缺失特征方面和理想状态之间的差别有多大。比如，汽车的省油性能与理想数值相比也许有差距，但还没低到要被排除出这个品类的地步。

（2）范例产品法。

此方法是基于这样一种前提假设：品类或子品类可以由一个或多个"范例产品"来代表。因此，对于紧凑型混合动力车来说，普锐斯可能是一个范例产品，因为它基本上定义了该品类。同样，iPod 音乐播放器和 TiVo 数字录影机定义了自己的品类，和 Jell-O 之于果冻、Gortex 之于面料、谷歌之于搜索引擎一样。

以上两种方法分别适合在什么场景下使用呢？如果存在较高知名度和接受度的典型性产品，那么消费者最有可能使用"范例产品法"。然而，当一个或多个范例产品的标识界定不明或不为人知时，那么消费者将不太可能使用这一方法。某一类别，如低脂肪食品，一直随消费变化趋势而演变，并且没有任何典型性产品来界定这个品类，那么消费者可能会采用"属性匹配法"。

研究还表明，方法的选择与背景情况也有关系，当背景比较简单、可选择的产品种类单一时，"属性匹配法"更有可能被使用；反之，当背景比较复杂、可选择的产品种类繁多、定义品类的维度众多、关于这些维度的选择也很难评估时，更可能使用"范例产品法"。所以，如果四轮驱动车定义了一个品类，那么一辆汽车就可以很明确地被判定是否属于这一品类。然而，如果对一个品类的描述包含多重维度，且每个维度都无法简单地用"有"或"没有"来判定，那么消费者就更有可能使用"范例产品法"。

2. 如何让你的产品成为范例品牌

显然在产品日益多样、创意日益丰富的市场里，企业若能获得"范例产品"的身份，其获得的回报是丰厚的。首先，这家企业可以通过提供一个界定性的锚点来创造这个品类。如果没有了范例产品，这个品类现在和未来能否继续存在都是问题。另外，作为范例品牌，从定义上就具备了相关性，任何竞争对手都会被置于一种尴尬的境地：该范例品牌的权威性，在它们对于自身相关性的确定中再次被巩固。

一个品牌如何才能成为范例品牌？这里需要一些指导原则。

（1）做一个积极的倡导者，不要为品牌担心。

企业推出一个品类或子品类，而非一个品牌，因为品类一旦消失，品牌也将消失，可以说品类是品牌的基础。要明白我们的目标是界定一个品类或子品类并确保其胜出。如果这个品类或子品类赢得了市场，那品牌自然也就赢了。元气森林就是苏打气泡水的倡导者，当苏打气泡水这个品类赢得市场时，元气森林这个品牌也随之赢了。

（2）持续创新。

创新、改善、改变可以使这个品类或子品类充满活力并使品牌更有趣味性，范例品牌的价值也会更受尊重。迪士尼乐园是主题公园的范例，但它从未停止创新。它的推陈出新不仅体现在主题园区的扩建上，也体现在屡屡上新的 IP，让游客"每一次重访都有新鲜体验"，吸引游客不断打卡。以电影《阿凡达》为例，作为全球票房最高的电影，在国内外拥有无数影迷。在其续作《阿凡达：水之道》即将上映之际，上海迪士尼乐园便推出沉浸式主题展——《阿凡达：探索潘多拉》，带领游客探索更多奇妙的互动体验。

（3）在销量和市场份额方面做市场引领者。

如果品牌没有在市场份额方面占据领先地位，那么就很难成为范例品牌并利用这个角色。有时，企业成为市场第一可以获得很多优势。然而，也有其他的情况，比如先驱品牌搭好了"舞台"，而另一家企业品牌把握住了更好的时机，推出了改进的新品，从而成为此品类的范例和该市场的引领者。不要给竞争对手做新品类的"嫁衣"，有很多现有的第一品牌并不是当初的品类开创者。领导品牌要强化品类认知，放大品类规模，优化品类价值，引领品类发展，监督品类替代。

3. 品类划分的竞争优势：凸显产品差异化

除了以上两种常规的品类划分方法，还要注意品类间的重叠。分类学先驱埃莉诺·罗施主张物品的种类划分是等级式的。比如一个快餐汉堡店这一基本品类，向上可以有母品类——快餐店，向下可以有子品类——有美味沙拉的快餐汉堡店。

这种结构可以包含多种母品类，其中最普遍的品类划分会影响消费者的认知。例如，纺必适（宝洁旗下的织物清新剂）可以被归为洗涤剂种类，因为它可以作用于纺织物；也可以被归为空气清新剂种类，因为它可以消除臭味。这个品牌的相关性和可靠性，要看消费者认为其属于哪一子品类而定。

在消费者头脑中最初形成的子品类往往会先入为主。一项研究比较了人们将数码相机关联到胶卷相机还是数码扫描仪。研究人员发现，哪一种关联物最先出现，它就会主导人们的认知、期望和偏好，如果先出现的是胶卷相机，再出现数码扫描仪，那么人们会先想到胶卷相机，反之亦然。归类并不局限于实体产品品类或子品类，例如紧凑型汽车或薯片。如果驱使消费者做出决定的目标是模糊的，如拒绝不健康的食品，或者自相矛盾的"既有驾驶乐趣又安全"，那么选择可能来自多个产品类别。有一项研究使用了冰激凌和格兰诺拉燕麦片这两种食物，如果选择目标是"有营养的"和"在大热天令人感到凉爽"，或者没有明确的选择目标，那么实验者往往两者都选择。然而，如果目标是单一的，要么是"有营养的"，要么是"在大热天令人感到凉爽"，那么实验者往往只从一个产品类别中做出选择。

知道品类划分的两种常规方法后，我们进一步了解品类划分对消费者的信息加工和态度有多大影响。品类分类是如何影响消费者的信息加工的？一般消费者对于一个物品的品类界定，都是基于几个重要的维度，界定完毕后，他们就不再进行信息收集和处理，因为进一步的探究会耗时耗力，消费者将一件物品归为某一个品类可能只是基于某种暗示。比如某个零售商的自有品牌日用品，也许只因为其包装类似于该品类的范例产品，消费者没有经过仔细分析，就想当然地把它与范例产品归为同一品类。人们通常很少去判断一件物品被划分到某一个品类或子品类是否合适。

值得注意的是，一旦某件产品已经被归类，无论之前的过程如何，消费者对于这个品类的认知都会影响其对于产品的认知，这就是非常典型的固化印象问题。事实上，心理学中的"一致性理论"认为，人们有一种追求一致性的认知驱动力，这也解释了为什么人们在考虑同一类别的事物时，往往会弱化它们之间的区别，并假设它们之间的相似性。因此，要想让消费者对一个品牌进行重新分类，恐怕要付出很大的努力。

分类过程除了影响消费者的信息加工能力，还会影响消费者的态度。如果一个品牌被认为属于某个品类或子品类，即使客观分析得出它并不属于，但消费者对此品类或子品类的态度还是会主导其对于这个产品或品牌的态度。在一个很经典的实验中，米塔·苏扬分给非相机专家两种相机，一种标注"35mm"，另一种标注"可取下的110型"。哪怕调换这两种相机的说明书，实验对象还是能够选择他们认为更优质的子品类品牌。他们的分析就是基于子品类。这一发现与心理学研究很相似，心理学研究表明，人们对一个人的最初印象，往往取决于这个人被归到哪一类。一个人如果被归类为"高傲的、成熟的"，而非"外向的、精力充沛的"，那么，人们对这个人的印象就会有所不同。

所以定义新的品类或子品类的前提是了解品类归属，然后才能进行品类分类，这跟玩游戏找相同与找不同一样。不知属性怎能分类呢？同一个产品，可以有无数的用法，定位不能解决分类的问题。推动一个产品，比如自行车，概念可以是环保、健身、旅游、代步，对于不同的需要要有不同的特点，而先定位产品，再看需要，这里有一个顺序问题。所以用定位解决问题，一说大学就把教育说"小"了；一说商业就把开发说"小"了。这就是定位的"围墙"。要想拆掉定位的"围墙"，就要做到了解品类的归属，进而做好品类的分类，找到在消费者心智中已经存在但是没有被满足的需求，这就是新品类的机会。

第六章

品类调研

一、调研方法论：无限还原事实的方法

1. 调查研究：构建企业成功战略的基石

调查研究是解决实际问题的基础，能为我们更好地把握当前的发展趋势，辅助决策，而企业战略建立的竞争基础更离不开调研，好的调研是企业一切成功运营策略的基石。企业要想在进入新渠道、推进新产品时把握消费者心智，占领市场高地，不是一群人在会议室里闭门造车，而是要通过全面和客观的调研来认清进入市场需要面对的问题，从而制定准确和有效的运营策略。

调查是研究的前提和基础，研究是调查的发展和深化。有的人认为单纯地收集数据或分析数据就是调研，其实完整的调研链条是在收集充分且完备的信息基础上，分析数据并提炼出有价值的信息；再从这些信息中提炼洞察，最后为决策提供正确依据。其落脚点是为了更好解决实际问题，而不是一堆数据的简单堆砌，因此，我们在调研品类和制定策略前，先要明确这次调研的核心问题是什么，是为了竞品分析、产品迭代还是开拓市场？不同的问题将会引导我们选择不同的前进方向和不同的方法论。

提出好的问题，往往能让我们的调研事半功倍。在调研问题的选择上，对品牌方来说，应本能地让自己站在用户角度思考，在制定品类战略前要明确的最关键问题是：消费者究竟想要什么？去还原和利用他们大脑中已存在的事实，再画出他们脑海中关于我们的事实，并跟我们要主打的需求连接起来。之后，需要对问题进行全面的信息搜集，完成缜密的推理，可以降低推出不合市场逻辑产品的可能性，以及避免后续一系列失败的市场动作。

围绕核心问题展开信息搜集前，我们要思考可以拆解为哪些具体问题：从产品渠道流量上调研，"企业的销售渠道中有多少存量用户可转移？"从用户消费习惯上调研，"用户对当前产品的需求是什么？"从用户消费逻辑上调研，"用户更深一层的欲望和动机是什么？"从用户媒介触点上调研，"什么样的内容可以切中痛点并产生效果？"从用户认知需求上调研，"明确痛点后如何确保内容输出的可持续化？"通过这几个问题我们能看到品类调研需要从两大维度开展——用户相关和产品相关。接下来，我会就这两个维度展开，具体分析如何做好品类调研。

2. 用户相关调研：探索用户旅程和价值研究的领域

用户相关研究主要有用户旅程体验研究和用户价值研究这两大角度。

（1）用户旅程体验研究。

近年来，"体验经济"在中国有快速发展的趋势，"体验经济"这一概念在1998年被《哈佛商业评论》的《欢迎进入体验经济》一文中提出，即以服务为舞台，以商品作道具，从生活与情境出发，塑造感官体验及思维认同，以此抓住顾客的注意力，改变消费行为并为商品找到新的生存价值与空间。处在体验经济之中，消费的提升离不开良好的用户体验，也就是说良好的用户体验必然推动用户心智的改变，进而影响行为改变，最终落地为消费改变。

由于用户体验的"变现"过程不是单一的，而是连续且具有互动性，因此用户体验管理的体系化实现就显得尤为关键。在对用户动机、搜索、选择、购买、使用、售后、传播产品与服务等过程中，其模型从旅程行为、旅程体验、心声表达和目标管理四个方面描绘用户旅程体验，帮助我们对用户体验进行完整流程的改进。

1）旅程行为。

信息获取环节，一般是我们对用户的旅程触点行为了解的开始，前后经历产品购买、产品使用、产品售后、口碑传播等过程，而在不同旅程中的场景是有差异性的，在不同购买渠道上，购买模式也有所不同。

由于用户使用场景不同，可能对同一产品的同一功能提出不同的需求，质量要求也就不同。比如，用户使用耳机，在听音乐和打电话时，对耳机的需求是不同的。所以，差异化的场景会造成体验的差异。换句话说，了解用户在旅程中哪些节点、哪些场景下有哪些关键行为极其重要。

2）旅程体验。

为了进一步了解用户在每个旅程触点、每个场景中的体验，需要制定一个度量标准来验证用户旅程的成功与否。在评估时，最好以整体旅程为主导，不要过度关注某一接触点、某一个场景，可以使用净推荐值（NPS）和用户满意度（CSAT）作为关键指标。

3）心声表达。

基于用户体验旅程，接下来就需要了解用户为什么会形成这样的感受，就要关注用户的心声表达。所谓用户的心声表达，主要作用于两方面：一是驱动行动。比如用户为什么买、为什么不买，为什么要用、为什么不用，用户购买时主要考虑哪些因素等；二是形成态度。例如为什么满意、为什么不满意，为什么愿意推荐、为什么不愿意推荐等。

4）目标管理。

目标管理，即分解影响体验各要素的作用目标，并且对体验改进的对象和结果设定目标。需要改进的目标对象有品牌、产品、渠道、服务、人员等；期望达到的目标结果，可以是心智、行为和消费的提升。

为了实现更好的管理，基于用户旅程了解用户体验与形成原因，体验整改的目标大致可分为两个方向。

一是确定要改进的目标对象，例如到底是要改变品牌，还是改变包装，还是改变服务等；二是确定要改变的目标结果，例如我们希望用户心智提升到什么程度、消费行为改变到什么程度、消费增加到什么程度等，由此形成一个可衡量的管理方式，即目标管理。

（2）用户价值研究。

理论上，我们认为技术、产品、供应链、商业模式等并不都是企业绝对的壁垒。企业唯一的壁垒，可以说是对用户价值的理解。始终站在用户角度而不是产业角度思考，才能更明白商业的本质。对用户价值的理解不同，决定了同一行业中不同的企业最终走出了截然不同的路径；决定了外在功能极其相似的同类产品，最关键的是内核的不同在哪里；决定了产品研发的效率等。

可以看出用户价值主要是评估各细分用户群的需求、消费模式之于用户品牌、产品、服务的价值，其衡量标准主要有三个表现：态度改变、行为改变、消费改变。

1）态度改变。

体现用户的续购价值和传播价值，其中以净推荐值（NPS）和净满意度（NSS）最为直观，同时还包括品牌美誉度、亲和力等。

2）行为改变。

体现用户的成长价值、活跃价值和忠诚价值，比如用户的购买、使用及传播行为等。比如，最近一次的消费时间是什么时候？最近几个月的消费频率是多少？

3）消费改变。

体现用户的盈利价值和增值价值，以消费的结果为最终落脚点，像消费金额、消费密度等。比如，最近一次的消费金额是多少？最近一年的消费总额是多少？

3. 产品相关调研：从 NPS 到四度概念测试

以上就是用户相关调研的维度，可以从用户旅程体验及用户价值角度出发，接下来就是另一个维度——产品相关的调研。产品调研经验贯彻产品研发的全流程，其中对于产品体验和新产品概念测试经验更为丰富，并由此研发出产品满意度（NPS）模型和新产品概念测试的四度模型。

（1）产品满意度（NPS）模型。

它不仅能够评估产品的购买和使用体验，还可以了解产品在某方面的亮点和痛点，更容易构成消费者推荐传播的"种草点"和"吐槽点"。净推荐值（NPS）最早由贝恩咨询公司客户忠诚度业务创始人弗雷德·赖克哈尔德在 2003 年哈佛大学商业评论《你需要致力于增长的一个数字》的文章中首次提到。

弗雷德·赖克哈尔德提出净推荐值主要有以下几个方面的考虑：他认为 NPS 是衡量忠诚度的有效指标，通过衡量用户的忠诚度，可以帮助企业区分"不良利润"和"良性利润"，即哪些是以伤害用户利益或体验为代价而获得的利润，哪些是通过与用户积极合作而获得的利润，追求良性利润和避免不良利润是企业赢得未来和长期利益的关键因素。

NPS 模型可以简单地被理解为两个主要部分，第一个部分是根据用户对一个标准问题的回答来对用户进行分类，通常问法是"你有多大可能把我们（或这个产品/服务/品牌）推荐给朋友或同事？请从 0 到 10 分打分"。这个问题是弗雷德·赖克哈尔德在对 20 个常用的用户忠诚度测试问题进行调查和筛选，并结合不同行业上千名用户的实际购买行为数据综合分析后最终确定的，他认为基于这个问题采集的答案最能有效预测用户的重复购买和推荐行为。

另一部分是在第一个问题基础上进行的后续提问："你给出这个分数的主要原因是什么？"，为用户提供反馈的完整流程。因此，

NPS 的核心思想是按照忠诚度对用户进行分类，并深入了解用户推荐或不推荐产品的原因，然后鼓励企业采取多种措施，尽量地增加推荐者和减少批评者，从而赢得企业的良性增长。

NPS 的计算方式是根据用户愿意推荐的程度在 0～10 分之间打分，0 分代表完全没有可能推荐，10 分代表极有可能推荐，然后依据得分将用户分为三组：推荐者、被动者和贬损者。

推荐者（9～10 分之间）：产品忠诚的用户，他们会继续使用或购买产品，并愿意将产品引荐给其他人。

被动者（7～8 分之间）：满意但不热心的用户，他们几乎不会向其他人推荐产品，并且可以被竞争对手轻易拉拢。

贬损者（0～6 分之间）：不满意的用户，他们对产品感到不满甚至气愤，可能在朋友和同事面前讲产品的坏话，并阻止身边的人使用产品。

NPS 值就是用推荐者所占百分比与贬损者所占百分比的差额，即净推荐值（NPS）=（推荐者数/总样本数）×100%-（贬损者数/总样本数）×100%，净推荐值的区间在 -100% 到 100% 之间。一般来说，NPS 分值在 50% 以上被认为是不错的，如果 NPS 得分在 70%～80% 之间说明企业已经拥有一批高忠诚度的口碑用户。

（2）新产品概念测试。

新产品概念测试主要从吸引度、区隔度、价值度与行动力及传播度这四个角度评估概念对于目标人群的吸引力和对于品牌的适用性，由此获得测试综合指数来评估概念预期效果，也被称为四度概念测试模型。其中碧莲盛不剃发植发的卖点测试就是运用了这样一套测试逻辑。

维度一，吸引度：卖点引发共鸣、吸引目标人群关注和偏爱的能力。

维度二，区隔度：卖点突出品牌、产品特色与同类品牌/产品形成区隔的能力。

维度三，价值度与行动力：卖点改变消费者心智中对于品牌或产品的价值认知，进而产生购买或消费冲动的能力。

维度四，传播度：卖点具有强吸引力和购买打动力，容易记忆并激发传播意愿的能力。

4. 如何做好用户体验调研？七步法让你轻松上手

基于前文提到的用户和产品相关的两个维度调研，具体如何落地用户体验管理调研？以下七步法可以让你做好用户体验管理调研。

（1）梳理内部业务流程。

在提升用户体验之初，企业须站在运营管理的视角，从业务节点、操作角色、动作描述和操作渠道四个方面对现有业务流程作梳理，以理清业务流程，通过前期定性、分析、识别哪些场景和触点是影响用户体验的关键因素，在满足用户基本需求之上不断提升易用性和爱用性，持续提高用户消费力度。

（2）绘制用户体验地图。

在用户视角的旅程梳理基础上，企业须对现阶段用户体验进行还原，以了解典型场景下的业务堵点与用户痛点。用户旅程地图将用户与企业产品或服务交互过程拆分为不同阶段，并基于不同阶段洞察用户的目标、行为、想法、接触点、情感波动等，以便精准定位影响用户体验的驱动因素，为用户体验的精准度量和后续整改优化夯实基础。

事关用户体验的数据主要包括行为数据、触点问卷反馈数据、社交舆情监测的 VOC 数据、企业内部客服数据、散落在 ERP/CRM 等系统中的运营数据、官网和 App 中智能或人工客服等与用户的交互数据。

为了更全面、准确地衡量用户体验，我们须进行多渠道数据采集，除了现阶段企业已有的客服数据、运营数据和交互数据，还包括当下主流的用户体验监测数据中的行为埋点数据和触点问卷数据。其中，行为埋点数据偏客观、偏结果，而触点问卷数据则偏重了解用户的主观心声。

（3）搭建监测指标体系。

一套科学的指标体系将为企业有序开展用户体验量化分析、统筹协调资源整改提供指引。目前，行业企业实践中主流的做法常以NPS作为北极星指标，构建多层级监测指标体系。指标体系一般为四级体系：一级指标为北极星指标，一般是结合用户体验旅程满意度和综合感受的北极星指标；二级指标为旅程指标，一般按照旅程阶段设置，覆盖从售前、售中到售后的所有阶段，加上体验的综合感受指标；三级指标为各阶段旅程下的场景触点指标；四级指标则为影响该场景触点的要素指标。

除此之外，将客观指标O-Data纳入指标体系中融合分析，也将帮助体验收集，进而精准定位影响用户体验的驱动因子。

（4）设计数据采集体系。

有了前面的旅程梳理和指标体系，我们就知道了需要在什么触点采集什么样的体验数据，用于量化和得到体验指标。所以在这一步，系统需要完成的工作就是建立数据采集的体系。正如前文所述，体验数据可以分为两种，一种是结构化数据，调研问卷、用户行为、评价反馈等均属于此类数据；另一种是非结构化数据，典型的数据类型包括电商评论、社交舆论、客诉原声等。

1）结构化数据：问卷矩阵设计。结构化的体验数据在不同层面将聚焦不同问题，体现的是用户不同的关注重点。因此，在进行主观问卷矩阵设计时，可按照金字塔结构，围绕"点—线—面"自下而上进行设计。

从"金字塔"的底部、腰部到顶部设计问题，首先是"金字塔"

的底部，主要为触点或交互级别问题，用于询问用户在关键节点上的体验，如操作感受、外观设计等；其次是"金字塔"腰部聚焦层级旅程或场景级别的问题，主要用来捕捉用户在完成目标和解决自身需求时的体验；最后是"金字塔"最顶部以关系性问题展开调研，着眼于用户在全生命周期中对某公司或品牌的整体认知状况。

按上述点—线—面体系进行问卷设计，除了场景精准更加易于用户参与调研并积极反馈体验外，还可以使得条理简洁明了，数据体系完整，最大限度挖掘用户体验感知状况。

2）非结构化数据：多数据源。除了上述的问卷设计外，体验数据的来源还包括但不限于舆情、客诉、评论、行为、交易、用户画像、组织架构等。通过多元数据归一化处理，可以实现体验数据融入体验指标体系统一管理。

（5）建立实施投放策略。

触点问卷主要是结合用户触点特点和客群属性进行问卷投放，以达到洞察用户偏好和需求的目标。触发机制上，触点问卷可以采用交易尾随的方式投放，也可以按照业务场景、区域、客群等维度进行手动圈选投放；触达方式上，支持微信公众号、小程序、App、二维码扫码、短信等投放方式；规则上，可结合用户渠道偏好投放，如用户在24小时之内未参与答题，通过短信等其他渠道进行催答。

（6）数据分析与即时看板输出。

针对全渠道采集到的用户体验数据，企业还须结合搭建的用户体验监测指标体系进行汇总分析和BI看板展示。通常，结构化数据以图表形式展示即可，而文本类等非结构化数据则通过NLP自然语言处理等方式进行语义分析、提炼用户情感倾向等，帮助企业从全局视角总览用户体验动态。

（7）结果应用，改善实施。

在此环节中，企业可通过满意度—影响力模型明确改进优先级，优化内部资源配置。每一个用户体验指标都会用指标的重要程度和满意度得分进行对比分析，以确定每个指标在满意度改进战略体系中的位置，再结合企业内部的人力、时间、预算等资源，确定各影响因子的整改优先级。

总之，用心地完成每一次的品类调研工作，收获的不仅是对目标市场更清晰的认知、对自身产品或服务更有把握的迭代，还有自身产品技能的提升，不积跬步无以至千里，让我们开始重视每一次的实践内容吧！

二、调研可以寻找到反馈式创新点

前文提到品类调研是企业战略建立的竞争基础，无疑品类调研在企业创新中具有举足轻重的作用。企业要想生存，要想增长，要想更好应对有史以来的大变局，唯有创新。百事达、摩托罗拉、柯达等在被"看不见的手"毫不留情地淘汰出局后慨叹——"我们并没有做错什么，但是我们输了。"但正是这种新旧企业的更迭，才成就了市场的整体进步。

1. 创新并非神话，是可习得的能力

什么是创新？创新，在这个充满无限可能的数字大航海时代，对任何企业家而言，是全面、全新的核心战略；而对一个个新品牌和每一位创业者来说，则是活下来的保障，是死生大事。现代管理之父彼得·德鲁克认为，创新是企业家特有的"道具"，是将变化转变为机遇的一种手段，然后作为一个系统整合成可学习、可实践的东西。创新是赋予资源以新的创造财富能力的行为，是产业的变革与社会的重大改变，是社会性和经济性用语，而不是科技性和技术性的名词。

看看这是不是你平常对创新的理解——创新是发明创造一个全新的事物；创新是少数天才们的事情；创新是灵光一现的、孤立的、与生俱来的，很难被学习复制，这一过程需要依靠灵感、创造力和天赋等。一直以来，关于达芬奇、诺贝尔、爱迪生、乔布斯、马斯克等天才们的神话让我们这些普通人误以为创新高不可攀，以"太难了""我没天赋"为借口，从而拒绝创新，放弃自己的努力。其实不然，彼得·德

鲁克曾说，无论大企业还是小企业，无论是企业界、非营利机构还是政府，处处都有创新的机会，人人都可以成为企业家。他认为创新是组织的一项基本功能，是管理者的一项重要职责，是有规律可循的实务工作——创新不需要天才，但需要训练；不需要灵光乍现，但需要遵守"纪律"。

如今在数字化加持下，创新神话在普通人的世界中不断涌现正是说明了任何人、任何时间、任何地点，只要改变一下思维方式，以科学的思维步骤，持之以恒地尝试，踏实行动，就能得以实现。B站、头条、抖音等各种创新平台的不断赋能，让人人成为创造者成为可能；巨头和风投加速孵化一个个有创新想法和踏实肯干的创新者；Web3.0、元宇宙新技术、去中心化的新治理模式正在赋能全新的创新成为可能。可见创新并不是奇迹，不是魔法，不是天才们的专利，而是一种可习得的认知，是每个人与生俱来的能力。

既然创新只是普通的方法，思考的过程就像散步一样平常，那为何过去还是有不少企业因为缺乏创新驱动而被淘汰出局呢？对于企业而言，创新最大的禁锢就是领导者的认知边界；对于个体而言，创新最大的枷锁就是每个人的认知和思维方式。如何打破认知边界？不是增加信息量，而是通过大量的品类调研获得反馈式创新点。

2. 李彦宏提出"反馈式创新"：通过调研获得市场反馈

2022年1月10日，李彦宏在百度Create AI开发者大会上，提出"创新本身，它又是从何而来呢"这一问题，同时也为行业提供了他的解法，即反馈式创新。为了解释这个抽象的名词，他讲了一个"盲人与魔方"的故事：科学家把魔方打乱，交给盲人还原，假设盲人每秒转动一次，复原需要137亿年。如果盲人每转动一次魔方，有人提供一次接近目标的反馈，那么最快两分半钟即可完成复原——是反馈让结果有了云泥之别。同样的道理，企业作为创新主体，也像盲人一样转动着魔方，在没有得到正向反馈的情况下，一切创新都将陷入迟滞。因而，李彦宏在大会上才会有如下带有开放色彩的表述：创新不是闭门造车，而是有机会进入市场。

品类调研的重点之一就是获取更多的渠道去感知市场反馈，从而能够客观地评价产品，并且了解顾客和潜在客户如何评价这些产品，努力在决策过程中排除一切自我意识，因为它只能掩盖问题的实质，好比没有篮板是打不成篮球的。我们需要有人把想法反弹回来。一旦我们觉得自己想到的那个简单想法能够解决问题时，就已经失去了客观性，我们需要别人从新的角度来评价我们的所作所为。

在调研中获取反馈式创新的典型案例是百度自动驾驶商业化场景之一的"萝卜快跑"。一年前，"萝卜快跑"每个季度都会发布订单数据，在市场眼中，订单增长情况通常只是狭义地反映商业化进程。过去 5 个季度中，除 2022 年第一季度受到众所周知的影响外，其余 4 个季度保持了环比高速增长的势头，一定程度上消除了外界对于 Robotaxi 变现难的担忧。

对百度而言，订单增长的价值要丰富得多。在订单面前，企业就像参与考试的学生，通过横向对比，从全球同行中完成自我定位。更为重要的是，每一笔订单就相当于提供了一次正向反馈，当一家企业长期保持订单规模上的绝对优势时，就能从中获得最多的市场与用户反馈，全面感知市场。

李彦宏在大会上提到北京一位小伙子，一年打了 600 多次无人车，已超过传统出行方式，无人车成为出行首选。在大量社交媒体中，用户反馈的信息大多是希望无人车能够开到家门口，这意味着 Robotaxi 可能会比传统网约车有更多可挖掘的服务潜力。"司机师傅总能在早晚高峰时找到让你位移的理由，而 Robotaxi 只会无限接近你。"这表明，创新技术驱动的全新场景，并不是只有商业价值这一个维度，而是企业究竟能有多少渠道感知市场反馈，从而完成"创新—修正—

创新"的螺旋上升过程。"反馈式创新"的实质是本体与客体的交互，回溯历次科技革命可以看到，创新从理论到实践的周期，很大程度上取决于规模化与商业化实践的广度与深度。

当我们的脑子里有新想法出现时，大多数情况下，我们只能根据经验大概判断某个产品靠谱不靠谱，投入市场后的反响有多大却没有人能够说清楚。因此很多时候我们需要尝试，需要做一个简单的版本投入市场并快速验证自己的想法，以最小的资源投入，包括人力、设备、资金、材料、时间和空间，准时地创造出尽可能多的价值，为顾客提供新产品和及时的服务。因此通过调研获取多种反馈渠道，能不断增加新产品的成功率——这样我们的产品才有可能获得成功。

三、品类调研是一切品类研究的基础

无论在任何场合，我都是品类战略的科学派，认为好的调研是一切品类研究的基础，我也曾在公开场合称自己是企业的"首席品类调研官"。调研对企业战略的重要性在前文已反复强调。在我看来，品类调研，从本质上来讲是品类研究，找到方向，站在品类设计的战略高度，帮助企业开创并主导一个全新品类。也就是说，品类调研应该从消费者心智模式出发，以需求、竞争、趋势三个维度为导向。

1. 用调研成就销售神话：老人鞋品类的开创者足力健

说到品类调研，不能不谈足力健的调研。定位之父艾·里斯先生曾说，企业只有一个职能，那就是开创并主导一个新品类。在银发经济中，有个让人无法忽视的品牌，那就是足力健。足力健其实并不老，创立仅10年左右，但它却利用这10年开创了一个崭新的品类——"老人鞋"，并打造出了年销售额40亿元的神话。

这传奇的背后离不开足力健在打造产品上精益求精，为了打造出专业的老人鞋，足力健成立了专门的用户调研部，以便解决消费者痛点。正是因为足力健在研发过程中，根据用户反馈的脚部健康数据信息对症下药，深挖老年人的穿鞋需求，执着于产品品质、款式、颜色等每个环节、每个细节。最终，足力健打造出的第一款"穿上不挤脚，出门不打滑"的足力健动力鞋，一上市就成了爆款，不到两年就卖出了50万双。可见调研中所获得的数据详细与否，是足力健能否创立老人鞋这个品类最关键的一步。

他们是怎么调研的？在调研过程中，足力健的创始人张京康与工作人员选择实地考察的面对面调研方式，想要研究老人的鞋，就要研究老人的脚。他们去公园，去商场，甚至去家访，几个月下来，张京康用双手摸过不下 500 位老人的双脚，在测量了大约 4000 位老人的双脚后，总结出老人穿鞋会遇到的 12 个细致且独有的问题，比如鞋子挤脚、磨脚、鞋底打滑、脚趾受挤压、脚底疼痛、前脚掌疼痛、后脚掌疼痛、习惯性崴脚等，这里选择其中前三大问题进行分析。

（1）**鞋子挤脚**。

人老了，足弓会塌陷，拇指会外翻。足弓塌陷，老人感觉脚变长了；拇指外翻，老人感觉脚变宽了。67.4% 的老年人，脚都变宽了，尤其是女性穿高跟鞋把脚趾往前挤，大拇指根部因此反向突出，脚就更宽。因此老人穿年轻人的鞋子，会挤脚。

那怎么解决这个问题呢？大部分老人可能直接就选择穿大一码的鞋。可是老人的脚不是大小问题，而是形状问题。鞋大一码，解决了左右问题，但带来了前后问题，还是不合脚，甚至会因为不合脚而出现危险。所以，老人鞋一定要单独设计鞋楦，比普通的鞋宽一些，尤其是鞋头，才能合脚。

（2）**磨脚**。

老人的皮下脂肪不断流失，所以脚很干，容易裂，尤其是脚后跟。而 52.1% 的老人磨损最严重的鞋子部位也是脚后跟，既干裂，又易磨。所以老人走路时，脚后跟疼的人特别多。同样，需要研发团队单独设计一个"U 型跟"，把鞋垫后部往上翻起，用厚厚的海绵把脚跟包起来，这样干裂的脚跟就不会磨着硬硬的鞋跟了。

（3）**鞋底打滑**。

老人走路，腿上没力，脚抬不起来，重心容易不稳。重心一不稳，如果鞋子还滑，就会摔。一半以上（55.17%）的老人因穿鞋不当而摔倒。老人一摔，问题就很严重。

这个问题很重要，也比前两个问题复杂。足力健是这样解决该类问题的：第一，把鞋底面积做大。年轻人的鞋子，鞋底挖得很深，触地面积小，容易不稳。老人鞋不能只追求造型。第二，在鞋头做个有弧度的防撞头，这样抬脚时不容易被脚下的各种东西绊倒。第三，选非常防滑的鞋底。

从这三大问题的解决足以看到足力健对老人鞋的需求调研得极致和用心，在老人鞋这一品类的赛道上，抓住了自己的商业机会，打造出自己的品牌，成功在你我心智中，以一个新品类的身份存在，与其他鞋类产生"认知隔离"。

2. 做好调研，选对方向：碧莲盛主打不剃发植发服务

调研是基础，同样的，我对碧莲盛不剃发植发的用户调研工作非常重视，不管是定性调研还是定量调研都是落到实处。团队通过与行业专家、消费者的面对面详细沟通做定性调研，了解人们对植发的需求，收集梳理了接近100个概念词汇，再通过第一轮的筛选，选定了20个概念词汇，比如微针、艺术植发、FUE技术、宝石刀、无痕植发、精细植发、长发植发、无痛等，罗列了一些人们对优秀植发技术的理解，确定了一些备选方向。接下来就是针对数千个用户做定量调研，整个调研周期长达3个多月。最终，选定了"不剃发植发"这个方向，深耕细作，作为长远战略去执行。

品类战略，就是用品类之争取代过去的品牌之争，用创新品类的方法让品牌获得成功。而前文中已经谈及创新，需要的是全面且详细的调研，而定性调研和定量调研作为调研的基础方法，我会在下一节展开描述。

四、品类的定性调研：让访谈物尽其用

定性调研和定量调研是品类调研中的基础方法，本节主要介绍定性调研，在此之前，先要强调一下调研对象的重要性；当然可以找身边人进行测试，但建议尽量选择实际的用户作为调研对象，这样才能得到最真实的使用情况。为找到合适的调研对象，可以针对候选人制作一份调查问卷，其中涵盖产品目标用户的各个特征，例如性别、年龄、身份、计算机熟练度等。找到合适的调研对象至关重要，因此在调研对象筛选阶段，多花费些精力是值得的。

1. 探寻用户真正需求：投射法和直接法

什么是定性调研？定性调研主要回答"是什么"和"为什么"的问题，是研究人员在自身对行业、产品、用户有一定了解的基础上，对种类或质的差异分析，同时深入探索调研用户背后的原因，致力于定性地确定用户需求，有助于设计师在设计初期构建想法，然后用定量方法完善和测试。以下将会介绍定性调研的两大分类：投射法和直接法，以及碧莲盛寻找卖点——不剃发植发的定性调研过程。

（1）投射法。

投射法来源于心理学，是设法让被调研者真正的情感和态度浮现出来的一种方法。当人们由于某种心理障碍，不愿或不能表达深层的情感态度时，投射法能将他们潜在的动机反映出来。常用方法是，调研员提供一种模糊的情境，要求被调研者做出反应，此时情景模糊且没有真实意义，用户则更容易根据自己的偏好做出回答，间接地表达自己的真实情感或态度。比如：问用户为什么购买某手机时，他可能不愿意直接回答，但问他觉得别人为什么会购买这部手机时，他会更容易回答并流露出自己的动机。

投射法包括词语联想法、故事完型法、构筑法、表现法等。

1）词语联想法。

①自由联想法：当用户听到或看到一些词语后，调研员会要求用户回答能联想到什么，用户可不受限制地充分发挥想象力回答。例如"请说出由以下词语引发的联想——低度酒"，用户可能回答生活方式、情怀氛围，也可能答微醺、社交，从不同侧面反映了低度酒的特点，为企业改进工艺和市场定位提供有关信息。

②控制联想法：把联想控制在一定范围内。例如"请写出由下面词语联想到的食物——桂花"，用户可能想到桂花糕、桂花茶、桂花酒、腌桂花、桂花水晶冻等。

③引导联想法：提出关键词语的同时，提供相关联想词语的方法。例如"请根据给出的词语，按提示写出引发的联想：手机——性能、外观、屏幕、续航"，其中包含着隐藏真实调研目的的中性词，更能分析用户潜在的对主题的态度观点。

2）故事完型法。

调研员给出不完整的句子或故事，让用户展开想象填写完整，引导用户说出更符合场景的信息。

例如：我最喜欢的奶茶口味是_____；买奶茶的人是_____；买奶茶的主要原因是_____。（调研奶茶的消费人群特征及购买趋向）

又例如：某用户来到手机专卖店，他准备买一台智能手机，询问价格适中的一台，营业员态度怠慢；询问价格偏高的一台，营业员就非常热情，这位消费者该如何选择？为什么？（这个故事调研市场产品价格与营销人员态度对消费的影响）

3）构筑法。

给用户提供内容或意义模棱两可的图像，让用户根据图像编一段故事，并且加以解释。例如绘人测试要求被调研者在一张白纸上用铅笔任意画一个人。画完之后，再要求被调研者画一个与前者性别相反的人。主试人可以通过面谈的方式向被调研者了解他所画人物的年龄、职业、爱好、家庭、社交等信息。最后，调研者对被调研者的作品进行分析。

4）表现法。

第三人称法。给用户提供一种文字或图像化的情境，请用户将第三人的态度与该情境联系起来。调研者可把自己的态度投射到第三人身上，从而揭示出自己更真实的感受。

例如：某兴趣班机构想了解师资配备一流的情况下，一些人仍不愿意报班的原因。以第三人称问"你的朋友和同事会报班吗？"当用户回答"不会"，可以继续问"你觉得他们不报的原因是什么？"答案就显现出来了。避免直接问"你是嫌课程贵吗？"双方尴尬，或回答得不真实。

投射法最大的优点在于，对调研的真正意图藏而不露，创造了一个比较客观的外在条件，使得测试结果比较真实，能深入地了解用户心理活动。

（2）**直接法**。

定性调研的另一种分类就是直接法，即调研者到现场直接与被调研者进行面对面的接触而进行的调研方法，通常也被称为访谈法。对被调研者进行直接询问调研的方式有多种，如焦点小组和深度访谈。

1）焦点小组。

由一名经验丰富、训练有素的主持人组织，8～12名用户进行参与的会谈，但事实上经常有4～5人的焦点访谈，这主要看讨论的内容是什么。通常主持人以无结构的自然形式跟与会者谈论对产品、服务、广告、品牌的感知及看法。

焦点小组的四个目标可总结为：获取创意；理解用户语言；分析用户对产品或服务的需要、动机、感觉及心态；帮助理解从定量调研中得到的信息。

2）深度访谈。

由经过训练的调研员针对某一目的，以一对一的方式向用户提出一系列探索性问题，从而得知用户对某事物的看法、态度及行为和动机的谈话调研方法，其存在的特点有无结构式、深入递进、个性化决定、详细的个人想法、个体差异大、邀请难度大等。

那么"焦点小组"和"深度访谈"的操作方法是什么呢？接下来分别重点介绍一下。落实焦点小组的五个步骤是：前期准备；确定主持人；拟定小组座谈会提纲；进行会谈把握气氛；做会议记录。

①前期准备。

A. 确定小组规模。一般6~12人为宜。太少无法展开讨论产生互动气氛，太多则讨论分散，主持人很难控制讨论现场。

B. 设定持续时间。需要与用户建立信任融洽的关系，深入了解其态度和情感等表现，需要展开话题讨论，且每位与会者要轮流发言，所以需要较长时间。一次小组座谈1~2小时，最长不超过3小时。

C. 征选参与者。需要是与主题相关的目标人群，或有相关背景、产品使用经验的人群。另经调查发现，人们同意参加焦点小组的动机依次是：报酬、对话题感兴趣、有空闲时间、焦点小组有意思、受访者对产品了解、好奇、提供表达的机会。比如，要讨论关于手机游戏的对战体验话题，就不适合找从未玩过且不感兴趣的人来参会。需要尽可能找全目标人群的不同细分类型。比如，要讨论网络游戏的对战体验话题，既要找电脑端游戏的爱好者，又要找手机端游戏的爱好者。

②确定主持人。

主持人是核心灵魂人物,直接影响座谈效果,负责控制谈话的走向。因此主持人应具备以下五点基本要求。

A.灵活性。因为座谈有一定的不确定性,所以就需要主持人随机应变,合理地调整话题顺序和提问方法。

B.洞察力。主持人需要足够敏感,引导成员讨论,挖掘自身都没有发现的潜意识以促使其表达。

C.能够把握全局。允许讨论发散和头脑风暴式扩展,但要在可控制范围内。

D.客观地投入。主持人要保持热情和投入,但不能对某一部分观点或成员有偏颇或引导。

E.鼓励。参会者有人热情、也有人腼腆,要能够鼓励沉默者或不善表达者积极参与讨论。

③拟定小组座谈会提纲。

提纲由主持人把控,通常内容分为三个阶段:第一阶段,建立友好关系,解释小组座谈会实行的规则;第二阶段,明确需要重点讨论的主题,主持人激发深入的讨论;第三阶段,总结座谈会的结论。

④进行会谈把握气氛。

主持人需要有较好的沟通技巧和熟练的交流技术,要保持会场气氛轻松自然,与会者可以自由、本能地发表言论。会场布置干净简洁,可准备适当饮品、水果;室内光线合适,避免太暗让人昏昏欲睡或太刺眼让人不舒适;选择封闭空间,避免外界人员和声音的干扰。

⑤做会议记录。

需要有专门的记录员,不仅在会议中进行记录,还在会议结束后做总结性记录,必要时进行录音、录像等。

焦点小组的小结

1. 会议前期

①会议准备：确定小组规模、设定会议持续时间、拟定会议提纲。

②人员选择：挑选合适且对话题感兴趣的参与者，确定符合基本要求的主持人。

2. 会议过程

①主持人根据拟定的会议提纲顺序主持会谈，激发大家深度讨论，把握气氛和时间。

②会议记录员进行记录，必要时进行录音、录像。

3. 会议结尾

①主持人总结会议结论。

②会议记录员须做总结性记录。

接下来是关于实施深度访谈前、中、后的六个步骤：用户样本确定与招募；设计访谈提纲；拟定基本的访谈程序与工具；预访谈及修改访谈提纲；正式访谈；结束送客。

①用户样本确定与招募。

A. 一定要选择合适的样本。有效且合适的样本为 5~8 个人，样本太少信息量不够，太多成本过高。用户样本需要符合目标人群，包括年龄、行为特征等关键因素，且主要用户和辅助用户的比例尽可能在 3∶1。

B.招募方式。一是公开招募,比如张贴海报或发布网络信息的形式;二是问卷招募,在前期发送的定量问卷中加入是否愿意参与访谈的选项,并让愿意参与者留下联系方式;三是人脉招募,利用六度人脉理论,找"朋友的朋友",或者请第三方机构,都是很好的渠道。

②设计访谈提纲:三段式提纲法。

A.开头内容。包括访谈背景、目的或意图、相关说明、访谈时间长度、保密义务等。

B.罗列问题。所有问题要围绕主题重点和核心目的展开。

a.问题提纲顺序:从用户关心的问题入手,针对主题逐步缩小问题范围,最后问及重点问题。

b.对产品使用的相关问题,围绕三个场景设计:正常使用情况、特殊使用情况、用户期望情况。比如"请您谈一下平时是如何使用××产品的呢(什么时候/为了达到什么目的/在哪里/和谁一起使用等)?""在您使用××产品时,会遇到暂时中断去处理其他事情的情况,一般是处理什么事情呢?此时设备中断是什么状态呢?""你是否会有类似'如果有这样的功能就好了'的想法?为什么会产生这样的想法呢?"

c.常用的四种问题类型如下。类型一:假设型问题。要用户去猜想事情会是怎样或人们在特定情况下会怎么做,常用"如果……怎么样""假设……"开始。可以引导用户描述自己的真实经历和感受。例如"假如这是你第一天到新的工作环境,你会怎么样?"类型二:理想设定问题。让用户描述理想的情形,适合评估型的内容,可以获得用户对研究主题积极或消极的观点。例如"你想象中付费打赏功能应该是什么样的?"类型三:激将型问题。适合争议性话题,避免用户在敏感问题上难堪或产生敌对情绪,常以"有些人认为"开始,避免访谈者产生主观情感,从而获得用户个人观点和感受。例如"有些人认为，职场中晋升慢是员工忽视自我学习和提升导致的，你怎么认为呢？"类型四：解读型问题。获得用户更多的信息、观点、感受；帮助访谈者对谈话中暂时性的理解加以确认。例如"你能描述一下，这款产品的××功能与你原来预想的有何不同吗？"

C. 收尾。围绕主题和提问过的问题，进行总结性的问题询问。

③拟定基本的访谈程序与工具。

根据访谈提纲，需要列出现场的程序和步骤，以及团队的分工，更好地组织团队成员合力完成访谈。

A. 成员分工：需要五种类型的工作人员，分别是用户接待员、现场访问员、记录员、录像或录音人员、礼品发放人员，以及安排各自的出场顺序。

B. 访谈工具准备：根据访谈提纲，提前准备可能需要的工具且调试好，如工作证、介绍信、公司产品或竞品、模型、笔、纸、提示用的卡片、录音录像设备、赠品、宣传资料等。

④预访谈及修改访谈提纲。

非常重要，在以上准备都完成后，要选择一个目标用户进行模拟预访谈，记录下在这个过程中发生的问题或缺陷，进一步修改调整访谈提纲。

⑤正式访谈。合理制造气氛，控制访谈过程。

A. 访谈过程中，做必要的引导和追问，可以使用请教、刨根问底、核实三个步骤来完成。

B. 由于在访谈过程中，调研员是围绕提纲以自然的话语来进行发问的，语言有一定的灵活性，所以在谈话的互动中要注意以下几个情况。

a. 关注用户话语中不同事物之间的联系。用户可能在谈话中，前面说到一个观点，后面又谈到另一个观点，要通过进一步询问来建立它们之间的联系。例如"××产品的功能我很感兴趣，但是后来下载之后几乎没怎么用"，追问后得知，是很多人下载推荐，才产生了兴趣，从而下载。

b. 避免是非问题。包括可以用"是""否"回答的问题；可以用简单的数字或事实回答的问题；潜在的是非问题，即你之前的问法中存在的诱导性问题，用户会被迫表态。例如刚问过"这个产品的确是非常不错的"，再问"你会喜欢吗？"

c. 所有的说法都要有定义。遇到专门或关键的说法，或者专业词汇时，让用户进一步解释，从而达到统一的认知。例如"这个功能很酷，请问'酷'的含义是什么呢？"他会说是指使用流畅、样式新颖、提高效率。

d. 所有的事情都要有原因。用户谈到某种态度或感受时，请他举例子。例如"这个功能用起来很差，请问具体是什么环节或怎样用时您觉得很差？"以上这些都是在访谈过程中需注意的问题。

C. 借助工具、图片或描绘场景。让用户自在地融入话题。比如你开发新款智能眼镜，可以把竞品拿给用户使用，在使用的过程中放松情绪，进一步打开话题。但要在过程中控制好时间，并且避免跑题，比如你在询问家长对于防儿童走失产品的态度时，就要避免家长侃侃而谈，把话题扯偏到儿童教育或课业问题上。

⑥结束送客。

在谈话结束后，访谈者要快速回顾一下提纲，看是否有遗漏问题，然后向用户表示感谢，送上相应的酬劳或礼品并送用户离开。

深度访谈的小结

1. 访谈准备

①访谈计划：对自己的访谈工作有清晰的了解，包括目的、要问的问题、访谈重点、谈话步骤。

②访谈用品：个人证件、笔、记录本、录音机、摄像机等，赠品、宣传资料等。

③明确分工：访谈者、笔记记录者、摄像者或录音者。

2. 访谈过程

①牢牢把握提纲，防止偏离访谈目标。

②对用户做必要的引导和追问。

③谈话循序渐进，从用户关心的话题开始，逐步缩小范围，最后问及重点。

④调查人员立场公平、中立，不能有偏见。

⑤调查人员应文明、礼貌，用语准确恰当，切忌审讯或命令的口吻，不宜随便打断用户或露出不耐烦的神情。

⑥访谈时间控制在 30 分钟 ~ 45 分钟。

3. 访谈结尾

①快速重温提纲，看问题是否有遗漏。

②再次询问用户是否有补充想法。

解密碧莲盛：如何通过定性调研找到植发业务的突破点与爆发点？

以上是定性调研的方法论，可以看到访谈是定性调研必不可少的环节，充分利用访谈获取的信息，对调研发挥重要的作用，接下来，以碧莲盛卖点定性调研过程为案例，阐述如何找到植发业务的突破点与爆发点。

2. 定性调研挖掘植发消费者痛点：碧莲盛植发卖点探索之路

根据《2022年中国植发行业研究报告》数据可知，随着人们消费能力的增长，以及对提升个人形象的重视，植发需求消费者日益增多。到2021年，中国植发市场规模达到169亿元，并在近两年持续增长。

要想在同行业中占据"独优"的市场舆论地位，就要找到自身独特的卖点，针对市面上五花八门的卖点，选择其一投入，就需要通过大量的消费者调研帮助碧莲盛精准把握消费者画像、心智，同时寻找新的场景或功能宣称，形成新的"宣称红利"。

首先确定卖点调研核心目标——"寻找对的人、萌发对的产品概念、说对的话"。换句话说就是洞察消费人群，了解消费者诉求与心智后，寻找机会点，共创宣称概念，以此挖掘沟通"爆发点"。如何达到该目标？分别对应以下三个问题。

（1）谁是目标消费者？

定位与洞察消费者。比如了解植发群体现状，对消费者进行人口学及消费行为上的定位；了解消费者对于植发领域的心智。

（2）需要怎样的产品？

通过了解消费者在植发领域的心智后，研究其心智和触点。比如，了解消费者对现有市场、产品或服务的偏好；挖掘场景机会，深挖消费者内在与外在的驱动与阻碍。

（3）需要怎样的宣称？

共创沟通概念。比如根据消费者心智与触点，共创品牌沟通概念；在技术、场景、能效、利益等方面，寻找消费者的沟通共鸣点，形成具有爆发力的品牌宣称概念。

其次是根据该研究内容使用的三个模型进行研究，分别是用户画像模型、行为与态度（U&A）模型及概念共创模型，接下来分别进一步阐述这三个模型。

（1）用户画像模型。

通过该模型可以找到植发产品（服务）的现有及潜在消费者，并对消费者进行画像、细分、定位。细分目标用户画像分为三步。

1）画像。对植发市场的现有消费者进行画像，了解他们的整体属性特征，重点关注四大方面的内容：一是人口属性特征，比如年龄、学历；职业、职位、收入。二是个性爱好特征，比如自我定位、对品质生活的追求、自发行为模式。三是媒介特征，比如触媒习惯、对植发信息的获取渠道、最常接触的信息渠道。四是消费特征，如购买植发产品的习惯、产品选择偏好、主要关注的利益点。

2）细分。依据消费者的特征、需求、态度、能力等差异，将其细分为若干细分用户群，并对各细分群体进行特征描述。

3）定位。综合评估各细分群体的规模、利益点、关注点，特别是消费者需求与品牌定位的契合度，识别并定位更具价值的若干细分群体。

（2）行为与态度（U&A）模型。

该模型主要是利用5W1H分析法找到在植发领域购买或使用上的痛点、痒点和期待；挖掘产品购买、使用选择及其背后逻辑；了解场景痛点、爽点、痒点。

WHY——发现动机。由以下四个角度思考：动机上，为什么选择购买植发产品或服务？障碍上，为什么没有选择在本品牌购买植发产品或服务？痛点上，在产品上的不满主要体现在哪里？痒点上，为什么一直选择一个品牌的植发产品消费？

WHO——找到目标客群。比如品牌定位与现有消费者是否相符？

是否适合开拓新潜客？潜客是否适合品牌转换？

WHERE——了解来源。比如从哪里了解植发产品信息？都去哪里购买植发服务？

WHAT——了解需求。比如对于植发产品/服务有哪些需求与期待？对品牌有哪些情感性诉求？有哪些核心需求与未满足需求？

HOW——发现模式。比如有什么购买方式或模式习惯？购买渠道障碍是什么？

（3）概念共创模型。

该模型与碧莲盛、消费者共同碰撞，深化了解用户行为触点的同时，将机会点或吸引点转化为被消费者认同的品牌slogan概念。

在第六章的第一节调研方法论中就已经提过碧莲盛不剃发植发的卖点测试，这里抽离出方法论。分别是以下四个维度。维度一，吸引度：概念引发共鸣、吸引目标人群关注的能力。维度二，区隔度：概念突出品牌或产品特色与同类品牌/产品形成区隔的能力。维度三，价值度：概念改变消费者心智中对于品牌/产品价值认知的能力。维度四，传播度：概念容易记忆，激发传播意愿的能力。通过对四个维度的探查，了解传播概念的表现，为后续概念选择或完善提供依据。

接下来是执行调研的流程，一共分为三步，分别是点子采集与需求挖掘、共创工作坊及概念的筛选，前两个流程属于定性调研范畴，而概念的筛选属于定量调研的范畴，我将会在下一节品类的定量调研当中展开重点描述，这里先讲定性调研的前两个流程。

（1）点子采集与需求挖掘。

需要通过定性小组座谈会，也就是直接法中的焦点小组座谈会，一是通过定性调研提炼出消费者对目前植发领域的看法，通过与目标用户进行面对面访谈，了解他们更深层次的需求和痛点及目前没有被满足的功能或心理诉求；二是重点挖掘关注的场景需求（阻碍）、产品痛点（未满足点）及领域期待。

本次焦点座谈会配额以植发产品目标消费者为受访者，共 2 组座谈会，每组 6 人，年龄为 25～45 岁，男女比例为 2∶1。2 个组别分别是年轻组——年龄在 25～35 岁的植发产品用户，以及成熟组——年龄在 36～45 岁的植发产品用户。其中每组内含半年内有植发品（目标品牌）护理、植发服务（目标服务）护理使用经验者；两者兼有者优先。

焦点小组座谈会需要输出的六个方向是：SKU/使用频率、方法、步骤，TA Persona，头发/头皮问题原因，品类需求差异（场景/人群），品牌偏好/印象及概念方向。

（2）共创工作坊。

在共创工作坊中，我们以定性座谈会所得作为"素材"，集合研究端、碧莲盛、消费者三端进行共创；再通过消费者信息分享、概念共创讲解、宣称概念共创、总结的流程，对已有信息进行重构，形成新的"品牌宣称概念"；最后重点关注"品牌宣称概念"与卖点、支持点及场景诉求的联结性。

本次参与者为研究人员、碧莲盛市场（研发）人员、典型消费者，共有 2 场工作坊，每场约 20 人。其中消费者和碧莲盛人员的比例为 1∶3，研究人员主要由主持人、分组带领者组成。

消费者配额要求为典型使用者，对市场、其他消费者有了解，思维敏捷，有创新精神；碧莲盛人员主要是作为团队评审，参与讨论与思维启发；研究人员的角色主要为组织者、引导者、记录者。

共创工作坊的流程设计共有九个环节，分别是热身、产品态度及使用、人物画像分享、提炼场景洞察、痛点及需求分析、生成概念共创方向、利益支持点讨论、沟通概念共创及最终的脑暴评审。

作为重点关注的宣称概念也是我们的共创思路。宣称概念整体包括概念背景与品牌宣称两部分，其中消费者洞察、利益点和 RTB（Reason To Believe）需要贴合消费者心智。比如，消费者关心什么？他们的焦虑和渴望是什么？产品能为消费者提供哪些好处？产品能够为用户提供解决方案的支持点是什么？

而品牌宣称与概念背景具有鲜明的对应关系。比如，关注方向上，品牌的宣称应主要宣传什么方向的信息？品牌关联度上，与概念背景的关联点是什么？如何凸显品牌差异性？风格调性上是什么样的？想要给受众怎样的传递？也就是说品牌宣称需要贴合消费者洞察、明确利益点及激发消费者欲望。

我们将分别对共创方向、消费者洞察、利益点、RTB进行梳理，在工作坊中作为概念共创"材料"导入给消费者，进行排序与重构，生成新的宣称概念。

共创概念结构包括以下四种：一是消费者洞察，能很快地吸引消费者，针对消费者的深层想法和行为，激发消费者欲望；二是利益点，是针对消费者洞察的，给消费者看到真实而明显的好处；三是利益点支撑，用来解释利益点如何实现，给消费者提供有逻辑的、可信的证据；四是宣称概念slogan，用简单的语句叙述利益点与利益场景，刺激消费者欲望，树立品牌独特性。

我们通过与行业专家、消费者的面对面详细沟通做定性调研，了解人们对植发的需求，通过第一轮的筛选找到了20多个关注点，包括微针、宝石刀、长发植发、SHT专有植发、种植笔、无痛、艺术植发、无痕植发、3D植发、NHT技术、女性植发、头皮微创、FUE技术、精细植发、BHT无痕、高精密技术、BHT2.0植发、不剃发植发等，罗列了一些他们对优秀植发技术的理解，确定了一些备选方向。接下来就是针对数千个用户做定量调研，整个调研周期长达半年。

五、品类的定量调研：让问卷物尽其用

前文提到定性调研主要解决"是什么"和"为什么"的问题。而定量调研与定性调研之间有什么不同呢？定量调研一般是运用数字或者实证模型来说话，除了能告诉我们"是什么"以外，还能告诉我们"是多少"，对事物差异程度可以达到一个量化的分析，测试和验证设计师的初期构想。

1. 定性与定量调研共创：碧莲盛不剃发品类聚焦之路

从样本量上来讲，定性调研样本量较小，用于直接收集用户的某些行为和使用习惯；定量调研往往需要较大的样本量，间接地收集了用户的行为和态度。这也就能看出两者在数据上的特点，前者是非结构化的、主观的、科学性较差的；后者是结构化的、客观的、可衡量的、更有科学性的。但二者在研究中具有同等重要的地位，也经常相互配合，以求得研究效果的最大化：定量调研获取系统的、全面的量化认知；定性调研则进行深入挖掘或搜集定量调研无法搜集到的信息。

定量调研不像定性调研那样面对面访谈搜集数据，一般以问卷的形式获取数据，因此问卷的设计科学与否，决定了我们所搜集的数据是否有效。碧莲盛不剃发植发卖点调研执行流程中，完成前两步的定性调研后，即完成点子采集与需求挖掘和共创工作坊后，最后一步就是采用线上定量问卷的方式，从 20 多个概念中再次筛选。

线上定量问卷的目标受访者为植发服务目标消费者。总样本量为 2000，分别是 600 样本分布在一线城市，600 样本分布在新一线城市，400 样本分布在二线城市，三线城市及以下为 400 样本；年龄为 22～50 岁，男女比例为 2∶1；现有使用者 1200 样本，潜在使用者 800 样本。现有用户为半年内购买过植发、养发产品或服务的用户；潜在使用者为有头发问题且有明确意愿购买的用户。最终，我们从 20 多个用户关注点中，通过定量问卷得出结论——不剃发比例最高，从而锁定不剃发作为碧莲盛植发的宣传概念，开始碧莲盛不剃发品类聚焦之路。

可见，通过大样本的定量问卷的方式，可以帮助遴选更符合市场受众偏好的宣称，进行进一步发展与孵化，因此接下来我会重点介绍定量调研中的问卷调查方式。

2. 小问卷大用途：从定量调查到市场孵化的关键步骤

面对市面上五花八门的问卷调查，为了在定量调研时选择更符合情况的问卷调查，获取更有效的数据，我们要清楚问卷都有哪些类型，下面介绍三种调查分类方式。

（1）根据调查所用方法分类。

包括访问问卷、电话问卷、邮寄问卷、网络问卷。

1）访问问卷。调研者到用户所在社区或单位，对用户进行当面询问，然后把答案写在问卷上，大部分情况是调研员来填写。

2）电话问卷。打电话给被访用户，调研员根据回答把答案填写在问卷上，优点是时效快，但效率低。

3）邮寄问卷。将问卷邮寄给用户，对方填完后回收，不需要会见用户本人。问卷较为正式，但成本较高。

4）网络问卷。利用电脑或手机中的问卷平台，通过网络在线发放问卷。优点是成本低、见效快，是目前常用的使用方式。

（2）根据问卷填写方式分类。

分别有自填式问卷和代填式问卷。

1）自填式问卷。是由被调研者自己填写的问卷，优点是节省人力和时间、避免公开露面等。

2）代填式问卷。询问被调研者后，工作人员来填答案的问卷，优点是可保证问卷表填写的质量、内容规范。

（3）根据问卷结构分类。

分为有结构型问卷和无结构型问卷两种。

1）结构型问卷。按照特定的提问方式和顺序进行填写，不能对问题字句或顺序进行改动。

2）无结构型问卷。围绕着核心主题提出若干问题，可以打乱顺序进行，一般用在代填式问卷。

清楚了问卷调查的类别，现在我们聚焦问卷的内部，来看看基本的问卷都是由什么组成的。

（1）问卷标题。

开门见山，要直接点明调查的主题和内容，一般包括调查对象、调查内容等方面。例如标题不要模棱两可地说"手机调查问卷""营销调查"，甚至"调查问卷"，而要简明、切题地说"关于手机消费需求的调查""连锁企业市场营销调查"。

（2）问卷说明。

也称卷首语，它可以让被调查者消除顾虑、引起重视或兴趣，引导其积极参与。它包括介绍调查目的、调查者身份、调查结果用途、保密措施、奖励措施、感谢语等，文字清晰简明、语气诚恳。例如说明目的，引起重视——"为了了解当前大学生的学习、生活情况并作出科学的分析，我们特制作此项调查问卷"；表明期望，引导配合——"希望广大同学予以积极配合"；保密措施，打消顾虑——"本问卷实行匿名制，所有数据只用于统计分析，请放心填写"；礼貌寒暄——

"谢谢你的帮助"。

(3)问题和答案。

主要包括被调查者情况和调查的主题内容两大部分。

1)被调查者情况。包括年龄、民族、家庭人口、婚姻状况、文化程度、职业、单位、收入、所在地区等人口统计学问题。但在实际问题设置中，只选择与主题相关的进行询问即可，比如，主题与情感无关，则不需要问"你是否单身"这类问题。

2)调查的主题内容。主要包括人们的行为、行为后果、态度、意见、感觉、偏好等内容。对于使用产品的用户体验调研中，可以围绕用户和产品两个角度，从动机、能力、种类、形式四个方面构思提纲主体。

因为用户对产品产生需求的链条中，一般是用户先有了动机，再去匹配能力，然后选择一种类型的产品，这种类型的形式使他达到自己的目的。以"人们对自我形象、态度和习惯的调查"为例来梳理问题内容框架。罗列框架前，务必先确定该案例中的用户和产品对象是谁，在这个案例中，用户泛指有可能的潜在用户，包括热衷化妆的人，也包括以前不化妆但想变美的人；产品泛指一种解决方案，可能是有形产品，也可能是一种服务。

用户视角：从用户使用产品的动机出发的问题，"什么场合注重形象？""什么情况会想改变形象？""带妆时间段？""对化妆的态度？"等；从用户使用产品的能力来看，"有化妆品吗？多少？品牌？""懂化妆技巧吗？会刻意学吗？""关注美妆博主吗？看小红书吗？"等。

产品视角：从产品的种类去分类，化妆的部位：眼妆、唇妆、底妆；妆容的使用场景：日常妆、烟熏妆、舞台妆；和妆容相关：配饰、服装等。从产品的形式分类，化妆的场所：自己化妆、有化妆师、商场试妆；化妆的风格：固定妆、随服饰变化等。注意在梳理罗列相关问题时，大胆想象，扩展思路，不要局限。

（4）调查证明的记载。

包括问卷编号、调查起止时间、地点、调查员的姓名。

问卷的每个问题和答案都需要有编码，便于数据录入与统计时检查、校对和更正错误。记录调查员的详情，以便核实和保存调查任务的执行和完成情况。编号及调查起止时间栏可置于问卷开头，亦可置于问卷末尾。

问卷设计组成部分小结

1. 问卷前言

①问卷标题，直接点明调查的主题和内容。

②问卷说明，争取与调查对象合作并引起对方的重视。

2. 问卷正文

①调查者情况，不问与主题无关的其他个人问题。

②调查的内容，围绕用户和产品角度，从动机、能力、种类、形式四方面构思提纲主体。

3. 问卷结尾

①编码号，多份问卷需要按顺序编码。

②致谢语，表达感谢及合作的真诚。

知道问卷有以上的组成部分后，如何设计问卷才能符合我们的调研预期呢？这里从问卷设计的原则、问卷问题的设计、问卷答案的设计及问卷设计中应注意的问题这四个角度来考虑。

（1）问卷设计的五个原则。

1）目的性。目的要明确，任何问卷调查都是有目的的，即证实或证伪某个结论。只有目的明确具体，才能提出明确的假设，进而围绕调研主题密切展开，突出重点，避免可有可无的问题。

2）可接受。使用符合被调查用户身份、水平的用语，避免难堪、反感或敏感性话题。

3）顺序性。展开由难到易、由简入繁。例如前面放行为型问题，中间放态度型问题，后面放敏感型问题……也可以是前面放封闭型、半封闭型问题，后面放开放型问题。注意逻辑顺序，可按时间顺序、类别顺序等合理安排。

4）简明性。不要列入无关紧要或没有统计价值的问题，避免重复；时间简短，问题和答案都不宜过长，整篇问卷回答控制在 30 分钟以内；问卷排版要布局清晰、易读。

5）匹配性。所有问题答案要便于检查、数据处理和分析，所提问题应事先考虑到对应结果，适当做分类和解释，使资料便于做交叉分析。

在满足调查问卷设计的五个原则后，开始设计问卷中的问题和答案。

（2）问卷问题的三类设计。

1）开放式问题、半开放式问题、封闭式问题。

①开放式问题：指不列出答案，让用户自由作答的问题。能开拓调查者思路，适合获取启发性或补充性答案时列出，能让被调研者充分表达意见和看法，但注意要围绕你想挖掘的话题展开，提问不能过于宽泛笼统，否则不易被调研者回答或言之无物。比如，你的调研目的是规划"智能手表需要的功能"，问"你喜欢智能手表有哪些功能"

或"你对智能手表的一些功能有什么建议",远比问"你觉得什么样的智能手表最好"要好得多。

②半开放式问题:列出可能性的答案后,追加一个"其他"答案,且问题适合有部分标准答案,但还需要再扩展一些可能性的情况。

③封闭式问题:问卷提出的问题已经设定好了各种可能的答案,只要用户从中选择即可。当有标准化答案且不需要复杂提问时使用,能够快速作答且便于统计。

2)直接性问题、间接性问题、假设性问题。

①直接性问题:直接询问就能得到答案的问题,常用于询问个人基本情况或已经存在的事实。如"你毕业/就读的学校是_____""你最喜欢的服装品牌是_____"。

②间接性问题:需要间接提问,通常是被调查者有顾虑、不愿真实回答的问题。例如"您认为妇女的权利是否应该得到保障?"大多数人会回答"是"或"不是"。而实际情况则表明许多人对妇女权利有着不同的看法。如果改问"A:有人认为妇女权利应该得到保障的问题应该得到重视。""B:另一部分人认为妇女权利问题并不一定需要特别提出。您认为哪些看法更为正确?"对A种看法的意见:①完全同意;②有保留的同意;③不同意。对B种看法的意见:①完全同意;②有保留的同意;③不同意。

③假设性问题:假设某一情境或现象向用户提出的问题。需要验证方案或假设结论时,可利用这种提问方式。例如"如果每个母婴室的空间,仅供容纳妈妈和宝宝两个人,您觉得合理吗?""如果购买电脑和手机,您只能选一种,您会选哪种?"

3)事实性问题、行为性问题、动机性问题、态度性问题。

①事实性问题:要求用户回答有关事实的问题,在为了获得事实资料时使用,提问必须清晰、易理解。例如"一天中,您通常在什么时间刷微博?""您的教育程度是_____?""您的性别?""您

的年龄？"等。

②行为性问题：对用户行为特征进行调查。例如"您是否拥有汽车？""您是否曾去健身房健身？"

③动机性问题：了解用户行为的原因或动机。例如"您为什么购买汽车？""您健身为什么会选择去健身房？"

④态度性问题：关于用户对某事的态度、评价、意见等问题。例如"您是否喜欢华为手机？""您对新款华为手机的评价处于哪个分数？"

（3）问卷答案的三类设计。

1）单项选择法、多项选择法。

①单项选择法。只能选择一个答案，每个答案互相排斥，且所有答案加在一起包含了所有可能性，包括双项单选（只有"是"和"否"两个答案）和多项单选（有三个以上答案）。

②多项选择法。提前预备两个以上答案，用户可选择其中一项或几项。但为了答案尽可能涵盖所有人的看法，通常会加一个"其他"选项，为避免答案过度分散，总体选项不超过8个。例如"您喜欢下列哪一种牌子的手机"。（选择您认为合适的一个或多个选项）□华为 □苹果 □小米 □OPPO □VIVO □三星

2）顺位法、回忆法。

①顺位法。列出若干答案选项，由回答者按重要程度决定先后顺序，利于对用户的意见、动机、感觉等因素作衡量和比较性表达。

②回忆法。通过回忆了解用户对不同事物印象的强弱。

3）比较法、态度量表法。

①比较法。用对比提问的方式要求用户做出肯定回答的方法，适用于对质量和效用等问题做评价。例如"请比较下列不同牌子的奶茶饮料，哪种更好喝？"（选择您认为好喝的一个或多个选项）□喜茶 □奈雪の茶 □茶颜悦色 □蜜雪冰城 □书亦烧仙草 □益禾

堂　□都可 CoCo　□茶百道　□古茗奶茶　□一点点奶茶

②态度量表法。把定性问题定量化，让用户对题干所列内容进行强度测量的方法。

（4）问卷设计中应注意的问题。

1）在问卷的表述上。

①问卷表述要客观、准确、具体，避免抽象和有多重含义，不带诱导性和倾向性。如"您认为今年市场供应和物价怎样？"问题笼统又在问两件事。又如"这款手机的功能好在哪里？"诱导用户默认这款手机功能好用。

②问卷题目设计必须要有针对性。考虑调查人群文化水平、年龄层次、协同合作等的可能性。如：文化层次较低的人群，语言尽量通俗；层次较高的，语言尽量专业。

2）在问卷的提问上。

①对于敏感性问题，不要直接提问，可采用假定法、转移法。如"假如对人口生育不加限定，您认为多子女和独生子女哪种情况更有利于培养子女成才？"假定法，更利于回答。

②问句要考虑时间性。时间过久的问题容易使人遗忘。如"你家去年的家庭支出是多少？"

③不要一次问多个问题，一句一个要点。如"您为何不看电影，而看电视？"两个问题要点，无法回答。

④问题要明确和精确。比如不要问"您的住房有多大？"，而应该问"您的住房有多大面积？"否则用户可能会回答住房有多少间。

3）在问卷的答案上。

①答案设置遵循 MECE 法则，相互独立，完全穷尽，保证不能有交叉，不能有遗漏。如：A 水果、B 桃子。水果中包含了桃子，是不互斥、又交叉的答案。如婚姻状况，仅分为"已婚、未婚"，则不完全，应列出"已婚、未婚、丧偶、离婚、分居"五种备选答案。

②要避免问题与答案不匹配。如"问题：您经常看哪个电视栏目？""答案：□经济生活 □电视红娘 □电视商场 □经常看 □偶尔看 □基本不看"。后三个选项不是电视栏目。

当你根据以上技巧写好问卷，为了检测是否需要调整，一定要先找人试答一下，直到修改完毕，再正式发放填写。

在选择研究方法时，重要的是定性方法和定量方法结合使用：定性方法增强洞察力；定量方法用于测试假设。我们的目标是从用户的角度来验证设计过程，而不是从假设的角度来验证设计过程，通过用户的视角观察是最可靠的途径。我们的目标是满足用户需求，提高产品体验，而调研帮助我们达成这个目标。

第七章

品类升级五要素

一、卖点升级

通过一系列的品类调研，发现且确认了一个品类机会后，企业经营者接下来需要思考的重要问题是如何把握住它。纵观世界文明发展史，人类先后经历了农业革命、工业革命、信息革命。每一次产业技术革命，无疑都是品类不断发现、分化、升级的历史。聚焦中国的发展史，伴随着改革开放 40 多年，新品类不断涌现且层出不穷。

近 10 年来，我和我的团队通过对大量的商业案例进行研究，以及在企业实践后，总结出了一套"品类升级五要素"模型，这个模型包括了品类升级最核心的五个部分：卖点升级、品牌升级、视觉升级、渠道升级和推广升级。这五个要素是品类升级能否取得成功的关键。接下来我会展开每一个要点进行阐述。

1. 卖点显锋芒："品类卖点天平"寻找超级卖点

20 世纪 40 年代，美国广告界的传奇人物罗瑟·瑞夫斯（Rosser Reeves）首次提出了 USP 理论，即"Unique Selling Proposition（独特的销售卖点）"，它是建立在目标市场细分基础上，以差异化因素为核心竞争点的市场策略实施方案的缩影。每个产品都需要找到它的超级卖点，也是独特的购买理由，既能够传递品类价值，又可以打动消费者直接购买。总的来说，就是需要向消费者传递一个独特、单一、有销售力的产品功能主张和卖点。

卖点，就像一把剑的刃，锋利方可杀敌，无刃则是废铁；卖点，就像一支枪，有子弹百步穿杨，无子弹还不如菜刀。卖点，可以让产品更有生命力，更有竞争力，更有"杀伤力"！品类卖点不是凭空产生的，它是如何产生的呢？基于十多年对品类的研究思考，我总结出一个"品类卖点天平"模型（见图 7-1）。正所谓模型在手，思路我有。模型是企业管理者探索商业路径的一个有效手段，是解答商业命题的参考思路。

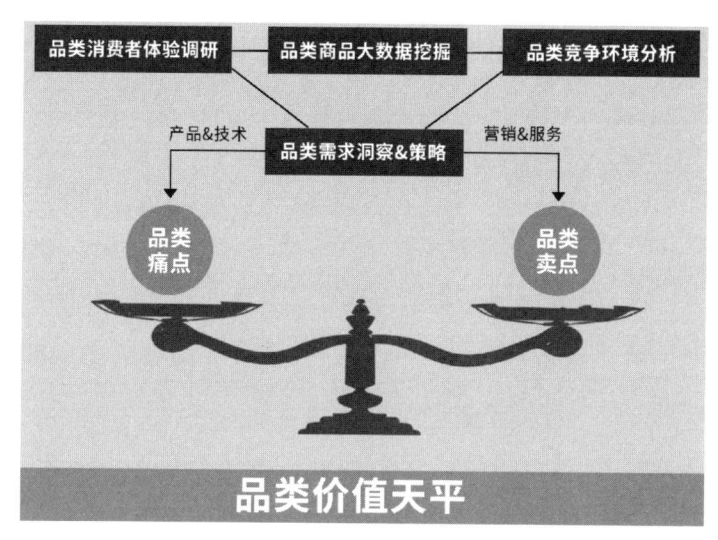

图 7-1 品类卖点天平模型

通过一系列的品类消费者体验调研、挖掘品类商品的大数据、分析品类竞争环境工作后，获得企业管理者的品类需求洞察和策略，分析总结出品类的痛点与卖点。天平左边是产品和技术创新解决品类痛点，右边是营销和服务交付体现品类卖点，两手抓，两手都要硬且要平衡，天平只有在平衡的时候才能正常发展，卖点的承诺要有靠谱产品支持，而过硬的产品需要体现合理售价。

2. 巧用卖点打造爆款产品："极草 5X"化痛点为卖点

举个关于"品类卖点天平"非常成功的例子。几年前，我拜访了曾经红极一时的极草创始人张雪峰。这位四川大学毕业、律师出身的商人，做起生意来干脆利落，"极草 5X"就是他的杰作。

谈到极草的品类需求，首先是神秘，并且药用价值高。极草的原材料是冬虫夏草，人们对虫草这一品类并不陌生，服用冬虫夏草已有1300多年的历史。60%的冬虫夏草生长在青海，30%在西藏，除此之外，四川、甘肃、云南的高寒地带也有少量分布。虫草是一种特殊的虫和真菌共生的生物体，除了"冬为虫、夏为草"的神秘性，更因其极高的药用价值为人们所熟知。对冬虫夏草的记载，最早可追溯到公元690年，首用者武则天坚信，是冬虫夏草的神奇力量治愈了她的顽疾。

历代名医在他们的医书中对冬虫夏草推崇备至，1300年后，张雪峰用科技的手段抽丝剥茧，通过严格地筛选原草、净化、粉碎、成型及密封包装这五道工序而最后成型，拨开冬虫夏草的神秘光环。

如何把古已有之的虫草价值放大乃至成为独特的卖点呢？基于"品类卖点天平"模型，我们首先梳理虫草的一些品类痛点：传统吃法吸收效率低，携带不方便，另外天然虫草重金属含量比较高，对身体有害。针对这些痛点，张雪峰团队找到了利用技术解决产品问题的办法，进而用营销和服务将品类痛点转化成品类卖点。

针对一些传统吃法吸收效率低下，无法全面获取虫草精华的问题，从结构分析来看，虫和草是非常不同的，而虫草作为虫和菌"跨界"的生物，研发过程变得更加复杂。比如，为了增加吸收量，就要分别打开细胞壁、细胞膜，把虫草分离，便于吸收；还有虫草表面的污物和杂菌的清洗，浸泡时间和温度都要严格把控，以免营养流失；而难度最高的则是压制成片剂，在研制时期投入最多人力、物力和财力的，也正是这一阶段。

为什么压制成片剂属于难度最高的阶段？首先，一般的成品压片都需要添加黏结剂，而虫草本身内含物质丰富，加入一些其他成分反而会破坏它的效果。其次，这种纯片剂的压制，在当时对于全世界来说都是未尝攻克的难题，因为试验周期长、用量大，对于号称"软黄金"

的虫草来说，这样的成本消耗是十分巨大的。除了这些困难，如何使片剂成型并含量稳定更是需要慢慢摸索，这不单单在挑战试验成本，更挑战实验者的勇气和信心。

除了需要攻克技术上的难点，完善基础设备，还要考虑如何让消费者认可这个产品，比如大家接不接受虫草压片造成的外观改变？而对于这一切疑虑，张雪峰始终相信，只要产品给到消费者实实在在的好处，他们肯定会认同的。

当重重困难都已成过去，"极草5X"冬虫夏草体系在不断建立和完善，对虫草的高效利用使极草已经牢牢占据行业第一。"极草粉片含着吃"这句话占据了央视等广告位置，2012年的销量是行业内第二至六名总和的两倍还多。

随之而来的就是虫草资源量的问题。由于受到自然条件限制，虫草每年产量仅有一百吨左右，而在物理处理方面，极草在现有科技水平下也已达到极限，加上市场的供不应求，让扩大产量、资源研究成为极草团队下一个攻克的目标。张雪峰说，他希望让更多人享受到这个化合物的宝库，使虫草造福更多人，让"极草"代表"国菌"走出国门、走向世界。但由于资源紧张，所以当务之急便是解决资源产量的瓶颈。

增加虫草产量是个让人头疼的难关，人工培育研究了50年，但至今尚未攻破。张雪峰带领青海春天每年收购虫草量达到了前所未有的10吨，而全国的冬虫夏草一年的产量只有100吨左右，青海春天占据了10%的市场份额，凭借着"极草"产品，以行业的龙头地位成为"虫草之王"。

天有不测风云，转折点发生在2016年2月，国家食品药品监督管理总局当时发出警示，称"极草"产品一直未能解决砷含量超标的问题，长期服用会导致砷元素的积累，可能会对人体产生不利影响；接着在2016年3月底，国家食品药品监督管理总局发文取消了青海春天的冬虫夏草保健食品资格。当时处于停牌之中的青海春天遭遇巨大挫折，主营业务被监管部门全面否定，意味着"含着吃"的"极草"产品宣告失败。"虫草大王"从顶峰跌落下来。

抛开后面的不可控因素，张雪峰操盘的"极草"，在企业鼎盛时期确实是抓住了品类痛点，并通过一系列操作，成功找到了品类卖点，成就了"极草"当时的盛世。从"极草"虫草粉片的面世、热销到暂停，来自市场的争议从未消退，后面张雪峰选择凉露酒切入白酒行业，同样也有不少话题价值。据说，这种酒主要解决了吃辣人群如何解辣的痛点，这也是当下流行的火锅消费场景中的隐性诉求。至于到底能不能解辣，恐怕得喝了才知道。这种基于消费人群"想吃辣、又怕被辣"心理的白酒产品，和基于"想吃虫草、又不方便吃"的"极草"卖点差不多。

3. 评估卖点：四个维度判断卖点升级是否成功

知道如何找到产品卖点后，接下来就是卖点升级的问题，如何判断卖点升级是否成功，可以从四大维度对卖点的预期效果进行评估，分别是卖点的吸引度、区隔度、传播度及价值度与行动力。

（1）吸引度。

即卖点引发共鸣、吸引目标人群概念的吸引度。卖点不仅要找对，还要说得好，用消费者感兴趣的表达方式，让其感知认可、产生共鸣，这就要求我们转换立场和口吻，说话的角度要从企业转换为消费者，这与定位理论提出的抢占消费者心智资源殊途同归。

宣扬企业和产品优势没有问题，但需要把它转化到消费者的角度上。不少企业沉浸于单方面倾诉对产品的自信和喜爱，比如产品获得什么奖、采用什么先进技术等，却没有转化为消费者的利益。"你的优秀与我无关，对我好才是真的好"，消费者会认为，你产品很"好"，但与我有什么关系呢？汇源曾经把"无菌冷灌装"作为卖点，技术确实很先进，可消费者毫无感觉，毕竟消费者不是工程师，不懂也不想懂这门技术如何先进。

很多人将营养快线的成功归结为对早餐这一消费时机的抓取，但这只是表面现象。真正重要的原因是其所提炼的核心价值点——"营养"，而且消费者认可了这个"营养"是有营养的，才成就了营养饮料龙头的地位。反之，像悦活说自己"真实自然无添加"，完全是从企业的角度说话，更别说类似的卖点汇源已经说过，产品能提供的享受和健康价值模糊。难以感知的卖点，又怎能让消费者愿意为悦活的高价买单。

用消费者的语言表达卖点，才能快速拉近与消费者的距离，直达人心。福来为月月舒痛经宝颗粒量身打造的"那个不痛，月月轻松"，不但从消费者感觉出发，还使用她们的语言表述，销量得到快速拉升，这句slogan甚至都成了流行语。就像人们听到"今年过节不收礼"时，下半句"收礼只收脑白金"几乎下意识地就会脱口而出。卖点的表达需要创意，但绝不是海阔天空式的胡思乱想，必须以产品和技术为基础，以策略为指导，以消费者体验为核心，尽可能快地抢占最重要的品类价值。

（2）维度二：区隔度。

区隔度是指提炼出的卖点能够突出产品特色，拥有关注和偏爱的能力，并且与同类竞争产品形成区隔的能力。企业寻找品类卖点的过程不是田忌赛马，不是拿我们的弱点挑战别人的优势，而是找到我们企业发展的相对优势，需要仔细研究关键竞争对手的状态。

比如你的产品优势是"去屑"，可海飞丝主打的"去屑"功能早已深入人心，多数人甚至认为海飞丝直接等同于"去屑"。当你忽略海飞丝，直接去说你产品去屑效果好时，哪怕消费者承认，但仍会认为你不如海飞丝。所以，在消费者下次发生购买行为时，你依旧不能成为他们的首选。

忽略竞品的表现往往是，你主打的卖点恰恰是对方的优势。结果就是竞争对手可以轻松跟进或坐收你宣传的渔利。比如，当年京东挑起价格比拼。京东图书全面促销，刘强东甚至放话"直至图书价格降到零"。于是当当采取跟随战术，也开始全面降价。双方一来二去，都亏损严重。但结果是，京东并无大碍，当当则不然——因为图书只是京东的部分业务，但却是当当的全部家当。在这里，当当的"低价"就属于京东的优势，因为京东有其他业务来弥补价格的亏损，在图书降价上，京东可以"无节制"地进行下去，而当当却只能支撑一段时间。

再比如，神州专车推广初期，倡导大家都来坐专车，它的文案是这样的："在夹缝中求生存？神州请你坐专车。"即暗示大众别再挤地铁、挤公交了，来坐更舒适的专车吧。其中神州主打的优势——"舒适"，也是优步的优势，而优步是专车龙头，占据着最大的市场份额。所以，对于新晋专车公司而言，任何以"劝说大众乘坐专车"为目的的文案，最终都变成了为优步引流的工具。

以上这些案例给了我们很多启示，其中最重要的就是在产品推广前，要重视竞争对手的优势，避免与强大的竞品主打相同的卖点。那么我们如何找到产品合适的卖点，避免用我们的弱点去挑战对方的优势呢？

最有效的方法就是根据竞争对手的劣势确定卖点。但这个劣势是有讲究的，一定是竞争对手赖以生存的优势中的劣势，而不能是对手的直接劣势。所谓直接劣势，就是能低成本改进的劣势。比如，竞争对手价格贵，这可能就是它的直接劣势，但只要对方有控制成本的能力，就可以降价跟进你的策略。

有人会问，什么是赖以生存的优势中的劣势呢？比如对可口可乐而言，它最赖以生存的优势就是经典、历史悠久，那么，这个优势中的劣势是什么呢？"经典"与生俱来的劣势就是年老。所以百事当年主打"新一代的选择"，针对可口可乐的劣势。这样，可口可乐就只能眼看着年轻人向百事倾斜，却没有任何办法阻止。

再比如，在神话故事《大卫与歌利亚》中，身体矮小的大卫最终战胜了高大威猛的歌利亚。他是怎么做到的？很简单，大卫找到了歌利亚赖以生存的优势中的劣势。歌利亚赖以生存的优势是高大威猛，但这个优势暗含着行动迟缓、目标明显的劣势。所以后来，大卫选择了远程投石，有效攻击了对方的劣势，让"高大威猛"变得毫无用武之地，最终战胜了歌利亚。

因此，如果你要给产品找到一个合适的卖点宣传，就要常常问自己：我的竞争对手最赖以生存的优势是什么？这个优势是否隐藏着劣势？而我是否足以颠覆它的劣势？如果有，这就是你最值得宣传的优势，而不是局限在宣传你产品本身的优势。杰克·特劳特在《商战》中曾说过：对领导者来说，只有强势中的弱点才是与生俱来的，而且是无法避免的，一旦被攻击了，就很难快速补救。

（3）维度三：传播度。

卖点具有强吸引力和购买打动力，卖点容易记忆并激发传播意愿。这里分享一个案例，2012年，是什么独特卖点让褚橙能够成为"爆款"？第一步，找到一个品种，用我们所有的媒体资源来包装这个故事。从挖掘褚时健的悲情故事，到我们用文字能力把它转换成一个励志故事，尤其对这个励志精神的把握非常重要。

但它之所以不可替代的第二个重要原因是，它赶上了一个互联网产品——微博的兴起。2012年微博开始在我们生活中出现，人们对于微博这个东西充满了兴趣，它的商业化还不像今天这么浓重，所以微博上有名人转发和推广这个产品的时候，对公众的说服力是非常重要的。

2012年11月底，王石在微博上转发了这条新闻，配了一句话："衡量一个人成功的标志，不是看他登到顶峰的高度，而是看他跌到谷底后的反弹力。"这条微博当时被转发了将近4000次，评论超过了

1000条。自从王石转发以后，徐小平、杨东、杨景林等各界精英人士都发了微博，表达了对褚时健的敬佩。

总之，这个独特卖点是具有传播性的，"人生总有起落，精神终可传承"。基于褚时健的这个故事，借助于当时的微博载体，以及一系列的名人效应，和对褚老这样的情怀，褚橙获得了前所未有的关注，打动了很多消费者的心。

（4）价值度与行动力。

企业是以盈利为目的的组织，最终还是看效益。产品卖点是否改变消费者心智中对于品牌或产品的价值认知，进而产生购买，消费冲动的能力是很重要的，要抢占最重要的品类价值关键词，让其转化为最有销售力的卖点。

如果品类中没有龙头，你的品牌一定要抓紧抢占品类中最重要的价值，因为最重要的价值能够捕获最多的消费者。不能先下手，就是把大市场拱手让人。碳酸饮料最大的价值是凉爽，雪碧用"透心凉，心飞扬"最大化占据了这一品类价值；吃巧克力的第一美好感受是丝滑，德芙用"丝般感受"直接占据；乐百氏纯净水用"二十七层净化"抢占了纯净水"纯净"这一核心价值关键词。显然，作为纯净水，还有什么比"净"更大的品类价值吗？

如果你是市场后来者，也不用惊慌，因为品类价值有多个方面，市场后来者要避开领先品牌的地盘，找到处在第二、第三位的品类核心价值关键词，差异化也能实现突破，甚至反超。康师傅红烧牛肉面"就是这个味"占据了方便面最重要的口味价值，今麦郎则从面的价值上挖掘，创新出了"弹面"，实现了突破。好东西吃多了口味也会产生疲劳，方便面市场在沉寂多年之后，统一以"老坛酸菜"口味重新崛起，与康师傅平起平坐。

找卖点，追求差异和新奇，但不能偏离品类的主要消费价值。过度远离对手，为差异而差异，偏离品类价值中的重要价值将得不偿失。

这就是为什么领导品牌的卖点大多看起来并不新奇但实用常驻，而一些"情绪饮料""心动饮料"等求新求异的卖点，凭空而来却匆匆而去的原因。如果市场进入了过度竞争阶段，品类主要价值被挖掘殆尽，这时就需要通过产品创新为产品增加新的价值，以下分享两个卖点升级相关的成功案例。

| 案例一

凉白开新卖点：更适合中国人的体质

在眼花缭乱的纯净水品类里，凉白开是靠什么卖点打动消费者，获得认可的？凉白开围绕"国人、健康"的品牌价值核心展开，提炼出"更合适中国人体质"的超级卖点，对同类竞品来说是一个极具差异化的定位。

过去，消费者大多不会对概念繁杂的饮用水进行辨别，但随着消费人群的健康知识水平和消费理念的变化，需求开始返璞归真，如何健康饮水成为消费者最重要的选择标准。尤其是在新型冠状病毒感染疫情影响下，国内外消费市场的变化速度明显加快，对"健康"的需求直接上升为消费者选择食品饮料类产品的第一要素。

今麦郎在整个饮品行业中首先提出健康饮水理念。凉白开自上市以来，依据"更适合中国人的体质"卖点树立了"健康工艺、健康熟水、健康饮水"的理念，以古籍经典为参照，将中国人喝凉白开的传统饮水习惯延续下来。

今麦郎注入创新性健康工艺，将凉白开升级为"更健康安全的、更广泛适用的"熟水饮用水，真正做到高投入、高工艺、高成本，成就了凉白开的"更适合中国人体质"的超级卖点。

| 案例二 |

碧莲盛植发卖点升级：不剃发植发

植发手术，成为解决"头"等大事的最短路径。随着经济的发展，人们除了重视健康，更注重自身的外表，在经济允许、技术成熟的条件下，人们不排斥通过外在的医美手段还原自己的形象，从此拥有一头乌黑浓密的头发不再是不切实际的幻想。

然而传统的植发都会在后枕部将头发剃去一部分，这是为了更方便取毛囊。但是很多女性就会在这里犹豫，因为这样不美观，如果是在夏天，披着头发还会很热。而且剃发手术后，头还得裹上一大块白色的绷带，隐隐透出红色的血印，这样就打扰了正常工作、生活，一段时间不能外出社交了，所以很大部分人会因此打退堂鼓。于是在不剃发的情况下可以完成植发成为迫切的需求。碧莲盛的不剃发植发就抓住这个需求，升级卖点，解决了这一问题。

什么是不剃发植发？首先要明白传统植发需要剃发的原因——为了便于手术操作、降低术后感染风险。一般做植发手术前，会剃短种植区和取发区的头发，保留3cm～8cm的长度。而不剃发植发，是在提取、种植毛囊时不剃发，移植前后依然保持原有的头发长度不变或者保留几厘米的长度，从而让"不剃发、不剪短"；"上午植发、下午上班，今天植发、明天洗头"成为现实，彻底告别"先剃发再植发"传统模式，真正可以做到完全的不剃发植发，让解决脱发、秃顶、发际线烦恼就像理个发那么简单。

综上所述，卖点升级是品类升级的重要一环，凉白开和碧莲盛不剃发植发的品类升级案例都符合卖点升级评估四个维度，卖点有差异且新奇，但不偏离品类的主要消费价值，所以取得了成功。

二、品牌升级

在我们确定品类升级目标，找到升级的卖点后，接下来企业经营者就要思考新的品牌名称，有的老板会考虑延续旧的品牌，这样可以保证品牌的一脉相承，有的会考虑启用新的品牌，因为认知一旦建立就很难改变，想改变的话，代价极其高昂，而且很可能无效。一个品类只能关联一个品牌，要抹掉原有的认知，需要的成本和努力远超新建认知，这也是原有品类之王或者大品牌强势中的弱势。最终的品牌命名方式视具体情况而定。

1. 追赶时代脚步，新品牌崛起和老品牌衰落

品牌升级是企业在建立与维护品牌时所使用的重要战略手段。近年来，随着消费升级趋势明显，人们的消费习惯已悄然发生改变，从满足基本需求变成多方面需求，这也迫使各行各业为跟上时代步伐不断地对产品品牌进行升级。

品牌升级的过程既是品牌对外宣传，又是内部提升产品和服务质量的过程，通常分为两个步骤：第一步为内部品牌化，通过公司内部规划与战略定位，建立品牌文化、方向及目标，将市场作为推广中介从而达到品牌升级；第二步为外部品牌化，从根本上打造出品牌的差异性，建立品牌独特的视觉形象。品牌升级的核心既是对产品的创新，又是对新产品赋予不同价值的理念，并将这些新理念重新注入消费者的思想中，让消费者对新产品重新产生认知。

同时，要不断将主要消费群体年轻化，一旦他们对品牌认可就会

产生浓厚的品牌忠诚度，实施品牌形象年轻化策略。品牌要根据消费者群体需求的变化而不断地变化，使消费者感到品牌充满活力且年轻。

在信息化时代的背景下，从品牌升级的角度来说，汽车行业给我们提供了一些思考。宝马是全球电动汽车的先驱之一，多年前就大力推广自己的电动汽车i8和i3，效果如何呢？宝马电动汽车不仅在销售上惨淡，更惨淡的是在认知上，在电动汽车品类的心智阶梯中，宝马甚至远低于蔚来、小鹏、理想这样的新品牌。

原因在于，宝马在"燃油豪华车"品类的认知过于稳固，已经和这个品类绑定，很难再代表另一个品类。宝马是众多大企业品类创新的缩影。我们认为，大企业在品类创新上最大的障碍就是不敢使用新品牌。它们有一种错觉，认为老品牌比新品牌有优势。正如宝马的一位高层所言：如果宝马在电动车品类启动一个新品牌，就意味着宣布了宝马品牌会有一个终点，没有人能承担这个责任。可见，老品牌成了大企业进行品类创新的负担。未来属于新品类和新品牌，我们将有机会在汽车领域看到特斯拉、蔚来、欧拉这些新能源品牌的崛起，也会看到一些老品牌可能在新技术、新趋势下不断衰落，最终退出历史舞台。

2. 品牌升级有风险，企业如何走好这步险棋

品牌升级不是跟风赶时髦，需要投入金钱与时间，属于风险投资。尤其是初创品牌，并不适合升级品牌，前期把钱花在刀刃上，多花时间在产品上，把现存的品牌打造好，抢占消费者的心智。那怎样的企业才需要做品牌升级呢？

首先，品牌已好久没在市场上发声了，有必要重新唤起消费者的认知；或者品牌在衰退周期中，须寻求第二曲线增长，这个时候做品牌升级也是好时机。

其次，公司开始规模化扩张或高速发展，从原来某个区域、单一行业扩展到全国乃至全球，行业扩展到新零售、电商等，那么品牌的

定位需要更新，品牌形象随之更新；或者产品线扩张，比如苹果、华为这样的行业巨头，从传统的 IT 行业转向个人消费品，那么品牌传播的内容必然是变了。

再次，目标客户发生了变化。之前提到的 C 端消费品行业，如服装、餐饮等，90 后和 00 后消费者越来越多；这个年龄的消费者的喜好、性格特点与之前的不同，需要从产品上、服务上及品牌形象上更加年轻化。

最后，公司合并了其他的企业；或者是品牌做了拆分，这个时候进行官宣及适当的形象调整；或者公司遇到了舆论危机，需要重塑品牌，打造新形象成为新开始。

品牌升级始终是一步险棋，如果走不好，很有可能适得其反，需要慎之又慎。那如何做好品牌升级？既然品牌升级是企业战略升级的重要战略手段，就必须是 CEO 亲自牵头，建议分以下五个步骤进行。

1）CEO 带领管理层对行业、大环境的洞察分析，以及目标客户、竞争分析、产品研发方向做深入的探讨，明确未来 3 ~ 5 年的发展规划。

2）把抽象的战略方向落地拆解为与用户沟通的语言——这个过程可以组织员工、合作伙伴、用户做工作坊，从不同的角度沟通，当然还可以通过设计思维的方式，不断地把问题缩小，重新定义，通过头脑风暴的方式逐步明确战略如何转化成执行方案。

3）有了战略规划、工作坊的输出及执行方案，下面整理品牌传播信息屋。这个阶段可以先行动起来，同步进行 VI 以及外观设计；在这个过程中，员工与合作伙伴积极参与共建，不断地迭代测试、优化。

4）正式的 VI 随着品牌价值观、愿景一起密集地通过公关、广告、社群、店面形象、产品新外观等形式高密度发布，覆盖不同传播触点，充分展示。

5）同时做好内部的宣讲，让员工更加明确公司发展方向，增强品牌自豪感，并使与用户接触的每个环节都能体现全新的品牌形象。

品牌升级是一个系统工程，先由头部制定发展战略、产品规划并与消费者、合作伙伴、员工共建的品牌升级成功的可能性更高。品牌升级不可能一蹴而就，需要长期的投入，坚守对消费者的承诺。一个大家都认为好看的logo，一句朗朗上口的品牌宣言并不代表着品牌升级的成功，建立认知与共识并产生共鸣需要时间。

离开客户、市场、产品、伙伴等谈升级是舍本逐末，也就失去了品牌本身的意义。企业应以用户为核心，以创新为主要驱动力，在提升产品和服务质量的同时，不仅提升消费者的体验感，还满足消费者个性化的需求，打造更加年轻化的企业品牌，带给消费者新的活力面貌，这不仅能实现品牌战略升级的落地，还迎合了互联网时代下的90后、00后新生代消费力量。接下来分享两个品牌升级成功的案例。

3. 猫王音响传承电台文化，融合人文科技的品牌升级之路

猫王品牌成立的初心，就是想要通过全新的产品，传递和延续创始人曾德钧所一直热爱的电台文化。猫王品牌自成立以来，想要实现的目标就是让电台文化走进年轻用户的日常生活，成为他们在"收听"层面首选的生活方式。2021年猫王品牌首次升级后，品牌名从原来的"猫王收音机"升级为"猫王音响"，品类功能从单一的"收音机"拓展到更广义的音响，不仅适应了更加多元的应用场景，同时还是探索电台文化的当代载体。

升级后的猫王品牌定位不仅强调"科技"的应用，还十分重视"人文体验"，猫王音响从创立之初，就并不想只做一个"纯工具化"的品牌，而是兼具人文科技的品牌。纯工具化品牌和人文科技品牌的差异，就如戴尔、IBM与苹果的差异。在PC市场快速增长的年代，戴尔、IBM就属于纯工具化的品牌，它是最好用的工具，并没有太多与人的体验相关的设计。但是苹果不太一样，苹果所有产品的设计中都蕴含着以人为导向的产品美学，在满足了用户对工具使用需求的同时，也

融入了现代人的生活，成了一种全新的生活方式。

这也是猫王音响想要达成的目标——在音响的大品类里，不仅为用户提供一个好用的播放工具，同时还能够为用户带来与众不同的生活方式和体验，提供工具之外的"文化价值与体验价值"。对于猫王音响来说，品牌影响力增长体现在客单价的提高、子品牌和新品类产品的"破圈"增长、跨品类的复购率、用户黏性的增长及互联网产品的复购。而实现这些增长背后的核心，是通过技术推动产品创新。

自创立起，猫王音响便聚焦技术应用层面的创新，并且持续不断地在技术与美学的融合上做出全新的尝试，推出美学人文与科技相结合的产品，想为消费者带来与众不同的体验，这是猫王品牌的动人之处，也让"猫王"成为音响赛道中的独特存在。

4. 中国李宁凤凰涅槃，情绪价值在国潮中的逆袭

从巅峰到低谷，如今再凤凰涅槃，中国李宁再次创造了属于中国品牌的奇迹。2010年，中国李宁开始了品牌升级之道，可是一路并不顺利，连续3年亏损严重。之所以道路坎坷，一方面是定位，中国李宁自认为潮流的设计和"90后李宁"的品牌定位可以吸引年轻消费者，没想到却遭到了强烈的排斥；另一方面是价格，涨价行为让其丧失了性价比的优势，引起了70后和80后消费者的反感。

针对该现象，中国李宁的设计团队不再将自我束缚在"体育鞋服"领域内，也不再坚持自我对"时尚"的固有认知，而是跟着国际前沿的时尚风标，结合中国传统元素的文化内涵重新打造产品。2018年2月，中国李宁首次登上纽约时装周，并且以"悟道"为主题彻底颠覆了外界对其传统的印象；同年六月，中国李宁登上了巴黎男装周，以"中国李宁"为主题的经典复古潮流，让全国范围内刮起了一股国潮风。2021年2月，中国李宁再次登上纽约时装周，这次以"行"为主题，以服饰新品和球鞋时尚新品为看点，既体现了"实用主义"的风格，

又让消费者对李宁品牌代表的国潮有了更深一步的认识。

情绪因素深刻影响着当下的大众消费,随着综合国力提升、文化自信提升,民族自豪感、使命感成为消费行为的重要推动力之一,品牌如何创造情绪价值逐渐成为吸引消费者的主课题。在国潮的大势中,中国李宁与《人民日报》开展了跨界联名合作,将剪报等元素融入卫衣和帽子的设计里,将喇叭的涂鸦融入联名 logo 设计,推出了一系列限量"报"款。

中国李宁不仅与《人民日报》合作,还与彩妆品牌 MAC 魅可联名,推出敦煌文化限定礼盒,把兼具故事性与历史性的敦煌 IP 融入产品设计,玩转中国风,将敦煌壁画带入大众时尚领域。除了在国内市场吸引消费者,中国李宁先后亮相纽约时装周和巴黎时装周,以"悟道"为主题,以运动员李宁的职业生涯作为灵感,用未来的视角讲述 20 世纪 90 年代的复古经典运动潮流,将中国设计推向国际视野。

在巴黎时装周上,中国李宁还与以中国风说唱出圈的说唱歌手 GAI 周延合作推出 BADFIVE 系列,合作创作主题曲《万里长城》——"龙抬头闪耀东方,头顶星辰闪金光,虎长啸威震三江,保家国固若金汤。"这样大气的歌词成功破圈。这次中国李宁也更加注重展现品牌自身的文化,视角变小,更为沉淀。

国潮品牌的打造,除了品牌的积极参与,最大的改变莫过于消费者的态度。从一开始的不看好,到现在的热情追捧,都在见证着中国本土品牌的成长,中国李宁已经成为年轻人一种追求潮流的方式,这也是国潮队伍不断壮大必不可少的一点。提供情绪价值,抓住文化自信这一消费的潜在动机,增强消费者黏性,中国李宁大胆进行自我革新,在这一国潮崛起新路径上越走越远。

伴随 Z 世代人群消费能力的提升,中国消费市场格局迎来一场洗牌与重建。从品牌的角度来说,对于品牌的精神与中国消费者认同感达成共识与契合,是在未来的市场构建中最为关键的部分。2020 年,尽管受到了新型冠状病毒感染疫情的影响，中国李宁在经历了品牌升级过后，业绩与影响力正在实现进一步的突围，全年营收高达144.57亿元。

从最近几年的营收来看，李宁品牌升级是成功的，充分洞察用户需求，通过邀请明星代言、整合营销资源等手段进行宣传造势，借助国潮热浪促成品牌转型，在连年的亏损之后，终于打了一场漂亮的翻身仗；同时不忘初心，始终坚定地弘扬传统文化，注重自身品牌文化积淀，这一点也是值得诸多新锐国风品牌学习的经营理念。

总之，企业品牌升级离不开提升自身产品服务质量，以及对外宣传，与消费者达成共识，猫王音响和李宁品牌得以成功升级，是找对了自己的品牌升级赛道，不盲目跟风，同时注重自身产品的质量，与时俱进。

三、视觉升级

新品类基于卖点和品牌升级后,在视觉上也要看起来是新的,在视觉锤、包装、外观等方面与老品类拉开差距,即视觉升级,避免让消费者觉得它像原来的某个品类。否则,企业无法把品类升级的信息传达到消费者心智中,消费者感受不到该品类升级后的好处。

1. 提升商品形象:视觉设计在消费者选择中的重要性

随着人们生活水平的不断提高,消费者的审美观念也在逐渐发生改变。消费者在选择商品时,视觉形象会对其产生巨大的影响,有效地刺激消费者的感官并直接刺激着消费者的购买欲望。创新是视觉设计的灵魂,是提升产品形象的关键,能有效地展现产品特色,商品的视觉升级显得尤为重要。

独特的商品视觉会在众多的商品中脱颖而出,在进行商品创新视觉设计时,不只是要求外表美观,更重要的是具有识别性,在清晰传达信息、展现品质的同时,更重要的是刺激消费者的感官。富有创意的视觉设计不仅能提升产品形象,还能左右消费者对产品的认识与感受。视觉创新是研发设计中最为重要的一个环节,在市场大环境中永远不会落后。

一个成功的视觉设计绝对不会是偶然产生的,它必定是由远见卓识的企业家与出类拔萃的专业设计师合创的结果。全球首款混合动力车型并非丰田普锐斯,而是本田思域。但本田思域混合动力车从外观上看与本田思域燃油车并无二致,而丰田普锐斯则看起来与其他品牌车型不同。这种视觉差异使两款车型拥有截然不同的市场表现。丰田普锐斯推出的前 10 年，销量已达到本田思域混合动力车的 4 倍有余。

特斯拉同样如此，独特的视觉升级中蕴含了丰富的设计文化，它在设计师的设计下，独有的"鹰翼门"，充满未来科技感的皮卡外观，都跟传统燃油汽车拉开了差距。这种独特的外观设计不仅让潜在消费者非常容易识别新品类，还让购买者和使用者更容易获得心理认同，由此提升产品形象、优化产品内涵，从而开拓一个新市场，引领企业进入下一个发展历程。

对于依赖货架陈列的包装产品，新视觉更加重要。中国市场规模过百亿元的五个饮料品牌：红牛、王老吉、脉动、可口可乐、六个核桃。它们分别是五个品类的开创者，同时是这个品类独特视觉的开创者。中国市场三个过百亿元的瓶装水品牌：农夫山泉、怡宝、百岁山，也分别开创了自己独特的新视觉。接下来我分享四个视觉升级相关的案例，分析企业如何在五花八门的品类中通过视觉升级突出自身的优势，获得消费者的心理认同。

2. "轻量包装"：凉白开的环保创新在包装设计中的实践

在快消品营销中，包装往往是一个决胜点。好的包装像一位超级销售员，具备自动的销售力，可以让产品在货架上率先被消费者发现，自己推销自己。近年来，部分知名饮品企业探索低碳环保，先后在国内市场推出无标签产品。今麦郎凉白开则另辟蹊径，提出"轻量包装"新概念，以适应低碳发展新趋势。

何为"轻量包装"？在消费市场上，为获取消费者注意，品牌推出的花样操作不胜枚举，尤其在同质化严重的饮品行业，超市货架上造型五花八门、设计五颜六色的外包装成了品牌必争之地。相较于普通包装，"轻量包装"设计从源头上减少资源消耗，尤其是不可降解材料的消耗，还能有效降低因能源过度使用而产生的碳排放，在降低成本的同时兼顾了环境保护，真正落实低碳环保这一理念。那么，凉白开的包装做得怎么样呢？

第一，在琳琅满目的货架上率先被发现。凉白开的包装以黑白为主，点缀少量橙色（升级前）的简单配色更易与货架上其他五颜六色的产品产生明显区隔，独特的简约设计风格能够迅速吸引消费者注意。第二，放大购买理由。在包装上，"凉白开"三个字就是最大的购买理由。通过把名字尽可能地放大，让消费者一眼就能看到购买理由，从而打动购买者。

2023年年初，凉白开与设计师潘虎合作，进行了包装升级，主要变动有两个地方，一是"凉白开"从黑字变为红字；二是瓶形由方变圆。总体来说，没有本质性的改变，依然保持原有的风格，对于大部分随便看一眼就略过的消费者来讲，他们觉得新旧包装就是"凉白开"三个字的颜色变了而已。

但我们仔细琢磨一下，可以发现新包装标签上的所有印刷文字都采用了书帖式的纵向设计，并且除了"凉白开"三个字以外，其他文字字体也做到了统一，不但让标签画面显得更加干净漂亮，而且在视觉上加强了纵深，产品质感直线上升。

另外，在这样的衬托下，又将正中央"凉白开"三个字变成红色，瞬间点亮了整个产品。原来的画面似柔和的温水，而现在的画面就是热气腾腾的开水，让人们感受到它非常强烈的存在感。

凉白开通过简约但不简单的包装设计，不仅强化了品牌特性，还传递出凉白开践行低碳、环保的绿色发展理念，持续加深消费者对今麦郎凉白开的品牌印象。从瓶装水行业来看，相较于其他品牌，今麦郎凉白开作为品类开创者，以"国水凉白开定位等同于国民所需"为根，充分利用了其先发优势，率先将品牌价值锚点升级为"健康"，多管齐下，深度链接年轻的消费者，全面铺开今麦郎凉白开的认知度，建立"健康饮水等于凉白开"的概念，并将其深入人心，从而赢得新先机，构建起了厚厚的竞争壁垒，为未来的腾飞打下坚实的基础。

3. 东方美学：米客米酒打造高颜值复古型汽酒，造就新品类

人们平时开玩笑说"颜值即正义"，但我们不得不承认高颜值能融入社交传播语境，能为用户所用。例如在朋友圈中是实名社交，每个人发布的状态组成了信息流化的人设。而在信息接受中，视觉所接受的信息约占全部感觉信息总和的80%。好的视觉体验能引起正向的情绪，与之对应的是成图率。

品牌能否帮助用户立人设，成为能否被自传播的关键。高颜值的物品让用户享受美的体验，带来更多的关注度和社交流量并撬动一个新品类。朋友圈乐此不疲的"网红打卡返图"正是给用户提供了"虚拟自我"的生活方式，帮助用户塑造理想中的自我。新生代米酒品牌米客米酒，打上的正是东方美学的烙印，如何体现这种东方美学？

米客米酒2020年9月推出的新品"汽水酒"，其定位"东方复古型汽酒"。包装风格选用了符合复古国潮风的缃、美人蕉橙、豆绿三种中国古典色，搭配融合了果、茶、米、汽、酒五种元素的新奇口感，仿佛一位在车水马龙的高楼大厦间身着旗袍款款而行的少女，既有果的甜美、茶的清新，又有鲜明的个性——来源于舌尖酒精和气泡的微微刺激。

对于新消费人群而言，颜值能创造一个新的品类，国风设计的茶颜悦色被称作"国潮茶饮"；极简设计的戴森将家电赋予了"礼物""中产""精致"等属性；米家小家电采用的日系风设计，如电饭煲、保温杯、插线板等，以设计语言开辟一块新的品类认知。当一个品牌在视觉设计中将颜值和差异化做到了极致，就能与原有品类形成一定的区隔，就像我们常常调侃"喜茶是一家设计公司"。

4. 复古风崛起：猫王收音机视觉升级拯救老化品类

高颜值除了能在新品类发挥作用，还能拯救一个老化品类，如作为曾经的"三大件"，收音机面临着品类老化的危机，但在这个品类中，崛起了一个主打复古风的品牌——猫王。

猫王的产品逻辑是"与其更好，不如不同"。当下收音机受众面很窄，但有大众广泛的记忆，猫王收音机便主打复古、情怀、设计等特性。从产品定位来看，猫王收音机的美学、文化属性大于功能属性。在产品不断迭代中，猫王收音机越来越小巧，设计偏向年轻化、时尚化，并推出主打旅游场景的新品，复古绿的设计、嬉皮士的内涵，让猫王在老化品类中抓住了"文艺青年"的情感刚需。

高颜值本身足以影响消费偏好，给用户提供一个购买的强大理由，也提供了一个表达自我的途径，是品牌成图率的核心要义。正如《开创新品类：赢得品牌相关性之战》一书所言：从审美角度来开辟新品类，可以实现产品潜在的自我表达和情感优势。乔布斯曾说，"外形设计是人工创作的灵魂"。如半透明的 iMac 便让人意识到，电脑也可以展示设计的风采。随后苹果系列产品都证明了设计可以成为一种价值主张，哪怕这种设计是不被主流所欣赏的。

5. 极简主义：碧莲盛不剃发植发 logo 全方位升级

随着设计审美流行趋势的变化，我们看到了全球范围内很多品牌的升级更新，在扁平化、极简主义和去衬线化的设计大趋势下，很多品牌都做了品牌 logo 的升级优化，例如，碧莲盛过往的 logo 由一朵盛开的莲花和品牌名字组成。但是图形识别度很低，用户记不住，文字 logo 最直接。在我看来，年营业额少于 50 亿元的企业，都没必要做图形 logo。

而在过往 18 年的经营过程中，碧莲盛商标 logo 进行了几轮更迭（碧莲盛曾用商标 logo 见图 7-2）。在集团高层统一思想，达成聚焦"不剃发"植发品类后，品牌名和商标名都进行了升级（碧莲盛新商标 logo 见图 7-3），甚至公司名也改成"北京碧莲盛不剃发植发医疗美容门诊部有限责任公司"，彻底改头换面。视觉外观上，更是从内到外规范使用商标，向消费者传递品牌升级的信息。接下来我们看一下该品牌是如何在视觉形象上做到统一规范的。

图 7-2 碧莲盛曾用商标 logo

图 7-3 碧莲盛新商标 logo

以上为升级后新的 logo 标志组合，碧莲盛标志组合规范为：为适应不同使用场合与环境，确保信息传达的清晰与准确，特设计了企业品牌标识的多种组合，使企业视觉形象在不同情况下都能始终保持统一；在基本要素组合系统中出现的组合形式均经过严格的测算与检验；在实际应用中，标志的位置、字体的大小、各种要素之间的比例关系等都不可以再改变，只允许等比例缩放以适应不同版面的需要；绝对禁止压扁，拉伸等修改。

另外要注意，在一般情况下使用企业标识，尽量使用提供的 U 盘电子文件，不建议使用网格制图绘制企业标识，避免在重绘中出现误差。

为体现企业形象，企业大门外观 logo 形象力求简洁、大气并与环境配合密切；置于明显视线位置，因具体尺寸不同，采用的标识、字号也有差异；具体材料的采用、实施请依据实际情况而定。碧莲盛不剃发植发在户外标识材质上选择亚克力、不锈钢等；工艺上选择外发光（见图7-4）。

图7-4 碧莲盛户外标识

接待台及背景板规格按实际应用决定；材质选择不锈钢、亚克力、大理石；色彩按规定标准色、辅助色应用；工艺选择喷漆、烤漆或其他工艺；标识及广告语发光（见图7-5）。

图7-5 碧莲盛接待台及背景板

部门标识牌以品牌标识为核心元素，利用材料的特性与空间的优势制作具有品牌视觉特征的部门标识牌，力求达到强化品牌形象的效果并起到导视作用；在材质上选择铝型材质；规格上，高120 mm×

宽 300 mm；色彩上，按规定标准色、辅助色应用；工艺上选择丝网印刷（见图 7-6）。现在大多品牌视觉升级是为了迎合时代变迁，让品牌更好立足于当下市场环境，也是为了解决眼前的困境，实现转型或是新一轮的增长。

图 7-6　碧莲盛部门标识牌

简而言之，好的品牌升级及视觉优化顺应市场趋势，在品牌定位基础上进行优化组合；更贴近消费者，实现企业品牌转型，最终迎来新一轮的市场增长。若没有好的产品作为基础，以及良好的市场营销运作，品牌视觉升级再优秀也难以得到最大化发挥，这也是大部分中小品牌的通病。

四、渠道升级

得渠道者得用户,渠道一直是企业拓展和把控市场的利器。而进入数字化时代,无论在用户形态、销售内容还是组织形式上,企业的渠道都发生了根本性变化,可见,对于很多区域企业来说,渠道建设成功,某种意义上就代表着经营结果有保障。

1. 全渠道升级:线上、线下渠道协同融合打破信息鸿沟

企业应当把渠道的变革和创新当作构建新品类的核心策略之一,有两个重要原因:第一,渠道本身面临着不断的进化和更替。渠道演进的驱动力是渠道成本的持续降低。一种新渠道诞生时,成本通常较低,渠道发展成熟,成本也随之升高,这样就催生了成本更低的渠道。第二,对于开创新品类的创新型中小企业而言,如果聚焦成本更低的新渠道,成功的概率就更高。

面对渠道升级,我们要知道,线上渠道与线下渠道不是互斥竞争关系,而是协同融合的关系。数字化时代,渠道的竞争不再是线上、线下之争,而是企业之间的全渠道入口之争。用一句话来总结未来渠道升级目标:形成以电子渠道为主、实体渠道为辅,自有渠道、社会渠道相结合,O2O联合运营的现代化营销服务全渠道体系。

全渠道的最大价值在于可以弥合企业线上、线下渠道的"信息鸿沟",可以打破不同区域市场之间的地理、空间差别,可以为客户提供随心所欲地在不同类型渠道之间无缝切换的消费体验。

全渠道升级首要注意的是什么?一定要明确自身定位,多种渠道差异化发展策略。企业普遍处于渠道转型攻坚期，实体渠道高成本、低效益问题凸显；电子渠道快速增长，但终端销售功能有待完善；互联网营销能力、精准营销能力仍不足。在此情况下，企业需要以渠道属性为基础，明确不同渠道的差异化发展策略，推动渠道转型升级。具体的渠道升级策略又有哪些呢？

（1）实体渠道和电子渠道的转型升级。

1）实体渠道中，多元化经营将成为企业推动实体渠道转型发展的主流趋势。具体如下。

①实现经营混业化。包括引入更多的异业合作商，通过实体渠道超市化、连锁化经营，强化实体渠道销售功能，将实体渠道转型为电商化的线下平台，并实现对外能力输出。

②实现功能多元化。推动实体渠道从传统的销售及服务渠道，向销售、体验、服务、本地化四大营销功能转变。

③实现角色辅助化。随着业务及市场发展，实体渠道将逐步从主流渠道向辅助渠道转变，全力配合线上渠道发展。

2）电子渠道中，加快电商化步伐，打造互联网营销服务能力。作为区域营销主体，顺应电商化趋势、发展电子渠道成为运营商至关重要的战略任务，具体如下。

①加强产品移动化建设步伐。实现产品体系从适合传统渠道升级到适合移动互联网的转型，依托移动互联网衍生出更多的线上、线下协同的产品体系。

②实现运营互联网化。客流管理从传统渠道的门店客流过渡到线上渠道的 PV、UV 等管理机制，将互联网渠道按照客户规模划分为若干个单元运营，强化营销效益考核。

③促进营销场景化。从依赖于店员面对面的营销能力，扩展为以大数据为依托的互联网情景营销能力，实现基于用户消费行为和需求的精准营销服务。

（2）O2O 的协同。

实体渠道与电子渠道协同转型升级，形成以 O2O 为核心的全渠道体系，需要分阶段逐步推进。

1）实体渠道和电子渠道均以集中化统一运营管理为方向，积极实现资源、数据、系统等渠道支撑能力，在线上和线下共享互通的闭环机制。

2）以能力共享互通为基础，结合用户需求和业务能力，设计覆盖线上和线下的融合性服务及产品，初步实现实体渠道与电子渠道的服务协同和价值共创。

3）从业务流程、系统支撑、考核激励等三个方面，打破各渠道割裂状态和线上、线下资源壁垒，促进形成和完善 O2O 闭环，实现渠道联动，形成业务发展合力，提升整体运营效率，以客户为中心持续优化和升级渠道体系。

（3）能力储备。

储备数据能力和电商能力成为关键。

1）储备数据能力。电子渠道与实体渠道不仅是客户流量入口、支持不同入口客户流量的转换，更重要的是实现全渠道数据的交互。企业需要实现全渠道数据无断层，让消费者在企业全渠道上实现信息与体验的完美融合。

2）储备电商能力。以 B2B 和 B2C 平台化思维为目标，将内部实体渠道 IT 系统与电子渠道能力进行聚合，并建立内部平台与外部社会化移动互联网媒体对接，扩展和延伸全渠道的营销触点，基于营销触点和数据挖掘形成统一的运营机制，提升面向产品上游的议价能力和面向客户的服务能力。

企业的线下渠道资源是非常重要的财富，但同时也是成本压力很大的"包袱"，如何构建服务业务需求的全渠道运营体系，探索建立专业的渠道运营公司，加强对外合作，融入数字化时代的发展大势，不仅考验企业转型的决心和勇气，还将成为企业是否能够保持一线销售活力、发挥用户规模优势的风向标。渠道升级将成为企业是否具备竞争力的分水岭。

2. 中国奶粉行业的竞争样本：飞鹤奶粉渠道升级三大亮点

飞鹤以鲜萃活性营养、更适合中国宝宝体质为卖点，夯实国产婴幼儿奶粉王者形象，市值曾一度超过 1000 亿元大关。而渠道和企业全面数字化升级，让飞鹤为中国奶粉行业树立了一个竞争力的样本。

（1）专攻二三四线市场。

飞鹤在自身定位上相当精准——"更适合中国宝宝体质的奶粉"，成功将自己与其他外资和国产品牌区别开来。当外资奶粉品牌在一线城市呼风唤雨的时候，飞鹤避其锋芒，在广袤的低线城市展开了悄无声息的攻坚战。

很多企业至今都没意识到的一点是，中国大众消费品的主战场从来就不在一线城市。据报道，2018 年，一线城市奶粉销售额占比只有 10%。更何况，一线城市的父母更倾向于进口品牌，国产品牌要想突围实在是难于上青天。很显然，生育率高、新生人口多、信息不对称的低线城市才是国产奶粉决胜的关键。一个值得留意的政策背景是，2018 年，中国奶粉行业迎来注册制改革，市面上 70% 以上的奶粉品牌被淘汰出局，这为飞鹤腾出了近 200 亿元的市场空间。

（2）重点布局渠道是线下母婴店。

奶粉是高度标准化的产品，看上去很适合电商销售渠道。但事实上，线下母婴店才是奶粉主要的销售渠道，目前占比将近 60%，电商渠道的市场份额则不足 30%。这不难理解，绝大多数父母并没有太多育儿经验，相对于电商渠道的营销宣传，母婴店的当面讲解和售后服务显然更令人信服。

在线下市场，2019 年全国母婴类门店总共约 12 万家。截至 2019

年 6 月，飞鹤全国覆盖量迅速超过 80%，达到了 10.9 万家。除了强势抢占线下门店渠道，飞鹤的地推力度也相当惊人。在一些四线城市中，飞鹤要求经销商的活动举办频率是不得低于两天一场，而且每场活动要拉动 10 倍销售额，两次不达标就会被撤换。线下门店每年几十万场地推活动，飞鹤的销售额自然遥遥领先。与之形成鲜明对比的则是其他竞品，每年活动只有几万场。

飞鹤采用了扁平化的渠道结构，与经销商或零售商直接合作，形成了成熟的单层经销模式。在管理上，飞鹤实现了对货品流转的数字化监控，拒绝积压库存和经销商贷款，严格处罚窜货和乱价，既保证经销商和渠道的利润，又维护了品牌形象，并通过降低经销商库存、严控价盘、减少经销商资金代垫投入等方式拉动经销商销售，形成共赢循环。同样，对渠道的精耕细作，也是其精细化管理能力的写照。

（3）缩减自营渠道，加码第三方电商平台。

从 2016 年开始，飞鹤不断缩减自营渠道占比，逐步加大在天猫、京东等线上主流电子商务平台的销售，提供便利采购渠道。同时，对电商渠道进行更严格的价盘管控，保障线上线下同步发展。强大的渠道体系，无疑加速了飞鹤奶粉在市场上的流通性。所谓"水活而鱼肥"，渠道不仅是飞鹤营收的支撑，还是传递"更适合中国宝宝"战略理念的路径保障。

综上所述，在数字化时代，渠道升级已经从单一的线上、线下之争，发展为全渠道入口之争，打造全渠道升级体系，深耕线上和线下渠道，面对元宇宙这种新型科技手段带来的渠道变革，相信未来中国消费升级的浪潮下，渠道的升级一定会朝生活化、娱乐化、时尚化、科技化发展。

五、推广升级

在"品类升级五要素"中，除了前面提到的卖点升级、品牌升级、视觉升级、渠道升级，还有最后一个环节——推广升级，同样非常重要，推广阶段的成功标志着企业的产品或服务成为品类的代言人。

1. 借力广告和活动提升品牌影响力：推广策略的两大利器

现今已进入信息化时代，企业想要得到更好的发展就必须紧跟潮流的脚步。广告是信息传播速度快、覆盖面广的媒介之一，而活动推广是在短时间内聚集消费者最快的方法之一。所以，在进行品类升级推广时必须借力广告宣传与活动推广，只有借助多样化的广告宣传与新颖的大型推广活动，二者有机地结合才能真正地提升品牌影响力与知名度。

为什么推广升级需要借力广告和活动？独特的广告信息最能引起大众的注意，在不知不觉的情况下，人们接受产品所传递的广告信息并受其影响，且能在他们的记忆中保留较长的时间。生动的广告画面能促使消费者自觉接受广告的引导。

活动推广可以拉近消费者与企业之间的关系，由信赖品牌而产生品牌忠诚度，在扩大品类知名度的同时，也创造了品类价值、提高了品类效益。在活动推广中，活动策划则是一个重要环节，对产品起到非常重要的宣传作用。只有将广告宣传与活动策划相结合，才能放大活动效果并真正起到传播的作用。

推广的同时不要忘记，产品自身质量才是根本，不要夸大其词，即便要标新立异、大肆宣传推广也一定是自身产品或服务站得住才行。接下来分享几个推广升级的方式。

2. "饱和攻击"打造品类霸主：妙可蓝多奶酪棒一击制胜奶酪市场

"饱和攻击"一词最早来源于军事。在短时间内，从空中、地面甚至水下不同的方向、不同层次向同一目标发射超过它抗打击能力的攻击，使敌人在短时间内处于无法应付的饱和状态，以达到突破敌人防护和摧毁目标的目的。

后来这个词被引入市场领域，在开创品类特性和时间窗口打开的前提下，为了赢得胜利，采用大密度、连续轰炸市场的策略，目的是依靠饱和攻击让用户牢牢记住你，一举拿下市场。这一策略在手机品类中，OPPO、VIVO采用得比较好，在三四线城市非常受欢迎，而且有很多的渠道门店，他们在当地的影响力远超过苹果和华为。

我们都知道人脑的容量是有限的，为保护不过度使用造成能源损耗，大家会采用经验来判断，也就是先入为主。人们的观念是受很多因素影响的，比如新闻报道、阅读的书刊、某位主持人的口播等，采取饱和攻击能够迅速在消费者心智中形成"你＝某个品类"的认知，这样的收益十分丰厚，当然也要付出昂贵的代价。三精口服液、脑白金、瓜子二手车都对饱和攻击有深入的实践。当你完成品类升级后，开创了一个新品牌或者形成一个新特征，就要抓住时间，在最短的时间内利用一切渠道和资源进行高频次传播，让更多用户认识你。

简单分享饱和攻击成功的案例——妙可蓝多奶酪棒。2019年开始，妙可蓝多开始了全面品牌建设的征程，在这个决定背后，是和时间窗口争分夺秒的赛跑。尽管奶酪赛道已经强手如云，外资品牌环伺，但由于整个中国奶酪消费市场处于初级起步状态，绝大多数的消费者还没有开始消费奶酪，他们并不能说出任何奶酪品牌。这里便蕴藏了一个巨大的机会，如果妙可蓝多能够做大奶酪品类，率先让顾客记住，并成为顾客购买奶酪的首选品牌时，就完全能够反转行业格局。

中国消费升级加速，奶酪行业的巨大潜力已经是共识，虽然妙可蓝多看到了机会，但这是一场赛跑，妙可蓝多作为新入者之一，必然会面对竞争对手的警觉和追击，唯有始终加速跑才不会面临被淘汰。并且当时的妙可蓝多在资源和规模上都远不及行业第一的竞品，当时竞品在中国的市场份额是妙可蓝多的十几倍。

在如此悬殊的差距下，妙可蓝多必须找到迅速一击制胜的方法——饱和攻击。

首先，要找准自己的方向，去触动消费者的内心，找到消费者选择你而不选择竞品的理由。企业把"适合中国人吃的奶酪产品"作为品牌定位，把"奶酪就选妙可蓝多"作为品牌的slogan（*广告语*）。其中包含的是我们对于妙可蓝多作为国牌的比较优势分析，也是将妙可蓝多品牌和奶酪画上等号，垄断奶酪品类的雄心。

其次，看准战机，聚焦资源，在品牌传播上发足力。充分利用碎片化的时间，把广告高频次、精准地渗透到目标消费者必经的电梯场景之中，与消费者产生高效且深度的沟通。

最后，品牌传播的节奏把控也常是整个传播战役成败与否的关键环节。内容上，第一阶段是明确妙可蓝多是谁，价值是什么，利用大家耳熟能详的广告歌曲的强效传播力；第二阶段是明确销量，建立销量第一的领导者认知；第三阶段是强化品类教育，给到消费者更强的购买理由。

3. "病毒营销"引爆公关话题：老乡鸡在中式快餐界成功"出圈"

我曾经在 2019 年通过中信出版社出版了一本关于企业"病毒式营销"的书籍叫《超级话题》，当时在营销圈也算小有影响力，很多企业领导都读过。特别是里面讲道的我亲自操刀的途牛旅游网"只要心中有沙,哪里都是马尔代夫"案例,至今还会被身边人提及。在我看来,在品类的推广阶段,如果能加上"病毒营销",肯定会让推广效果更好。

如今,碎片化品牌传播时代,信息在互联网社交媒体中被快速传播分享,占据了我们工作外90%以上的时间,并成为我们信息摄入的主流;在信息大爆炸、竞争激烈的流量环境下,要形成一些"病毒式裂变"的传播,不断突破圈层获得指数级曝光,就要具备超级话题基因。《超级话题》里面推荐的6P方法论,即定位、关联、趣味、传播、参与、转化,这套理论是结合了我10多年营销实战经验,通过经典操盘超级话题案例,告诉大家每个案例的话题创意过程和推广细节,帮助你掌握这一套超级话题创意方法。

而企业的公关营销策划是基于公共关系原理、利用公关技巧和策略,针对企业营销渠道通畅性而谋划各种创造性的公关活动,其最终目标则是实现企业与公众的共赢。接下来分享"病毒营销"品牌成功"出圈"案例——老乡鸡。

在风平浪静的中式餐饮领域,老乡鸡算是一朵"奇葩",屡次"出圈"上热搜。泛娱乐时代,品牌玩梗往往能为品牌制造话题和关注度。老乡鸡首先完美接梗——代言人岳云鹏排队半小时没吃上饭,把评论区直接变成脱口秀现场,与此同时,更有董事长束从轩"添油加醋",在评论区展开互动。更有官微运营与董事长在线互怼,满足消费者"看热闹"的小心思,为品牌再造了一波流量。

随着事件的发展,代言人岳云鹏终于吃上饭,并且向大众安利菜式排行榜。借此品牌官微更是"豪掷千金",为代言人送上100元优惠卡。丰厚的优惠力度也引发众多网友前往官微"冒领"。于是品牌顺势推出抽奖活动,自然而然地为品牌吸引了一波粉丝,延展话题声量。

依托岳云鹏本身的"好笑"气质,进行"代言人吃不上自己代言的饭"的揶揄抛梗，随之官微齐上阵，制造社交话题，直奔热搜，延续代言人的热度进行流量输出，实现向品牌流量的转化。同时从侧面也彰显出老乡鸡确实很受消费者的欢迎。在产品同质化严重、品牌竞争力下降的大环境下，老乡鸡逐渐成为中式快餐界的"扛把子"，从安徽第一家到全国1000多家快餐店，老乡鸡的营销策略值得借鉴。

首先，年轻一代逐渐崛起并成为消费主力军。洞察到这一现象，老乡鸡针对网络热词进行活学活用，以青春可爱的画风获得多数年轻消费者的喜爱。品牌在宣传时选用年轻人喜欢的语言和金句，例如"生活不只有诗和远方，还有肥西老母鸡汤"等，用好的创意和内容润物细无声地把品牌植入消费者心中，通过有网感的品牌形象拉近与消费者之间的距离。

其次，当下IP营销3.0时代，多数品牌都选择打造个性化的IP形象赋能品牌传播。为此老乡鸡将董事长束从轩打造为品牌IP，从人物、情感、故事等方面增强老乡鸡的知名度。束从轩作为老乡鸡董事长，个人形象特点极其鲜明。不同于以往大众看到的高端、严肃、正经的单一企业家形象，束从轩出镜时往往带着亲切的方言，再以复古、亲民的场景讲述品牌故事，实现IP和品牌形象的深度关联。可以说，老乡鸡凭借着束从轩有趣、包容性强的个人形象，迎来了一次又一次的刷屏，高效提振了品牌声量。

最后，就是KOL媒体资源助推，加速品牌出圈。随着互联网的快速发展，品牌与用户的关系、用户传播的触点都在不断更新。老乡鸡为进一步深化品牌的曝光度，通过KOL与媒体的助推传播，加速品牌的出圈路径。老乡鸡持续的内容输出，依托董事长束从轩这个逐渐被捧红的IP，走出了特有的营销方式，以有趣的网络语言与年轻人交流，引爆社交话题，促使品牌出圈。

流量营销不是盲目迎合，长期积累才是爆点。出圈的营销确实能为品牌带来极大的流量和关注度，但餐饮领域一直以来都是一个

"热市场、慢资本"的赛道，单靠流量营销并不能为品牌带来长期效益。

品牌有了口碑之后，再进行品牌塑造，营销活动就会事半功倍。在老乡鸡品牌的营销活动中，每一步都精准踩在用户的兴趣点上。在互联网信息爆炸的场景下，老乡鸡深谙流量营销之道，通过对流量的精准把握引爆品牌声量，同时通过长期的运营，提升品牌知名度和竞争力，实现名利双收。

4. 创意活动助力新品推广：交互式体验带来多维度的品牌互动

除了前两种广告信息的推广，还可以结合广告宣传与活动策划。很多企业都会把产品推广活动当作头等大事，因为产品推广活动是帮助企业获得市场份额的有效手段，也是为企业提供发展契机的关键。在开展产品推广活动的时候，一定要精选推广活动形式，特别注意采用有效的推广策略和方法，从而才能真正为企业带来帮助。

随着新媒体技术的不断发展，交互式体验对品牌的发展也越发重要，利用交互式体验来增强消费者对品牌新品的进一步体验，从而对新产品有了更深的了解，不仅从物质上满足消费者的需求，更是在精神上与消费者产生共鸣。交互式体验活动也可以称作"感官体验活动"，感官体验包括视觉、听觉、触觉、味觉及嗅觉，这对新品的推广具有重要的意义。

利用移动互联网时代带来的多媒体交互体验，将新品推广方式用极富创意的形式展现出来，有利于打破传统的、单一的推广方式。多元化及多维度的推广方式更适合新品推广模式，可以利用娱乐式的交互体验让消费者在体验的同时能获得对新品类的认知。在游戏中，消费者接触产品频率越多，越能拉近新品类与消费者之间的距离。随着VR与AR技术的发展，交互式体验也从最初的感官体验向深度体验不断进发，丰富消费者的感官体验，从而更好地利用交互式体验来推广新品。

以上是"品类升级五要素"的全部环节，环环相扣，缺一不可，企业要想品类升级成功，除了需要参考学习其他品牌的升级之道，更要亲自大量调研和实践，对比找到自身独特的卖点，定位自身的品牌，完成视觉上的信息呈现，发展多个渠道，最后利用推广传播品类升级的信息。

第八章
品类升级陷阱

一、市场中不存在真正需求

品类升级成功后，开创一个新品类可能缔造一个品牌传奇，被传为佳话，但也可能失败，不仅无法开辟一片新天地，更可能从一开始就是个错误或笑话，甚至还威胁到企业的生存。那么，品类背后到底隐藏着什么陷阱呢？接下来让我带领大家来了解第一个陷阱——识别市场需求中的"真假李逵"。

1. 面面俱到的品类定位却成"四不像"

在中国，相对很多行业而言，食品饮料行业更加成熟稳定，每个品类都形成了几个巨头垄断的格局，新企业和新品牌要想分一杯羹，就需要采用品类创新升级战略，为企业开拓一个新市场，借此改变稳定的竞争格局。

于是很多企业跃跃欲试，各种新品类如雨后春笋般上市，比如娃哈哈的"啤儿茶爽"，形成了较高的认知度，那句"你OUT了"的广告宣传语更是传得沸沸扬扬，使全国上下都知道了这个奇特的产品，可结果只是在饮料市场上昙花一现，据娃哈哈的相关宣传，啤儿茶爽像啤酒一样"爽"，但它不是啤酒；像绿茶一样健康，但它不是绿茶。乍听像一个全能选手，实际却是一个"四不像"，甚至都没法找到一个品类的归位，向所有饮料"进攻"，等于没有"进攻"。

这里我们来分析一下，为什么啤儿茶爽这种面面俱到的饮料，反而占下风？首先要知道消费者在喝饮料的需求中毫无疑问排第一位的是解渴，显然在这一点上，谁也无法替代纯净水；其次，再细分，在茶饮料、果汁饮料、功能饮料的区隔上，啤儿茶爽从一开始就想占据所有，以为可以互补，比如想喝酒但不方便喝酒的人，可以用啤儿茶爽来替代，结果似酒非酒，似茶非茶，反而成了被各方不待见的"弃儿"。

究其原因在于没有深层地体会过消费者的习惯，喝酒的人和喝茶的人都是源于其原本味道，讲究纯正，不是凭"差不多"的感觉就能取代，而不喝酒和不喝茶的人对这种味道也难生好感，更没有取代其他饮料的理由，所以消费者对这个新品类没有需求，哪怕"啤儿茶爽"有个背景雄厚的娃哈哈，也避免不了惨淡收场。

所以，品类升级一定要基于消费者的真实需求，致力于打造消费者真正需要的品类，或是消费者的潜在需求，才能赢得消费者的认同，创造一个独特的品类。但有时候客户口中的需求，也不见得就一定是他们心中真实想要的，我们接下来看福特汽车品牌的创始人是如何面对需求中"真假李逵"的。

2. 福特汽车的成功：挖掘客户真实需求，破解伪需求

1903年亨利·福特在创建福特汽车品牌之前，并不知道要做什么样的产品，就派人去做市场调研，挖掘人们到底需要的是什么。最后得到的调研结果是人们想要一匹更快的马——这就是所谓的客户需求，假如福特看到这个需求就不假思索去开马场、选良马、培养训练有素的快马，那就不会有今天的福特汽车品牌了。因为哪怕这就是人们当时想到的需求，但实际上却是一个"伪需求"。

福特在接到这个调研结果后并不像大部分人急着研究"怎么搞到更快的马"，相反，他最先思考的问题是"为什么人们想要一匹更快的马"？此时答案呼之欲出，人们渴望的是能更快地出行，他们真正想要的是比现有的马匹更快的出行工具。

为了满足客户的"真需求"，于是福特发明了汽车。显然，比起"更快的马"，人们更愿意为"比任何马都快"的汽车买单。挖掘出

客户的真实需求，才能让项目取得更圆满的结果。正是在这种信念的支撑下，福特T型车诞生了，汽车真正走进了普通人的生活。

但市场上找错定位的企业比比皆是，像各种盲目跟风、风靡一时而后却销声匿迹的网红店，显然就是其定位的需求无法维持企业的正常运营，亏损严重最后无奈草草退场，这里不乏一些知名品牌开创的新品类，以下案例以此为鉴。

3. 定位拍照的咖啡馆：偏离餐饮市场需求，沦为一次性拍照打卡基地

前几年流行独立咖啡馆时，北京就有一个这样的咖啡馆。该店老板的想法是，让店内的装修非常精致和有情调，不仅提供喝咖啡的场所，还满足人们过来拍照打卡的需求，这样就可以有很多自媒体来做宣传，打开知名度。结果理想很丰满，现实很骨感，最后他在装修上花了几百万元，营业后人流非常多，但到店消费的却不多，都是来拍照打卡的，后来客流量急剧下降，因为没什么新场景可以拍了，除非换装修。

当时这家店对外的宣传是：可以拍照，可以开发布会，甚至还可以做沙龙。但这还是一家咖啡店吗？有人建议，不如换成影楼的取景基地。但这个老板舍不得，后来就一直勉强撑着，而现在，这个店已经关闭了。

在这里我们能感受到，这家咖啡馆在一开始的定位就有很大的问题，可能是看到很多消费者来到咖啡馆习惯拍一张午后品尝咖啡的悠闲精致的生活照片，或者是拍一张在电脑旁配上一杯咖啡的积极奋斗的生活照片，就认为消费者来咖啡馆的目的就是找一个装潢华丽的店面拍照打卡，误把一家咖啡馆的核心竞争力定位为拍照。

其实这种创新本身就脱离了餐饮的本质。餐饮这个品类的本质是吃，咖啡馆这个品类的本质在于喝咖啡、社交，拍照只是顺带彰显自己的生活状态方式，并不是来咖啡馆的主要目的，而咖啡馆的装饰再

华丽也不如咖啡品质上用心实在。在这件事上，消费者存在很多未被满足的冲突，品类创新的关键是要洞察并充分利用其中的冲突，这种跨品类的玩法必定走向失败。

另外也不能用大多数顾客听不懂的词语表达，否则很难进行营销。比如有些新的品类叫作生活馆，其实顾客不明白生活馆到底是做什么的，是来体验生活的模拟空间，还是拍照打卡的艺术展览馆？像这种定位的品类就很难获取独立的流量。

4. 早餐外卖：低客单价早餐不足以支撑高成本早餐外卖

2015 年，餐饮行业兴起了一波做早餐外卖的浪潮。但不到一年，这些做早餐外卖的项目几乎全军覆没了，"寿命"少则 2 个月，多则 9 个月，其中不乏知名品牌。虽然此前有人做过市场调研，顾客对早餐外卖的认可度很高，而且创业者们构想的场景也很好：前一天晚上预定早餐外卖，第二天一早送到，但仔细分析，为什么早餐外卖依然是伪需求？

（1）早餐外卖的客户很分散。

外卖本质是"附近 3 公里的生意"，可是很大一部分生意已经被各个早餐店抢走了，一个区域的单量可能只有几单，难以撑起这个生意。

（2）相比午晚餐的外卖，早餐外卖的客户少。

因为人们吃早餐时，往往是走动的，比如要出门，要去公司，顺路买一份就好了，而午晚餐或在公司，或在家里，不用出门，点外卖的可能性更大。

（3）从供应端来看，早餐客单价也低。

一般在 10 元以内，但送一单的成本却不低，所以，早餐外卖是伪需求，成本又高，短时间内很难将市场做出来，因此，早餐外卖的浪潮越来越小。

5. 市场需求"真假李逵"：如何避免需求判断错误

面对市场上需求的"真假李逵"，我们要分清楚市场需求判断错误有哪几种？如果需求判断错误，后续所有的研发、设计、生产投入就会是无用功，因此需求的判断工作可谓重中之重。需求判断错误分为以下几种情况。

（1）需求不成立。

显然这种需求定位失误的出现，一般是前期没有好好准备调研工作，比如有人打算做一个放在卧室里的产品，把吸顶灯和投影仪整合在一起，平时当灯，躺下了可以看电影。听起来很浪漫，但其实不成立。真实的情况是现在大多数夫妻躺在床上各自拿着手机刷视频。我们不能杜撰需求，这类伪需求只要你认真做好用户调研就会被刷掉。

（2）有需求但没有付费意愿。

可能是消费者认为该产品不值得花费这样的价格进行购买，也就是没有很强烈的购买需求，属于有这样的产品可以更好，但没有也不会降低生活质量。有一次我在商场看到一个叫画屏的产品，可以理解成大号的电子相框，显示效果挺好，画面清晰好看，播放的都是博物馆里的名画。乍一看觉得挺好，挂在家里墙上让孩子熏陶一下，培养艺术气质。但细一看最小尺寸的也要 1500 元，就会望而却步，并能找出各种理由不买，比如孩子老看屏幕对眼睛不好之类的原因。

（3）无法满足的需求。

总有企业想方设法找出前无古人、后无来者的方案，解决那些困扰人们很久的需求，比如很多人饱受失眠的困扰，这个痛点确实很大，但由于每个人失眠的原因各不相同，很难用统一的方案解决每个人的失眠问题。这时候不要怀疑企业能力问题，而是停下来思考为什么周围的企业也做不成，是不是需求定位出现问题了。

以上就是面对市场上的需求时，企业需要擦亮双眼，判断需求到底能不能做，为什么这么新颖的解决方案却没有企业入手？是自己开荒还是吸取前人经验教训？同时也不要盲目相信大品牌权威、盲目跟风。

二、与消费者既有生活习惯冲突

上一节提到的品类升级第一个陷阱——市场不存在真实的需求，需要企业自己去挖掘。接下来就是在品类升级中很多企业容易踩到的第二个陷阱——挑战消费者的生活习惯认知。

在第七章提到的"品类升级五要素"中，可以通过技术革新细分需求，实现卖点升级；可以改变产品的外在形态或使用方式，致使消费场所、方式发生变化，从而形成了新品类等。比如，香飘飘把珍珠奶茶从街边小店搬进了工厂流水线上，装入杯中，成就了"一年卖出七亿多杯，杯子连起来可绕地球两圈，连续六年全国销量领先"这个香飘飘奶茶的经典广告词。但某种情况下，这种改变如果与人们既有的生活习惯发生冲突，反而可能造成消费障碍，起到相反的效果。

快节奏的生活方式下，都市人开始向快、新、奇转变，迅速推动快餐文化的兴起，"速食"瞬间席卷饮食方方面面，如方便面、便当等。美国金宝汤有限公司旗下的著名品牌史云生顺势所趋，推出汤罐头，希望满足人们在忙碌工作之余还能喝上一口热汤暖胃。

在中国，喝汤确实被看作好的生活习惯、养生方式，汤的养生价值不仅仅体现在口味上，还在烹饪所花费的时间上。煲汤，讲究生活的中国人稍有闲暇，就愿意找点食材，花上两个小时煲一锅汤，而且人们往往不愿意喝隔夜汤，汤在人们心里和饭菜等主食是一个概念。而这种在工业化生产下诞生的"汤罐头"与消费者喝汤讲究新鲜的需求背道而驰，自然也不可能赢得市场的青睐。

从上述案例中，我们也看到，从营销的各个角度检测，无论是需求还是认知，在人们心中早就已经奠定了很牢固的基础，但如果品类升级与某种生活习惯发生了冲撞，自然很难如企业所期待的深层打动消费者，产生销售奇迹，人们不会为违背自身认知的产品买单，违背消费者认知习惯的案例还有以下几个。

1. 水果烤鱼：盲目追求差异化，错把营销当定位

盲目追求差异化的水果味烤鱼。这是一家做水果烤鱼的品牌，据说是因为听了某定位课，也想走差异化的路线，品牌名也改为了"某水果烤鱼"。

据该品牌内部人士称，老板觉得吃烤鱼的客人中，女性喜爱吃水果，所以这样做可以增加女性顾客的好感度。从菜单上看，水果味烤鱼占比并不大，只有菠萝酸辣、荔枝香辣、柠檬酸辣这几个口味，在线上 App 的推荐菜里并没有这几款招牌菜，所谓的水果味烤鱼，不过就是在烤鱼上加几片水果。

正如一位食客这样评价，"爱吃水果自己买水果、吃水果捞，怎么会吃水果烤鱼？这两者听起来就很不舒服，也不融合。"这种就是典型的为了品类的创新而创新，为了出奇而出奇。其实混搭可以尝试，也可以作为吸引消费者的猎奇手段，但直接定位成"水果烤鱼"，就违背了消费者的基本认知。况且水果的酸甜和烤鱼的咸香混搭，很多人应该是不习惯的，受众人群较小。

2. 鸡汤火锅：产品模糊不清，偏离消费者吃鸡肉的心智认知

还有一个陷入品类升级陷阱的品类——鸡汤火锅。鸡汤好喝，但做鸡汤火锅就一定可行吗？一个深圳的客户，三个人合股投资了500万元，在一个写字楼开了一家餐厅，购买山林原始的走地鸡做鸡汤火锅，取名竹林鸡汤火锅。然而，餐厅花大量成本装修，但特色并没有凸显出来，产品名称又有点奇怪，味道还不怎么样，从开业起生意就

一直不理想，持续亏损。

为什么会失败？产品模糊不清，看招牌是吃鸡，进店却是吃火锅。餐厅的定位偏离了消费者吃鸡肉的心智认知，没有挖掘出自身的特色优势，是鸡肉好吃，还是鸡汤有营养？像猪肚鸡、板栗鸡、椰子鸡等品牌名，一看就知道吃的是什么，减少消费者的决策时间。鲁班张副总经理、中国烹饪大师陈伟表示，品类创新不能忘本，产品创新的核心是好吃，还要迎合当下消费者的喜好。

3. 无钢圈内衣：符合女性需求，逆袭传统内衣品牌

什么品类既新颖又顺应消费者习惯呢？这里有一个很好的例子。以女性内衣市场为例，传统的内衣品牌，像维密、都市丽人、曼妮芬、爱慕等主打"性感""聚拢"等特点，长期占领人们视野。但随着经济发展，女性独立意识在逐渐觉醒，"舒适""自由"成为女性穿着的代名词，内衣也向"无钢圈"发展。

最明显的标志是，快时尚品牌优衣库靠"无钢圈"内衣打败了华歌尔的明星"聚拢"产品，内衣革命正式开始。"无钢圈""无尺码"正在成为内衣的新标签，并且诞生了蕉内、内外、Ubras、素肌良品等新品牌。

内衣是传统的大品类，这个市场竞争充分，看上去没有多少机会了。"无钢圈""无尺码"就是一个新品类，内衣还是"内衣"，但更符合女性需求，更顺应消费趋势。不符合消费者认知习惯的品类创新升级，可能在入市之初就遇冷或须花很长的适应时间，难以创造销售奇迹。伊利鲜奶片就是一个入市之初遇冷后，及时转变企业运营思维，实现品类升级成功的案例。

4. 从干吃奶粉到鲜奶片：伊利升级运营思维实现创新

伊利将干奶粉压缩成奶片，把需要冲泡的奶粉制作成想吃就吃的

美味零食，实质上进行了品类创新，但在产品的包装上只是简单调整，将产品命名为"干吃奶粉"，陈列于奶粉区。奶粉在消费者的认知里需要冲泡，奶粉干吃怪异无比，甚至消费者脑海里能想到干吃奶粉时被粉末呛到喉咙，对干吃奶粉无法接受，本能地排斥。

伊利在市场遇冷后，便与国内顶级品牌咨询机构锦坤合作，进行消费者调研与营销理念调整，将产品重新命名为"鲜奶片"，并推出子品牌"营养自由"，既作为副牌，又作为广告语，一石三鸟；在解决消费者的认知问题后，将品类归到休闲食品，与奶粉进行形象分离，又与全国各地的大经销商进行合资公司包销模式创新，一举攻克全国市场的渠道铺货和终端陈列问题。伊利鲜奶片升级的背后，实质是企业运营思维转变。伊利鲜奶片前后截然不同的命运，便是对创新需求符合消费者认知的证明。

这一节讲的是品类升级的第二大陷阱，在追求品类创新升级的同时，不要违背人们既有的生活习惯和生活认知，否则不仅花大量行业教育时间，还有可能面对巨大亏损的风险。

三、运用模棱两可的词语代表新品类

前面提到的两个品类升级陷阱，与品类的需求挖掘相关，下面要说的陷阱则更多是出自品类名上，一个不能第一眼就知道做什么的品类名，注定比其他普通但清晰易懂的品类名在抢占消费者心智的起跑线上慢半拍。品类名需要从消费者角度出发，给予消费者清晰且易被感知的利益。尤其在这个不缺想法且信息传播过度的时代，人的心智开始向往简化，"越简单越好"成为产品能进入消费者心中的不二法则。

"非茶6+1"品牌：模棱两可的命名，模糊了消费者需求

"非茶6+1"这一品牌名字听起来貌似很不错，但若真要购买时消费者就搞不清楚了，我是要买茶饮料吗？但上面又说自己"非茶"，不是茶，难道是果汁、牛奶吗？不得而知。其实它是在普洱茶的基础上，混合了沙棘、红枣、白果、山楂、荷叶6种原料组合而成，是一种"植物混合普洱茶饮料"。

要说是红茶、绿茶、普洱茶，消费者一听就明白，但这个"植物混合普洱茶饮料"过于复杂了，界限划得也不清不楚，同时普洱也是植物，大部分消费者更头晕了，并不会抽出时间仔细弄清楚这瓶饮料到底是何物，自然也很难产生对它的需求。

该饮料的成分都非常适合高压力的城市精英对付亚健康和"富贵病"，哪怕叫"贵养饮料"，即"贵族精英的养生饮料"，都比"非茶6+1"更能开门见山传达顾客利益，让目标顾客对号入座，就能立即启动消费，而不至于花了上亿元的费用最终却打了水漂。

请记住，品类命名必须有清晰的界限、精确不模糊，好的品类名都是简洁、清晰、容易理解的，品类的开创者面临的首个重大决策就是为新品类命名，品类名对新品类的成长至关重要，甚至可以左右新品类的命运。我在这里总结出"新品类命名三要素"：代表品类、言简意赅、有好感度。接下来我展开分析如何做到以上要素。

（1）代表品类：一目了然的命名能唤醒顾客需求，抓住分化机会。

新品类命名的第一要素就是一目了然。好的新品类名应当反映新品类的起源，调动相关认知以唤起顾客的需求，而对接顾客需求的是现有品类及抽象品类，因此新品类名应以现有品类或抽象品类为"根"，从而抓住顺应品类分化规律的机会。

比如很多消费者分不清苹果醋和苹果汁。其实苹果醋和苹果汁的区别在于是否经过发酵。前者是苹果汁经发酵而成的醋，后者是苹果直接搅碎后的汁液。苹果醋对人体健康有益，还可以美容养颜、增强体力等。而苹果汁营养价值更高些，不是厨房里的调味品。

苹果醋和苹果汁都是饮料，不同的是苹果醋是瓶装；苹果汁可以瓶装，也可以鲜榨。原醋兑苹果汁可以使口味酸中有甜、甜中带酸，既消解了原醋的生醋味，又带有果汁的甜香，喝起来非常爽口。但是如果吸引消费者来购买，还以苹果汁为佳。

（2）言简意赅：易读、易认、易记的命名传播负荷小。

在信息超载的时代，传播负荷越小越好，因此品类命名应惜字如金。由于品类名常用于构词，一字之差便可导致天壤之别。另外品类名应当直指品类特性或形象化，不宜迂回曲折或玩文字游戏。

其中重要标准就是传播性，执着于生僻字的独特和引经据典都是不利于此的。一个易读、易认、易于书写和输入的名字是基本的要求，只有降低客户群对品牌信息的解读和使用难度，才更容易让人传播你的名字。

言简意赅的命名能让品牌名称关联产品的特征和功效或价值，直接给客户传递积极、正面、明了的信息，创造第一印象商机。比如货拉拉，一目了然就是做货运服务的，农夫山泉让人关联到泉水。

朗读顺口对于品牌传播也很重要，回顾一下你脑海里能记下的各类品牌，无一不是顺口好记的。如今品牌名更要符合现代人的传播特性，因此在为品牌取名的时候可以多尝试采用类似滴滴打车、拼多多的"叠词形式"，容易形成一个顺口的名字。

品类名是否直观易懂，企业说了不算，技术人员说了不算，而是消费者认为直观易懂才算。例如"空气源热泵"更名为"空气能热水器"释放了近200亿元的市场，正是消费者认可直观的命名而更改。

相信大部分人对"空气能热水器"并不陌生，但如果我说它前身是"空气源热泵"，恐怕很多非技术专业人士会一脸茫然。空气源热泵是一种利用高位能使热量从低位热源空气流向高位热源的节能装置，它是热泵的一种形式。热泵可以把不能直接利用的低位热能，如空气、土壤、水中所含的热量转换为可以利用的高位热能，达到节能的目的。

对于大多数企业家、技术人才和营销人来说，习惯把已熟知的技术名词、称谓作为新品推广的品类名，"空气源热泵"就是一个很好的反面教材。

这个技术诞生于1924年，一直被发达国家视为新一代能源技术，广泛应用于工业、家居、家电领域，2000年被广东企业家发掘后开发出"热水器"产品。

2000—2008年，这块新大陆一下子涌进了近千家企业。摸索期的企业不约而同向外传播"空气源热泵"，谁都想成为空气泵热水器的领导品牌。在品类未被市场广泛接受的时期，各路"神仙打架"，展开了材料战、安全性能战、节能性能战，当然也少不了最残酷的价格战。

竞争最激烈的时候，二三级市场同时有10多个不同品牌代理商争夺理发店、宾馆工装市场，业务员背着厚厚的资料，带着烂熟于心的推销词一家家拜访，热闹的市场似乎预示着新能源技术会对太阳能、电热水器、燃气热水机造成极大的冲击。

但现实如一盆冷水从头浇到脚。在如日中天的太阳能热水器面前，"空气源热泵"热水器一次次失望而归，厂家数量减半。究其原因，很简单。在精通技术的人眼中，空气源、热泵都是很直观到位的品类名，但对于茫然的消费者，空气源是什么？热泵又是什么？不管厂家如何费尽心思画图解释它的原理和性能，人们还是习惯性地对未知世界关闭了探索的欲望；再加上动辄 4000 元到 10000 元的价格，和太阳能、电热水器相比，毫无竞争优势。

2008 年，美的电器发现了该品类名教育成本高、效率低、周期长的问题，根据人们已知的"太阳能"信息为源点，把"空气源"换成"空气能"，把"热泵"这个专业的技术名词直接去掉，把品类名更换为"空气能热水器"，一加一减的置换，助推了整个行业的迅猛崛起。

随着品类名的更换，全行业看到了一线生机，纷纷采用新的品类名。当年整个行业销售额首次突破 10 亿元大关，2012 年突破 30 亿元大关，2016 年达到 200 亿元。2018 年在国家新能源的政策红利下，节能性能突出的空气能热水器突破 300 亿元大关，未来依然有很大的增长空间，成为逆市中一颗冉冉升起的红星。

（3）有好感度：积极正面的命名能让用户产生共鸣。

好的品牌名字可以直击消费者的心智，让人们喜欢上这个名字。企业应当选择顾客感觉更好、更有价值感的叫法。比如自嗨锅、茶颜悦色、喜茶等。这种取名方法不仅将产品融入品牌名称中，还能营造一种积极快乐的氛围，传递品牌正面情绪，感染用户，让用户产生共鸣。

比如"人造黄油""人造奶油"，不如"大豆黄油""植物奶油"

天然。又比如用玉米淀粉生产的"转化糖",就不如叫"玉米糖"。两种叫法都不违反事实,但在顾客心智中反应完全不同,现有叫法实际上制约了其品类发展。当然,这些企业不懂顾客心智对消费者来说是一件幸事,以免掉进消费陷阱。但另外一些企业不懂心智,对消费者来说就不是幸事了。

比如节能环保的"混合动力车",多数顾客对"混合"两个字缺乏好感;但如果叫"双动力车"或"双引擎车"就会大大增加顾客好感,促进销售。巧合的是,丰田公司在新的宣传中已经开始用"双擎车"这个叫法了。

原产于中国的猕猴桃在 19 世纪末到 20 世纪初被引种到欧美、新西兰等异域,品种得到不断改良,但让其成长为世界著名的水果之王、身价倍增的关键一跃,是新西兰人将其名字从"中国醋栗(Chinese gooseberry)"改成了"奇异果(Kiwi fruit)",让顾客从没胃口到必须尝,从而风靡世界,以至于世人都以为奇异果原产于新西兰。

这一节讲的是品类升级中的第三大陷阱,用词的准确与否可以给品类带来不同的命运,模棱两可的用词与一目了然的用词,企业认为清楚的用词与消费者认为清楚的用词等,都是品类命名时务必考虑清楚的关键问题。

四、没有借力消费者既有认知

前面讲完品类升级中的三个陷阱，从判断真假需求，到顺应生活习惯，到命名词语清晰，接下来讲的是最后一个品类升级陷阱，即不懂借力消费者已有认知。我们常听人言"消费者不懂真相"，是因为他们只会按照自己的既有认知和常识来解读自己认为的"真相"。我们在构建品类利益的时候，必须深刻地分析消费者的基本认知，而不能去挑战他们长期固有的"心智防御体系"，也就是一些最基本的固有认知。

1. 容易产生联想：娃哈哈与酸梅汤的定位策略比较

最成功借力消费者认知的品牌非娃哈哈营养快线莫属。很多人认为，它的成功是把果汁和牛奶混合在了一起，开创了一个全新复合饮料品类。事实并非如此，如果真的是一种复合饮料的话，是脱离消费者既有认知的。真实情况是，大部分消费者还是把营养快线归类于乳饮料，只不过和以往不同，是加了果汁的牛奶，口感上并无怪异，所以很容易被消费者接受和认知，包括其名字中的"营养"和"牛奶"是很容易产生联想的。

而饮料界中的反面教材则是一个酸梅汤品牌，试图扭转消费者已有的认知。在定位时，该品牌将品类定义为"去油解腻"的饮料，实则违背了消费者的认知基础。尽管市场尚存"去油解腻"的需求和巨大商机，但在消费者的认知基础里，酸梅汤是"消暑开胃"的产品。所以，酸梅汤定位"去油解腻"很难做大做强。

2. 放大品牌价值：中式养生饮品借力熬夜水

借力消费者既有认知可以放大品牌价值，熬夜水则是借力年轻消费者爆红。"熬最晚的夜，敷最贵的面膜"，一方面是大众对年轻人生活习惯的描述，另一方面也证明了现在的年轻人有着熬夜的生活习惯与想要保持年轻的矛盾心理。

同样有关熬夜，在小红书上广泛传播的"没有年轻人能拒绝熬夜水""经常熬夜怎么破？来一瓶熬夜回血快乐水"更是备受关注，而这里指的"熬夜回血快乐水"，就是在社交网络上爆火的熬夜水。目前已经推出熬夜水的有同仁堂、张仲景大药房、王老吉等传统品牌。

同样是借力消费者，如果想要在同质化的产品中迅速占据消费者认知，特别是年轻人的心智，还得在营销玩法或产品上打造自身的差异化，而同仁堂、椿风、王老吉等已推出具有品牌符号与特色的营销。

比如同仁堂旗下的"知嘛健康"就以"吃苦"为主题，以草本咖啡为主打产品，其不同产品对应着不同的营销语言，如"竹炭黑芝麻拿铁——年少早秃苦""龙眼气泡美式——加班营业苦""益母草玫瑰拿铁——母单solo苦""穿心莲美式——有爱扎心苦""苦瓜美式——特别能吃苦"，这些新颖的文案与内容直戳用户痛点，吸引了一大票年轻人到门店打卡。

比如做中式养生茶饮的椿风，也跟随这波养生潮，以"药食同源、即时养生"为产品的卖点，推出了自己的养生茶饮产品"果茶配枸杞""奶茶配桃胶"等。再比如中华老字号王老吉，延续了品牌特色，主打草本饮料，遵循"药食同源，真材实料看得见"的营销逻辑，主打国潮草本养生茶。

随着越来越多的品牌跻身此产品赛道，未来的竞争也愈加残酷，那些没有抢得先机的品牌想要实现与时代潮流齐头并进，需要做好差异化竞争策略，只有在产品或营销上不断寻求发展与突破，才有机会迅速占领用户心智并与时俱进，让品牌保持着特有的生命力。

3. 回归餐饮业本质：桃源眷村与小桃园

若不但不借力消费者既有认知，还挑战他们固有的心智防御体系，只能早早退场。桃源眷村和小桃园，前者属于伪品类升级，后者则抓住了消费者认知，创新成功。

这几年，餐饮行业兴起了一波消费升级潮，最典型的就是装修升级、服务升级，当然客单价也随之上涨。以桃园眷村为例，3年前，它把豆浆油条店开在了路易威登店旁边，话题十足，开业即爆火。

然而为什么后来它在上海和北京的很多门店陆续关门？很重要的一点就是脱离餐饮本质，把品类升级等同于涨价。试想一下，一份豆浆12元，一个烧饼20元至30元，如此高的客单价只能带来尝鲜群体，无法带来固定客群，因为在国人的心目中，豆浆油条只是早餐，不管你用什么工艺做，心理价位就是几元，这无法撼动。而它的模仿者"小桃园"，从品牌名称、店面形象到盛豆浆的碗都有很强的模仿痕迹，但它专开社区店，油条3元、豆浆4元，目前已经开了30多家店。

桃园眷村和小桃园的案例，特别鲜明地体现了餐饮业的本质——日常、刚需、高频。桃园眷村高举高打，把日常的豆浆油条做成了奢侈品，最后因定价太高找不到固定客群；反观小桃园，让价格回归，阴差阳错把这条路跑通了。

忽略消费者用餐体验的还有自动升降火锅，其虽省了程序却丢了"魂"。前几年，一个"可以上下移动的火锅神器"横空出世，这个神器自带一个可以从锅底升起的"托盘"，沸腾的汤水褪去，各类煮好的食物便一览无余，省去了消费者"捞"的程序。

事实上，关于火锅的玩法已屡见不鲜。据报道消息，名叫"炉鼎季"的火锅店有点后继乏力，或许通过吃货们的心声可以看出这个节省程序的品类为何少有人买账："火锅的意义不就在于捞的过程吗？我为什么不直接去吃水煮菜呢？丧失了火锅的灵魂，老实说很没食欲。"

这给我们品类升级的一大启示，即高科技让人的生活变得方便，但不能因此影响人们关于火锅的核心体验——比如社交、参与感。创新要抓住消费升级的趋势没错，但消费升级带来的应该是更好吃或感觉更好吃的产品、更好的环境、更好或更便捷的服务、更好的食材，而不是一些营销的噱头。

以上就是企业在品类升级中的四大陷阱——找错需求、挑战习惯、用词模糊、违背认知。正如彼得·德鲁克所说，创新既是理性的又是感性的。因此，品类创新要做的就是走出去，多看、多问、多听。创新若要行之有效，就必须简单明了，目标明确，应该一次只做一件事情，否则就会把事情搞糟。

事实上，品类创新不是站在产品的角度强行挖掘某个新概念、形成新品类，然后强行推销给消费者，而是借力于消费者既有认知，顺水推舟地让消费者接受新品类。任何品类的移植存活都需要合适的土壤，品类只有种植在原有的认知土壤，才能生根发芽，成长为参天大树。

总之，不借助消费认知、为了升级而升级，就容易陷入思维的陷阱。企业进行品类升级时，最应该避免的是只站在自己的角度强行挖掘某个新品类，然后再将这个与消费者需求习惯背道而驰的新品类以复杂并违背消费者既有认知的方式强行推销给消费者，这样强行包装出来的新品类无法打动消费者，更无法唤起消费者心中的购买欲望，从而不会发生购买行为。

第九章

品类升级案例分析

一、碧莲盛不剃发植发

品类升级是企业或品牌在市场竞争中自我革新和突破的过程，具有较强的参考价值，能够为品牌迭代和发展提供借鉴意义。接下来我会分享八个品类升级成功的案例，作为碧莲盛不剃发植发首席战略官和联合创始人，我分享的第一个案例便是碧莲盛不剃发植发品类的升级路径。值得一提的是，碧莲盛集团董事长尤丽娜女士是一位我非常尊敬的企业领导者，也是我的贵人，这里我用一些文字记录这位企业创始人和她带领的团队的故事。

1. 夯实品类发展根基：企业家的冒险与创新

企业家在英文中叫"entrepreneur"，原意指"冒险事业的经营者或组织者"。从这个角度来说，企业家的内涵就是冒险；企业家精神就是冒险精神。没有敢冒风险和承担风险的魄力，就不可能成为企业家。

尤丽娜从山西大同的中医医生转型成为中国植发行业的领导品牌掌舵人，其中的故事成为中国民营企业成长的缩影。回顾这段创业史，一路突围，逆流而上，不断迈向新的舞台、开辟新的战场，其中一定不能忽略的是尤总与其儿子刘争的北漂奋斗史。母子俩经常秉烛夜谈，每次交流都是 5～6 个小时，亦师亦友，彼此信任，这种不间断的交流成了他们最好的情感纽带。

碧莲盛的雏形是百郎园的一个普通美容院，尤丽娜和儿子刘争苦心经营，到各地探索产品的优质原材料，还亲自带着员工发宣传手册，但起初市场效果并不是很理想。摸爬滚打几年后,她想把商铺的另一半租出去,恰好有一个小伙子和他的合伙人要租她的商铺做植发门诊,她同意了。就这样她接触到了植发手术,看到小伙子生意做得不亦乐乎。再后来,租尤总门面的小伙子和他的合伙人因为利益分配的问题闹分家,想把团队解散了,就找尤总来退租。一番沟通后,尤总觉得小伙子的植发业务有市场潜力,于是说服小伙子,接手了他的业务。这个就是碧莲盛的前身,2005年尤总果断成立了自己的品牌——碧莲盛植发。

功夫不负有心人,截至2017年,碧莲盛已在全国20余个重点城市开设了植发分院,服务区域覆盖一二线核心省会城市,旗下全部植发分院均为直营,碧莲盛的收入、利润规模在过去几年一直保持40%以上的快速增长。2018年1月9日,碧莲盛迎来了高光时刻,华盖资本旗下华盖医疗健康基金牵头组成的投资联合体完成了对碧莲盛的战略控股投资,总投资金额5亿元。据了解,这是华盖资本目前对医美细分领域最大的一笔战略投资。聚光灯下,尤总一刻也没有停歇。2019年,因为一些特殊原因,儿子刘争退居二线,年过六旬的尤总冲到了一线,担任公司的董事长,直接带兵打仗,冲到了行业的最前线。为了探索无痕植发,她和团队拿着橘子和猪皮练习,技术成熟以后先在自己身上尝试,经过多年潜心研发,终于实现植发技术的突破和引领。

创新是企业家必备的能力和素质,从产品与技术创新,到组织结构、商业模式创新等各个方面,都需要企业家来思考和谋划。企业家肩负着公司和品牌发展的重任,要时刻保持大局意识和长远的目光。

2. 紧跟世界市场脉络:追风赶月,潜心研发

2008年,尤丽娜第一次参加世界植发大会,这是全球植发界最负盛名的会议,每年举办一次,该会议上聚集了全世界经验丰富的医

生展示植发界新的方法和技术，大部分案例和技术都是来自西方国家，但碧莲盛连续参加13年世界植发大会，每年观看展示的案例都似曾相识，欧美植发行业几乎看不到任何创新突破。

中国市场潜力巨大，尤丽娜非常重视品质、服务和研发，面对世界植发行业的现状，尤丽娜和团队明显感觉到潮水的方向正在发生逆转，中国正在成为推动植发技术进步的主力。碧莲盛在各种探索和挖掘中，研发和改进了"不剃发"植发技术，这一技术解决了其他植发技术中"剃发"这一尴尬难题，让更多的人能够立刻感受到植发的效果，受到了国内消费者的普遍认可。有一年，世界植发大会在泰国举办，尤丽娜听到国外同行打电话，讨论着碧莲盛的案例，两位烧伤患者的植发手术，碧莲盛一次手术便达到效果，而国外同行至少要做四次。

经过多年的发展，国内植发技术不断革新，中国人口众多、市场规模巨大和临床经验丰富，再加上中国人能吃苦，中国走在了全球植发技术的前列。尤其是碧莲盛在内的四大植发连锁机构，由于规模、投入更大，临床经验更丰富，已经成了推动植发技术进步的主力。尤丽娜和团队潜心研发十余年，不断实现技术赶超和突破，终于做成"植发界的华为"。现在，由她和团队数年潜心研发的不剃发植发技术，成为全球新一代植发技术，也被称为植发界的"5G技术"。

3. 重视市场领先优势：迭代技术，重视人才

2020年8月14日，碧莲盛深圳医院全程直播六台"不剃发植发技术"手术，五六个小时过后，植发患者走下手术台，没有明显的伤痕，没有绷带包扎，把头发放下来梳理一下，用发卡固定即可出门。普通植发的成活率一般可以达到95%，而不剃发技术的成活率更高，并且术后有专门的服务团队跟进和优化。该技术成为植发界当之无愧的"5G技术"，是全球领先的植发技术，既避免了剃发植发对个人

形象的影响，同时又能保护植发患者的个人隐私，因此受到体育运动员、明星、教师和网红主播的青睐。

为了保持技术领先优势，碧莲盛一直在寻找国内外植发人才，让整个团队有足够的人才储备。他们也在不断完善技术，使不剃发植发手术时间更短。随着技术进步和临床经验的累积，一台不剃发植发手术时间有望接近一台普通手术。目前，碧莲盛每月的手术量远多于一家公立三甲医院科室，而后者有着更强的基础研究和人才优势。如果有合适的三甲医院科研人员，双方可以合作研究，推动技术进步。干细胞培养毛囊的研究也被纳入碧莲盛的设想，这是全球目前最前沿的研究。碧莲盛准备在海南博鳌设立一家医院，那里是离海口不远的一个海边小镇，因博鳌亚洲论坛闻名中外，也是国家级先行试点。碧莲盛新医院非同寻常，主要承担寻找全球最领先头皮医疗器械和药品的任务。

4. 开启品类聚焦模式：由点到面，实施"品类曼哈顿计划"

吸引力法则指的是一个人的思想专注在某一领域的时候，跟这个领域相关的人、事、物就会被他吸引而来。这是一个相互吸引的过程，而不仅仅是思想的相互影响。我们也可以理解为两个具有相似心态的人会彼此吸引。

可能这个法则在我身上奏效了，一个机缘巧合，通过前京东副总裁褚世元大哥的介绍，我有幸认识了碧莲盛植发董事长尤丽娜女士，在和她的几次交流中我发现在植发这个赛道上，结合我 10 多年营销战略工作经验，可以帮她拿到一些结果。几番深入探讨后，我带领团队加盟碧莲盛，担任碧莲盛不剃发植发首席战略官和联合创始人。

2020 年年初，当时几个民营植发企业占据着绝大多数的市场份额，碧莲盛植发作为其中之一，一直在寻找区隔于竞争对手的品类名称，可是经过多次调整，效果还是不明显。于是我们展开了接近 3 个月的调研工作，从消费者心智模式出发，以需求、竞争和趋势3个维度为导向，首先定性分析，确定了消费者最关注的20多个需求点；接着通过定量调研，以数据为基础；最终确定了以"不剃发植发"作为碧莲盛的品类名称。于是，我建议尤总在碧莲盛集团内部启动"曼哈顿计划"。历史上，曼哈顿计划（Manhattan Project）特指美国陆军部于1942年6月开始实施利用核裂变反应来研制原子弹的计划，该工程集中了当时最优秀的核科学家，动员了10万多人参加这一工程，历时3年，耗资20亿美元，于1945年7月16日成功地进行了世界上第一次核爆炸试验，并按计划制造出两颗实用的原子弹，整个工程取得圆满成功。

碧莲盛的"曼哈顿计划"，就是希望集团做品类聚焦"不剃发植发"，成为"不剃发"这个新品类的代名词，成为该品类第一，继而达到行业业绩第一的目标。碧莲盛将"不剃发植发"作为商标名和公司名来推进，彻底地执行这个品类名，同时，竞争对手也纷纷涌入"不剃发植发"这个需求点，共同来培育用户，把"不剃发植发"的"蛋糕"做大。截至2022年9月，碧莲盛的不剃发植发手术量已突破20000例。第三方机构的数据显示，使用不剃发植发技术的用户中有92.8%来自碧莲盛。从趋势看未来，碧莲盛不剃发植发集团行业第一的目标也不太远了。

5. 构建品类市场壁垒：确立行业领导地位

2014年，碧莲盛正式开始不剃发植发技术的研发。手术总量的快速增加，既反映了旺盛的植发需求、新消费群体的崛起和企业的发展，也彰显着新技术重塑消费市场和引领行业的进程。

创业至今，碧莲盛见证了中国植发行业的崛起，享受了行业发展带来的市场红利，如今正加大技术研发，给行业带来更多想象空间。2020年秋天，碧莲盛发布不剃发植发技术以后，多家植发机构也宣称可以做不剃发植发手术，但对于临床案例只字不提。跟随是一种营销策略，但对技术驱动的公司，它只触及皮毛。任正非曾说，企业的核心竞争力不是人才和技术，而是培养和留住人才的机制。碧莲盛真正的核心竞争力在于如何吸引、培养和留住优秀医生。

壁垒一，拥有多年且大量的植发经验的医师。

近些年，植发市场蓬勃爆发迎来风口，许多资本和人才纷纷入局，不断将行业盛宴推向高潮。但新技术真正的壁垒并不在于方法和设备，而在于是否拥有大量受过训练的植发医生。长发提取和长发种植的手术非常依赖医生水平。从剃发到不剃发，技术难度迅速增加，对医生体力和精力的要求更高，手术时间也更长。数据显示，相同单位的植发手术，不剃发技术的投入至少翻倍。一台普通植发手术通常需要一位医生、一位种植师和两位护理医生。一台不剃发手术至少需要一位医生、一位种植师和三位护理医生。

临床经验不足的医生，即使剃光头发，提取也很困难，毛囊分离会造成损伤。带着长发的毛囊，种植难度几乎成几何倍数增长。随着提取和种植难度不断增大，能够进行此类手术的医生变得非常稀缺。现在，碧莲盛有100多位医生和300多位专业医疗护理人员，所有医生均具备5年以上的临床经验。

碧莲盛只招有外科手术执业经验的医生，培养植发技术后派到全国的分院。目前，碧莲盛每个分院都可以做不剃发植发手术。不过一些难度较大的不剃发植发手术，比如头皮较厚或毛发卷曲的患者，仍要求助于像蒋学一样有着丰富经验的优秀医生。

壁垒二，大刀阔斧对企业组织结构变革。

尤丽娜说，做企业要反复调整，培养更扎实的力量。为了企业开疆拓土，解决流量和获客的问题，尤丽娜在集团副总经理师晓炯的协助下，首先进行了组织结构调整，让公司进一步扁平化。其次，对所有环节进行数据化管理，初诊、复诊、复购、客群、产品等细节均有数据支撑。此外，还对不同获客渠道进行调整和优化，在全国设立五大运营中心，分别位于北京、大同、郑州、合肥和福州。

经过一年多调整，碧莲盛终于在2022年夏天实现单月营收过亿元。截至目前，碧莲盛在全国开了40多家分院，已连续数年闯进"创新医疗服务榜"并创下估值新高。入选2020届"未来医疗100强"时其估值仅为20亿元，两年时间，2022年碧莲盛已完成估值翻倍，达45亿元。

壁垒三，宽容对待有潜力的员工。

在激烈的变革期间，尤丽娜抱有一种宽容的心态。即使那些离开的员工，当他们转一圈想再回来时，她总是敞开怀抱欢迎。她经常告诫下属，别人犯了错误，要给他们改正的机会，不要轻易开除员工。

有一名员工先后换过几个部门，都不合适。但尤丽娜觉得，这个年轻人有锐气，也有一股不服输的劲儿，不能就这样放走。后来碧莲盛在西宁、兰州和乌鲁木齐开分院，该员工被派前往。刚起步时，西北三个分院只能做几十万元，2020年夏天接近300万元。该员工承诺，2021年年底要做到1000万元业绩。"从数据上看挺遥远，但我认为她行。"尤丽娜短暂停顿后接着说，"但是放一般人不行。"

大背景，植发行业正在迎来高速增长。有关数据统计显示，植发行业是一个百亿元级市场。不过碧莲盛副总经理师晓炯认为，从更长远的视角去看，这是一个千亿元级别的市场。他说，未来十年，植发行业将迎来黄金十年。除了经济价值，植发还有着颇为重要的社会价值。一项新技术的诞生，不仅会引领一场植发革命，自然还将在行业激起阵阵涟漪。

壁垒四，企业强大的社会责任感和团结的氛围。

新型冠状病毒感染疫情期间，严格的防疫政策让碧莲盛总部的几百位员工只能选择居家办公。碧莲盛总部因为北京的新发地蔬菜交易市场突发疫情按下暂停键。面对这样的突然状况和诸多不确定性，尤丽娜带着高管团队想方设法调动资源和员工积极性。作为医疗单位，碧莲盛上海分院也被要求关闭，全员居家办公。碧莲盛全国 40 多家医院，上海无疑是最重要的分院之一，上海因为疫情也按下暂停键，让全年的营业压力增加不少。但是他们并没有因此而放弃，反而越挫越勇，抱团取暖，静待花开。

据统计，2022 年，在防疫的关键时期，碧莲盛全国共有 24 家医院受到了不同程度的影响，共计 221 名医护工作者奔赴抗疫前线，用实际行动诠释了什么是真正的最美丽逆行者。沧海横流显本色，危难时刻见初心。在社区防疫，核酸检测，白衣执甲，逆行出征，义无反顾地投身到战"疫"中。

可以看到，碧莲盛不剃发植发企业能走到今天，绝非是一朝一夕的功夫，既要有创始人不服输的冒险精神与创新精神引领，又要有专业技术过硬的医师和高质量的服务团队，在品牌不断发展壮大的过程中，时刻与全国人民的心紧紧凝聚在一起，这才是品牌做大后应有的担当和责任。

二、白小T

品类升级的重要路径就是在把握自身产品的特性和优势的基础上，找到与市场的结合点，采用适合自身品牌或产品风格的市场策略，不断优化升级，塑造全新的品牌印象，将品牌的DNA嵌入目标消费群体的心中。接下来要分享的第二个品类升级案例是"品类即品牌"的白小T。2022年7月，我有幸采访了白小T的创始人张勇，他向我讲述了把一件普通白T恤打造成爆款的故事。类似于"小罐茶"，从品牌名字来说，"白小T"既是品牌名，又是品类名，非常具有传播性。另外张总说到，打造爆款是过去几年白小T在尝试的事情，白小T押宝细分市场，即定位30～50岁且有一定经济基础的男性，打法也比较简单直接——"平民价格+大牌品质"。

1. "品类即品牌"的爆款逻辑和差异化的推广入口

当前服装品类市场竞争较大，企业或品牌难以寻找新的突破点，而白小T则另辟蹊径，选择轻装上阵，只做纯粹的白T恤。白小T的差异化品牌之路使其更具有强大的生命力和活力。在初期，白小T不断提升企业的产品研发效率，直击消费者的日常需求。白小T的营销策略也与其他传统消费品牌的路线不同，它选择"抖音+头条"的信息流电商组合，契合目标消费群体的使用习惯，差异化的竞争模式效果立竿见影，销量增速迅猛，不到3年就突破了100万件，2022年上半年的GMV甚至达到了3.7亿元的好成绩，打造出了该品类即该品牌的市场印象。单一的爆款逻辑较难维系长久的品类发展，因而在市场的演变中，白小 T 的流量红利逐渐式微，白小 T 也在持续打造单一爆款和做品牌延伸的两种选择间徘徊，结合自身优势和时代背景，在不断摸索中探寻更适合其品牌发展的路径。

2. 白小 T 的市场选择：极简单品 + 双域流量策略

目前国内服装品类的增长空间有限，男装品类竞争也较大，白小 T 打造爆款的路径具有一定的参考性和借鉴价值，为服装品类行业"下半场"的发展提供了一个新的切入口。

（1）化繁为简，打造极简单品。

白小 T 的第一步便是瞄准基础需求，塑造极简单品，打造白 T 爆款。虽然服装市场中 T 恤的样式繁多，但是行业集中度较低，市场上并没有一个头部的品牌能够被大众记住，也就是说该品类存在心智空位。在这样的背景下，张勇瞄准契机，回到老家宁波创建了白小 T 品牌，力求在该品类中明确定位，塑造出全新品牌，成为该品类的代名词。白小 T 的合作工厂主要设在宁波，宁波这个城市在纺织服装领域有着较为成熟的先天优势，具有门类齐全、产业链完备的产业体系，我们熟知的太平鸟、雅戈尔等服装品牌都是出自于此，因此提供了稳定的产业保障。

我国男性消费群体在服装品类中常常被忽视，大部分人认为男性对于服装的需求较低，因而市场发展受限。数据显示，我国男性年人均消费金额仅 50 多美元，不及日本的三分之一，虽然数额较低，但是随着社会的发展，该领域在未来也有着较大的增长空间。在男装领域，张勇决定化繁为简，从白色 T 恤这一基础款入手。白小 T 的主推款是没有任何印花和设计的极简白色 T 恤，服装样式和颜色简单，但品质相对较高，白小 T 将其目标消费群体定位为 30 ~ 50 岁中年精英男士，这是因为该群体的消费者具备一定的社会阅历和消费潜力，他们相对更关注产品的品质感，能够接受一定的价格增长空间，愿意为该类产品买单。

仔细观察白小T的线上店铺就会发现，其产品价格普遍分布在99元到499元的价格区间，白T恤也在不断升级，从一代到四代，质量也在改进完善，目前销量最好的是二代T恤，价位在199元。相较于其他类似的产品，白小T的价格普遍较高，但销量数据依然很亮眼。值得一提的是，白小T为了让消费者更加认可其产品、愿意为其高价买单，不断宣扬其品质优良的特性，其品牌口号中提到"阿玛尼同款面料""让用户花十分之一的钱穿大牌"，强调对供应链和产品质量的把控，这些文案让消费者将其与大牌相关联，直接对标知名的国际奢侈品牌，同时打出"十分之一的价格"的定价优势，使消费者产生低价购买高品质的心理满足感。这种方法既突出了产品优质的品牌调性，又用合理的价格策略确保了与其他低价产品的差异化。由于白小T的目标消费群体主要是男性，因此光强调面料和品质难以形成独特的吸引点，因此白小T给品牌植入更多的科技感，突出"用科技重新定义服装"，强调了"世界十大新材料之首的气凝胶""金属相变材料"等黑科技材料，在广告中营造不同的产品使用场景，进而吸引更多理性的中年男性消费者。

（2）公私域齐抓，打造双域流量策略。

除了极简单品的选择，白小T的另一个选择就是把握住了互联网时代的流量密码：公域投放，私域护城。相较于传统品牌来说，新的电商品牌在品类中的突破会面临较大的阻力。一方面，其缺少前期积累，搜索的曝光量难以把握，品牌推荐度较低；另一方面，由于新产品资本积累较少且生产成本较高，在整个市场上难以形成价格优势。而在移动互联网迅猛发展的当下，各类网络社交媒体平台兴盛，尤其是短视频营销异军突起，视听的冲击相较于传统的图文更具有感染力和互动性，兼具内容属性和社交属性，对于商家来说门槛较低、上手较快，能够在较短的时间里实现突围，一定程度上是白小T实现突围的前提。

1）公域投放：全面覆盖。

白小T在前端公域流量获客的策略上，选择的是品牌矩阵式长时间自播。白小T不断搭建自播矩阵，在抖音平台布局"1个主号+6个矩阵号"，全方面覆盖潜在人群。目前，白小T官方主账号已达到52.2万粉丝，每天直播时间高达16小时，短视频和直播的内容主要都是外观形象较好的模特穿着白小T衣服的卡点写真，展示产品外观样式，给人以直观的审美体验。而白小T的矩阵号每天直播时间在9~12小时左右，一方面以测评为主，从面料材质的视角切入，强调服装的科技性、舒适感及功能性；另一方面则展示不同的使用场景，侧重于强调衣服的百搭感和实穿性，为产品赋予更多的使用价值。整体来看，实际上白小T在抖音布局内容差异化的矩阵号，旨在从不同视角强调产品的优势，进而给主号做增量，再通过多号联动共同探索更多的消费场景，垂直打入不同的细分用户圈层，帮助品牌收割更大的流量池。而主号和矩阵号同时进行直播的逻辑，是为了账号长时间积累直播时长，提升直播间权重，获取更多平台的系统推荐曝光。在这样的模式下，白小T在短视频和直播电商领域收获了第一波流量。

2）私域护城：塑造边界。

公域流量促进了品牌影响力的扩大，但是无法确保忠实用户的留存。当前社交媒体平台层出不穷，媒介逐渐分散，公域流量昂贵，企业或品牌无法精准把握流量的方向，因此获客成本相对较高，品牌依靠公域平台的直播带货难以保证高转化率和高复购率。为了实现长久稳定的发展，白小T在公域投放的基础上又选择搭建了自己的微信私域，目前拥有接近150人的独立私域团队，服务了20多万私域用户。具体来看，白小T的私域团队人员从抖音和其他平台把订单下载下来，了解消费者的个人情况，再通过给消费者打电话和发短信的方式，引导客户添加好友，将用户转移到微信私域范围中来。

通常来看，由于消费者需要保护个人隐私，商家想要加私人微信是一件门槛较高且难度较大的事情，但白小T加粉的通过率达到了70%左右，之所以能够实现这样的突破，是因为其站在服务者的立场上把握了"黄金三分钟"原则。服务者的立场指的是客服人员能够知晓消费者的需求并为其提供尺码建议、售后服务和复购折扣优惠等，让消费者有良好的消费体验，而"黄金三分钟"是指客服人员能够在消费者刚结束消费行为后的三分钟内引导其加微信，这种情况下通过率是相对较高的。在添加完好友之后，白小T的客服会跟进服务，询问消费者的体验并以优惠策略引导其给产品好评；同时当店铺上新或换季打折时第一时间告知消费者，促使其在微信商城内直接下单，实现微信私域内的流量闭环。白小T的私域季度复购率能达到20%，成功实现了公域到私域的转变。

实际上，私域构建在服装行业是较为常见的手段，服装品牌或企业通过对用户消费数据的把握，更精准地对用户画像进行描述，明确地细分顾客群体，进而反哺于供应链，给品牌更多的灵感和启发，设计出适合消费者需求的服装产品。微信私域规模的扩张既给白小T带来了诸多机遇，又使其面对更多的挑战，为了将私域流量的作用最大化、获取更多的市场价值，白小T须进一步利用裂变的原理使影响范围扩大、精准把握私域用户的特征，在兼顾主动触达和精细管理的同时，还要避免消耗用户的耐心、削弱用户的体验。

3. 白小T的商业模式：三段式建立服装业"护城河"

概括来看，白小T的独特化商业模式可以称为"三段式"，包括三个方面的关键节点。第一，前端在信息流公域平台依靠流量获客；第二，中端接入SCRM系统管理用户数据，建立精准的用户画像系统，收集用户需求；第三，终端搭建微信私域，由独立团队运营，与用户一对一互动，把握消费者的转化和复购。这种三段式的模式保证了白小 T 短时间内收获较多的消费群体，更精细化地把握了用户的需求，形成了一定的资本积累。

白小 T 选择了 C2M 这个传统意义上的短路径经济模式，这种模式主要包括两个方面：一方面是需求方主导，品牌方根据消费者的需求开展生产活动，这样就可以按需生产，避免了资源的浪费，提高了效率；另一方面是产品直接从厂商到消费者手里，主要是以直播带货的形式开展。该模式省去了品牌商、代理商、广告费、店铺租金等一系列溢价环节，直接将厂商与消费者相关联，减少了中间环节的成本，使消费者能够以低价购买到合适的商品，提高用户的满意度，也帮助品牌方获取更多消费者的信任，进而获得流量的红利。但这种爆款模式下，大部分都是新顾客，流量红利难以把控，因此无法形成持久稳定的市场核心竞争力，从发展来看更需要提高消费者的复购率和单品利润率，实现从 0～1、再从 1～N 的扩大化模式，建立起更宽、更坚实的品牌"护城河"。

将自身品牌做到品类的代表可以说是一件十分艰难的事情，尤其对于新品牌来说，会面临产品、渠道等多方面的考验。在当前的背景下，品类升级需要把握时代特征和自身品牌优势，既要在营销方面采用契合目标消费群体的方式，又要在本质上符合市场规律，形成品牌的核心竞争力。

三、盒马鲜生"日日鲜"

第三个品类升级品牌的案例就是阿里旗下的盒马鲜生,从2016年成立至今,盒马鲜生在全国已经建立了几百个线下门店,覆盖了多个地区,给人们生活提供了诸多便利,为民生发展注入了新动力。在这几年的发展历程中,盒马鲜生已经从一个"四不像"的新物种,成长为国内新零售品类行业中的标杆品牌。

近些年,国内生鲜赛道热度比较高,不少企业都在尝试资本投入,生鲜电商、社区团购等都在结合互联网的玩法和手段,不断在供应链和仓储、终端等环节加大力度,竞争较为激烈。但事实上,该领域同质化程度也比较高,关键点在于生鲜产品类型和内容相似,没有较高的行业壁垒。因此,如何塑造壁垒和在供应链及产品等方面打造核心优势,成为企业或品牌竞争的关键点。

针对该品类领域内的特征,盒马鲜生不断探索新路径,努力打造壁垒,对商品、服务、制度等环节精益求精,塑造行业边界。盒马鲜生在2017年创立"日日鲜"品牌,该名字就阐释了其新鲜的优势——商品只售卖一天,保证了食品的健康、安全,提升了生活的品质。"日日鲜"的绿叶菜普遍在300g~350g一包,猪肉则在350g~450g一包,分量刚好够一天的需求,这一概念满足了消费者每天吃健康食品的诉求,不仅获得了消费者的普遍认可,还塑造了良好的品牌形象。同时,盒马鲜生不断挖掘地方特色,如武汉的藕带、浙江的水果莲子、甘肃的洋葱等,将流水化的模式与独特化的地方优势相结合,打造网红生鲜,从本地局部市场走向更为广阔的全国市场。盒马鲜生在商品服务、供应链支撑、商业运行制度上创新发展，成功从生鲜品类中脱颖而出，实现了品牌在品类行业中的升级，为其他企业或品牌的发展提供了借鉴价值。

1. 回应社会需求，塑造品类亮点：向"菜篮子工程"标准看齐

盒马鲜生推出"日日鲜"这一概念，成功击中了消费者的心智，满足了消费者对于美好精致生活的向往和追求，同时也向"菜篮子工程"看齐，回应了社会需求，迎合了民生发展趋势，受到了社会的普遍认可。

"日日鲜"概念的推出，打造了四大市场亮点，突出了与其他品牌的差异化所在。亮点一，菜品不隔夜。除了海鲜以外，盒马鲜生还专注人们日常的蔬菜菜品，推出十余款"日日鲜"蔬菜，由于菜品新鲜且价格适中，许多中老年消费者也开始接纳这种生活和消费方式，他们尝试手机线上点单、现场加工等新零售的体验，扩大了原有的消费群体，为发展争取到了更多的市场空间和机遇。亮点二，全链路冷链运输和精致包装。盒马鲜生为了保证产品的品质，每天都是从产地直采直供，再经过冷链运输包装，直接进入盒马鲜生超市冷柜售卖，保证了产品的新鲜优质，另外，"日日鲜"产品的包装相对精致，每份菜的量也不是很大，刚好满足一顿饭的需求，产品的包装上也用不同颜色进行了区分，贴上了生产和销售的日期，使消费者一目了然，进一步保障了不售卖隔夜菜这一允诺的实现。亮点三，价格亲民，相对低于传统菜市场。不论是盒马鲜生的线上 App 还是线下门店，商品的价格都保持在较低的位置，整体来看价格低于传统菜市场中商品价格的 10% 左右，加之菜品新鲜优质，更多消费者选择去盒马鲜生采购生鲜物资。亮点四，配送加持，服务升级。除了产品品质和价格的优势，盒马鲜生还做出了"3 公里内 30 分钟送达"的服务承诺，实现了快速送达的效果，让更多居家的消费者也能够更加信赖该品牌。

蔬菜食品涉及广大人民群众的基础民生生活，因此商品的品质安全和价格等是大众最关心的，居民都希望能够有物美价廉的购物途径，不少平台和企业试图在这些要素之间找到平衡，进而解决消费者、供应商及政府三方的烦恼，实现多赢的局面。而盒马鲜生"日日鲜"概念的推出，正好契合了"菜篮子工程"的标准，保证了产品的质量，又实现了低价采购、高效配送的目标，嵌入了大众的家庭消费场景，有不少中老年消费者因此改变了消费习惯，开始接受线上下单的模式，促进了该品类商业化的纵深发展。

2. 搭建多维管理模式：直采、品控、竞争门槛

盒马鲜生"日日鲜"受到社会的普遍认可，但值得思考的是，"日日鲜"是如何实现在低于菜场的价格下仍保持可观的毛利呢？概括来看，主要有三个关键点：一是直采模式降低了产品周转时间和次数。以上海市场为例，盒马鲜生采用订单的方式直接对接上海崇明、奉贤等地的优质蔬菜基地，在已有的销售规模上，直采极大地降低了产品周转时间和次数，提升了产品品质，将全链条上节省下来的费用直接补贴到消费者身上，确保了盒马鲜生在微利的情况下将该模式可持续运作。一般来说，"日日鲜"的产品都是当天直采，在7点之前就会进入门店仓库，8点前就能送达消费者手中，整个流转的时间不会超过20小时。

另外，对于供应商，虽然盒马鲜生不收取进场费，但会有一个比较严格的资格考察机制和末位淘汰机制，每两周就会下架不合格供应商的产品，进而在品控上实现优化。盒马鲜生采用订单农业的形式，从蔬菜种植环节就开始介入、指导供应商生产，到基地采摘时实行严格的农残检测，到盒马鲜生仓库后再次进行抽检。

除此之外，由于生鲜领域门槛低且竞争空间大，不少企业或品牌

都想加入进来，市场参差不齐。而盒马鲜生则进一步抬高了生鲜商品的竞争门槛，保障了该品类的良性竞争。盒马鲜生的"日日鲜"被大众普遍认可，已经走进百姓的日常生活，物美价廉的优势使消费者更加习惯这种模式，包括物美、大润发在内的各大零售企业都推出了类似的产品和服务。这一做法将再度抬高生鲜商品竞争的门槛。没有强大的商品研发和供应链能力，未来的生鲜行业玩家将很难在消费者端建立竞争力。

3. 品类升级的强支撑：从供应链到品类创新

盒马鲜生的"日日鲜"便捷了大众的生活，解决了部分民生问题，但这个现象的实现依托其背后庞大的运作系统，尤其是在供应链支撑方面。盒马鲜生大力投入物流供应链基建，建立了完备的常温冷链仓库，数字农业集运加工中心和水产暂养中心，规模化的品控体系及生鲜中台库控体系。以原产地直供为例，截至2022年2月，盒马鲜生在全国供应"日日鲜"的蔬菜基地就超过450个，涉及全国20个省份（含自治区、直辖市）。

除了供应链的完善，"日日鲜"还不断促进品类创新。品类从蔬菜、牛奶逐渐扩充到了水果、肉禽蛋及其3R产品线，内容持续丰富，满足了大众生活的方方面面。随着盒马鲜生的持续发展，其在全国各大城市实现了大范围的拓店，"日日鲜"也从上海陆续覆盖全国，触达更多地区的大众消费者。实际上，不仅仅是"日日鲜"的品类创新，盒马在细分品类还分别推出盒马工坊、盒马MAX、盒马有机等自有品牌，涵盖生鲜、休食、熟食、烘焙、鲜花、酒水、生活日用等品类。

在品类创新的基础上，盒马也洞察了当前目标消费群体的行为特征，在"懒人经济"的推动下，生鲜电商业务的确是一个好的方向，但要在同质化营销、单品利率低、普遍亏损的情况下得以生存，仍然需要更成熟的商业模式和更强大的资金、技术支持。当前，"互联网+服务"等消费新业态和新模式得到普及并趋于成熟，国家也在对生鲜电商的发展给予新的意见。中国对外经济贸易文告指出，要推动线上线下消费有机融合，培育壮大各类消费新业态、新模式，加快推广农产品"生鲜电子商务＋冷链宅配""中央厨房＋食材冷链配送"等服务新模式，政策支持力度大，使该领域发展有着良好的社会环境。另外，盒马依托阿里巴巴的资本和技术支撑，实力雄厚，其结合当前互联网运作的特征，利用差异化的打法不断深挖产品价值，形成自有商品体系，发展的潜在空间巨大，其品类发展策略值得相关行业进一步学习和借鉴。

四、波司登风衣羽绒服

众所周知，一直以来，羽绒服品类作为标品，是很难做出差异化的。你讲时尚，我也讲时尚；你做长款，我也做长款；你讲轻薄，我也讲轻薄；你讲科技，我也讲科技。这很容易陷入同质化竞争。面对这种困难的现状，如何破局和实现品牌的突破是一件极为重要的事情。实际上，一个全新品类的创造无外乎把握住核心两点：一是读懂未被满足的需求，二是推动这一需求落地。

1. 转"痛点"变"卖点"：打破品类与文化壁垒

由于羽绒服的蓬松感容易导致冬天人们衣着上看起来臃肿，所以不少消费者希望有一件既能够拥有风衣的形态和质感，又能够起保暖作用的冬季衣服。波司登在洞察到这一市场需求之后，不断创新研发，打造了一个全新的冬季羽绒服潮流品类，叫"风衣羽绒服"。2021年，波司登举办了"首创波司登风衣羽绒服"发布会，一经推出，这一概念得到了整个时尚圈的高度关注，波司登也实现了颠覆式出圈。从市场化的角度来看，由于波司登品牌在中国市场长期积累，其产品被大众认可，得到了市场的权威认证，产品质量接轨世界，品牌美誉度、国民度不断提升，拥有这些先天条件的波司登对市场有着较为深刻的认知，有基础、有能力进一步深耕国内市场，把握国货替代海外品牌的发展红利。

波司登风衣羽绒服的首次发布得到了社会的普遍关注，成为风靡全球的产品。这一新品类的出现，给大众带来了较强的冲击感，可以说是一个巨大、新维度的变化，直击了市场的痛点，印证了波司登持续进化的能力。可以说，无论从产业角度还是估值角度出发，这一举动都打开了其成长的"天花板"。企业家需要左手洞察力、右手技术流，方可打破品类和文化壁垒，这里我们一起来探究波司登首创的风衣羽绒服是如何风靡全球的？

波司登这一品类创新，可以概括为转"痛点"变"卖点"，打破品类与文化壁垒。风衣这一品类已经存在很久了，注重时尚，诞生于西方，而羽绒服主打保暖，起源于东方，完全是拥有截然不同功能、文化的时装品类。风衣羽绒服则旨在打破这两大品类的边界，同时满足人们"要风度，也要温度"的两种需求，既利落有型又御寒保暖，也是东西方时装文化的一次大型碰撞与融合。

另外，波司登风衣羽绒服也可以说是服装上的大胆创新。具体来看，波司登在风衣羽绒服的设计、工艺、面料、板型上都进行了突破。一是设计上，波司登打破传统羽绒服的"分开式"设计，用"增加羽绒层""一体化"的方式最大化保留了英伦风衣的经典设计，包括肩章、风纪扣、背部挡风片、腰带、开叉式等。二是工艺上，巧妙采用创新分区充绒技术，每制作一件需要超52个衣片、耗时960小时、历经150道制作工序。三是面料上，专属定制独特面料同时实现温暖、修身、防风、防雨、抗皱的特性。四是板型上，运用高科技的3D立体人体建模进行数据分析，最终创造出符合亚洲人的风衣板型。

2. 从设想到落地：洞察需求与革新技术

波司登风衣羽绒服的革新在于把握了两个市场关键点，一是洞察了消费者未被满足的真实需求，二是及时革新技术并推动这一市场需求的落地。波司登经过调研了解到市场需求后，设想了该品类的基本形态，再不断推动技术研发将其落地，同时利用互联网时代的各类社交媒体创新广告营销方式，开创了风衣羽绒服这一全新的品类。

具体来看，这一品类策略的过程主要分为三个阶段。第一阶段，全方位洞察消费者的诉求。风衣羽绒服的设想来自两年前，源于波司登对商务人士冬季通勤、保暖需求的敏锐洞察和对目标人群的深入研究。一方面，"机能类服装"在职场上的流行，说明带有防风、防水、保暖等功能性的服装已成功从单纯的户外场景拓展到通勤场景；另一方面，波司登发现在通勤场景或正式工作场合，商务人士较少穿羽绒服，而青睐体现干练职业形象的品类。

第二阶段，波司登将加强技术研发，推动设想的落地。设想产生之后，波司登设计团队邀请了Burberry Prorsum的前设计总监Russell Delandy参与设计研发，共同开创风衣羽绒服品类。同时，波司登完成在设计、工艺、面料、板型的全面创新，真正落地这一精细化需求，尽显技术流本色。实际上，波司登已拥有271项专利，参与23项国际标准、11项国家标准、4项行业标准的制订、修订工作；率先提升绒量至90%（入门级为50%）；蓬松度最高可达1000+（入门级为480+），是超奢侈品的5A级羽绒。

第三阶段，利用多元渠道开展极具创新性及仪式感的线下营销发布。波司登的风衣羽绒服发布形式十分具有创新性，成为中国首个沉浸式主题大秀，风衣羽绒服贯穿于从历史到未来的四大场景，包括英式浪漫、香港街头潮流、都市时髦、未来世界。从品牌的角度，这一极具创新性及仪式感的线下营销案例，迅速引发相关媒体话题的自传播，赚足口碑，大幅提升了品牌传播的效率及品牌美誉度。

洞察、设计、营销，这三个阶段的递进和结合，让波司登风衣羽绒服从概念到产品，再到市场铺货，成功进入了消费者的心智，得到了大众的普遍认可，使波司登成为风衣羽绒服品类的代表性品牌。

3. 推动品类纵深发展：探寻多功能"时尚羽绒"市场趋势

波司登风衣羽绒服短时间内受到了大众的追捧，打造了爆款产品，为其长期高质量发展奠定了基础。在产业角度下，我们分中短期、长期两个视角来看波司登风衣羽绒服。中短期而言，传统旺季及消费旺季驱动波司登2021—2022财年第三、四季度销售，风衣羽绒服正式上市，以全新品类触达极具消费潜力的消费群体，成为又一业绩催化剂。另外，天气与纺织服装业之间历来存在强关联性，作为主要外部驱动因素之一，低温天气之下的消费者换季服饰需求也会大幅提升。

风衣羽绒服或将从量、价两个维度上回馈波司登的业绩表现。风衣羽绒服是面向商务人士提供的一种新商品选择，这部分群体规模较大、消费意愿与能力较强，也是羽绒服领域过往未触达的新消费人群，且从定价上来看，首创"风衣羽绒服"男款定价3599元、女款3299元，处于波司登价格带的上层。时尚与功能属性的成功试水满足人们个性化、多样化的需求。风衣羽绒服是波司登深化羽绒服饰时尚与功能属性的一次试水，以创新力保证成长性，同时由此进军高端商务市场，开始向空白价格带跃升。

当前年轻人的需求更加个性化、多样化，大众对于羽绒服除了功能上有要求外，款式时尚感也成了重要属性，不断驱动着"时尚羽绒"品类的发展。随着年轻一代不断迭代成消费主力，这一领域的增长潜力有望被继续释放，成为未来羽绒服领域最重要也是最具潜力的组成部分。

当前波司登羽绒服品类正在持续进化为多功能的"时尚单品"，将朝着高端化、年轻化、时尚化方向推进，羽绒服品牌也在激烈的市场竞争中不断自我迭代和发展，保证功能与时尚双需求。

4. 强势占领品类席位：领军风衣羽绒服市场

纵观国内羽绒服市场，按照价格区间可以分为三类。第一类是海外进口的高端国际羽绒品牌，价格偏高，主要以加拿大鹅、Moncler等为代表。第二类是以优衣库、ZARA、HM为代表的快时尚品牌，以及冰洁、雅鹿等卡位大众市场的专业羽绒服品牌。第三类是波司登、雪中飞等专业性羽绒服品牌，以及 ONLY、The North Face 等卡位中高端市场的其他品牌。

仔细观察市场会发现，波司登实际上并没有强烈的同质化竞争对手，产品品质优良且毛利率有较大的上升空间，可以说是当下最有能力向上跃升的品牌。波司登有着较强的长期进化能力，尤其是在高端化羽绒领域，估值水平逐步对标龙头品牌，增长前景较为显著，有着相对较高的市场价值。

当下，风衣羽绒服这个品类心智在消费者脑海中已经建立，波司登做到了让消费者一想到"风衣羽绒服"就只想到波司登。整体来看，波司登走出了品类标杆之路，逐渐成为中国品牌服饰领域一张极具代表性的"名片"，其专业性、排他性、品牌进化能力等使其具有长久发展的驱动力，打造核心竞争优势，产生长期的市场价值持续增益。

五、添可洗地机

随着社会发展和生活水平的提升，消费者在购买商品或服务时，更加关注消费的体验感，面对大众这种需求的增长，很多企业都从不同的角度竭力地为顾客提供极致的体验和服务，试图让消费者在每一个环节都满意。但消费者面对这些产品或服务时，往往会提出自己的需求或不满，而这些内容当中往往就包含着消费者的痛点，解决消费者的痛点是体验营销过程中必然存在的一个产物，企业只有把握并利用好痛点，才能创造出杰出的产品。

同样是解决消费者痛点，添可洗地机解决了原有扫地机的痛点，开创洗地机这一地面清洁家电新品类。本节将系统地介绍添可洗地机是如何直击传统相关品类的市场痛点，进而反观自身产品并自我革新优化，从而开创新品类，为相关行业和品牌提供借鉴价值。

1. 贴近用户需求场景，带动洗地机品类的成功

从1998年成立的泰怡凯到2013年的"TEK"，再到2018年品牌名升级为"添可"，名称变化的背后是创新引领下的企业变革，从贴牌代工向品牌自营切换；从有线吸尘器向手持无线吸尘器切换，再向拖地机、吹风机、厨电、美妆个护等多个领域延伸，创新变成了可持续发展的动力。

在添可推出洗地机之前，地面清洁领域主要有两大竞争品类，一个是家庭常见的吸尘器，另一个则是前些年比较火热的扫地机器人。吸尘器由戴森品牌引领，扫地机器人由添可的母公司科沃斯引领。这

两个品类基本满足了人们日常在地面清洁方面的需求,对于添可来说,拥挤的地面清洁赛道并没有太多可发挥的地方。

科沃斯在该领域发展历史较久,对于市场有着敏锐的洞察力和较强的产品研发能力,能够感知消费者的需求和痛点。经过市场调研和观察,科沃斯董事长钱东奇和他的添可团队发现,虽然吸尘器和扫地机器人可以实现基本的地面清洁工作,但市场忽略了中国人对于拖地有着独特的喜爱,在完成清扫工作后,不少人还会用拖把和抹布将地面再清理一遍,保持深度清洁,他们认为该领域有着潜在的市场需求和较大的发展空间。洗地机既能够清扫地面,又能够同步实现拖地的功能,满足了消费者的双重需求。洗地机的出现创造了新的使用场景,将扫地和拖地相整合,全方位契合了用户的多样化诉求。

添可洗地机推出后仅仅用了3年时间,便实现了该品牌在洗地机品类行业中的领先地位,市场占有率高达70%。实际上,添可洗地机相关产品带动了整个洗地机品类的出现,洗地机品类的发展又助推了添可品牌的成功。因此,未来地面清洁领域市场大概率分为扫地机器人、吸尘器和洗地机3大品类,但吸尘器和扫地机器人有重合的部分,在不断衍生发展中,如果只剩两席,那一定是扫地机器人和洗地机。这是因为,洗地机深刻洞察了中国消费者的生活习惯,并将该洞察的内容转化成解决用户痛点的技术和产品。

2. 深耕市场范畴,突破洗地机品类

近些年,添可始终保持着创新发展动力和模式,努力实现品类和品质的突破。添可将自身精准定位"智能"科技,以独特视角打通生活电器行业通道。2019年3月,添可发布了全球首台"会思考"的智能吸尘器PURE ONE,这一智能化家电产品的出现,让大众对其刮目相看,而这一创新之举也为后来添可产品的全面智能化奠定了基础。如果说吸尘器产品智能化还属于家电品牌在吸尘器赛道里的竞争,那

么从洗地机开始，添可便展现出了布局赛道的能力，重新开创了新的竞争路径并借助先发优势提前占据了主要地位。

近几年，随着新中产阶级整体消费能力的提升，不仅是一二级市场的消费者有消费升级的需求，还包括三四五级市场的消费群体也都有消费升级的需求。添可品牌从创立之初就不是局限于定位地面清洁，目前几个产品的赛道已经布局完成，接下来就是几个赛道的深耕，不仅包括清洁、美妆个护、厨电等，在2021年下半年，添可还上市净水、净化相关的产品。未来，出色的创新能力将是添可参与市场竞争的核心竞争力，包括足以应付市场上消费者需求的储备能力。

添可是一家研发驱动型的企业，按照上市一代、研发一代、储备一代的节奏和逻辑，持续创新、自我革命、解决问题，不断强化在智能领域的优势，坚持布局和投入人工智能等前沿技术领域，大力提升公司的核心竞争力、技术先进性和可持续发展能力。未来企业间的竞争，最终还是会回归到用产品说话的本质上。未来的添可品牌，也会在确定品类有机会的基础上，用好的产品、解决方案布局新赛道，满足消费者的需求，在Solgan——"生活白科技，居家小确幸"的指引下，用创新且简单易用的科技给用户带来最好的体验。

社会的发展是需要个体不断自我革新和突破的，对于市场和品牌来说也是一样的道理，消费升级不是简单的功能、配置的叠加，这样反而容易产生功能过载和资源浪费的现象，真正的消费升级是要打造降维、跨时代的产品，切实地从消费者的使用场景和消费痛点出发，进行创新优化，满足社会发展的多元化需求。在这一大时代的背景下，社会演进的速度加快，互联网和智能技术的加持也让新品类诞生的机会增多。因此，企业或品牌要想在百舸争流的竞争中突围，就要保持敏锐的市场洞察力，真正理解消费者的生活习惯和诉求，进而反观自身的产品设计，打造出满足消费者需求的品类。

六、OATLY 燕麦奶

随着社会发展和生活水平的提升，大众对于健康领域的需求越来越高，更加关注食品的品质，市场上"植物基"概念备受关注。不少企业纷纷投资该领域，为其注入更多的发展动力，这就使得传统的植物基饮品品类焕发新生。近些年在植物基市场中，OATLY 燕麦植物基奶无疑成了代表。2021 年 5 月 OATLY 正式于纳斯达克挂牌上市，成了植物奶第一股，总市值超过 100 亿美元。我将以 OATLY 的品类升级案例来系统讲解外来品类本土化路径的生存之道。

1. 主动发掘机遇：创造国产燕麦奶品类

OATLY 产品并不是 2021 年才进入中国市场的，早在 2018 年初，OATLY 便开始在国内市场进行产品投放。但是在当时的背景下，OATLY 并没有那么受欢迎，只是将部分产品放到了华润万家零售集团旗下的高端超市品牌 Ole' 精品超市里。但由于品牌在国内的知名度不高，影响范围有限，所以在该超市中，实际购买该产品的人数相对较少。不少消费者只是将其视为国外的豆浆，并没有产生极高的认可度，甚至 OATLY 的全球总裁也不知道应该将其归于超市的哪个品类，既不属于牛奶区，又不属于早餐区，这无疑成了一个无法定位的尴尬概念，OATLY 的全球总裁认为在中国并没有该品类。

面对这种现状，OATLY 的中国区负责人，也就是现在 OATLY 亚太区总裁张春则认为，没有这样的概念反而是更大的机会，他最终说服全球总裁在中国销售产品。为了证明其说法的真实性，张春投入市场调研中,他观察到中国市场和国际其他市场的差异性主要存在于两个方面:一方面是中国目前不存在该品类,需要强化消费者认知,在国内市场上打造出这个品类,但这需要花费较多的金钱,也需要较长的时间去引导消费者产生这样的概念;另一方面,OATLY的产品不论是在口感上还是外观设计上都更偏北欧风,无法契合中国消费者的本土口味,因此OATLY决定自我革新,将产品定位到咖啡的场景。为了全面打造适合中国市场的产品,OATLY决定搭建系统的市场方略,在2018年上半年,OATLY便推出了"三个一"的聚焦策略——一个城市、一个市场、一个产品。"一个城市"就是聚焦上海;"一个市场"指的是聚焦咖啡市场;"一个产品"就是OATLY的BARISTA(咖啡大师燕麦饮)。在这样的策略指导下,张春带领团队深入国内市场,选择了小三代精品咖啡这个细分市场领域,与相关商家进行洽谈,一年拿下了4000多家独立精品咖啡馆,然后OATLY和其独特的理念,以及燕麦饮这个品类在独立精品咖啡馆中兴起。

同时,OATLY中国团队还意识到当时的中国市场没有燕麦奶这样的品类,该类产品的市场范围较为有限,要想拓宽市场和提升品牌的影响力,必须率先构建起该品类,这样才能保证品牌长期生存下去。因此,从2018年下半年开始,OATLY一直和同行大力推广这个品类,强化其市场概念,FBIF(食品饮料创新论坛)也认可该品类的价值,并不断推动该品类市场的纵深发展。与此同时,国内正好遇到植物基、植物肉的市场风潮,为该品类的发展提供了更多的有利条件。2020年的FBIF会议上,OATLY联合植物肉、植物蛋和植物奶(当时称为植物界的"三驾马车"),一起把植物基的品类打响。同时,天猫新品创新中心(TMIC)发布了行业的白皮书,随后,阿里巴巴开拓了平台,共同成立中国植物基联盟,乳品公司也加入了进来。在行业共同的推动下,到2020年第四季度,人们明显感觉到这一品类的上升势头。

到了2021年年初,2月份单月注册燕麦饮品的公司就超过了200

家,这就意味着该品类迎来了风口,为 OATLY 品牌的发展提供了更多的机遇。可以看出,中国市场和国际市场存在较大的差异,OATLY 选择了在咖啡馆里孕育,然后去创造品类,与行业共同推动植物基概念,提供更大的市场范围,在此基础上,实现了 OATLY 品牌在中国市场中的升级。

2. 保持迭代更新:从发现乳糖不耐受到燕麦奶风潮

在 OATLY 打造出自己的新品类,从而实现品牌破圈后,该品牌短时间内被大众所熟知,不少人认为其是一夜爆火的品牌和产品。而事实上,OATLY 的发展有着 60 年的历史,是三代人不懈努力的结果。OATLY 第一阶段的发展是创始人的导师、瑞典隆德大学(Lund University)的教授发现了乳糖不耐受的现象并预测了北欧乳糖不耐受的人群可达到 3%~5%,是一个亟待关注的领域。第二阶段的发展是 OATLY 的创始人 Rickard Öste,他在 20 世纪 90 年代初基于燕麦发明了酶解技术,也就是 OATLY 专利酶技术,他针对乳糖不耐受的人群用专利酶做了一系列燕麦基的产品。第三阶段的发展是现在的老板、OATLY 全球 CEO Toni Petersson,他在 2013 年加入 OATLY 后,针对消费者、公司未来的使命和社会痛点做了品牌重塑。

经历了多年的发展,OATLY 积累了较为丰富的市场经验,在品牌重塑后定义了核心价值观和新的商业模式,以及定义了以创意为核心的传播手段和一系列品牌故事,也确定了 OATLY 的定位、消费人群。重新完成整个商业定位后,OATLY 再次进入市场,先是在北欧推起植物基的风潮,然后流行到北美,覆盖了全球多国家、多地区的市场。

3. 塑造品牌价值观:打造可持续发展核心价值观

OATLY 为了增强品牌调性,在消费者心目中树立良好的品牌形象，在品牌重塑后强化了三大核心价值观：第一个是营养健康；第二个是公开与透明；第三个是可持续发展。实际上，这三大核心价值观并不是为了迎合市场而提出的，OATLY的初心就是可持续发展。OATLY既不是单纯售卖产品，又不是售卖创意，而是致力于将可持续发展贯彻到每一个环节和价值链中。在国内市场上，OATLY把三个可持续发展提炼了出来：第一，身体和健康是需要可持续发展的，在物理层面上人们培养良好的生活方式和合理的膳食结构来保障身体上的健康。第二，将可持续发展概念放在了精神层面，人的精神是支撑个体保持运作的重要来源，心智的可持续发展更能够激励人们在社会、组织和家庭中充满正能量。第三是从全球视角的可持续发展，助力全球环境保护和生存空间的改善。在可持续发展的理念下，OATLY肩负社会责任，帮助聋哑人咖啡师融入社会，助力整个社会生态的可持续发展。

4. 强化品牌理念：商业向善，成为承载新生活方式的载体

OATLY不断强化品牌理念，强调品牌发展要回归初心、保持商业向善的态度，构建对环境、对地球友好的生意模式。商业向善并不是单纯指企业要一直做公益，而是更深层次地将社会责任刻入商业模式、商业基因中，从内到外地保持对社会负责任的态度，为人们的生产和生活提供良好的支撑。另外，OATLY认为在每个社会个体的内心深处都有一个善念——"人之初，性本善"。OATLY在整体定义核心价值观后，以很有趣的方法让每位消费者真正地意识到OATLY所代表的可持续发展、营养健康的理念与自己心目中的某一份善念吻合，让每位消费者在OATLY"找到自己"。消费者喜欢OATLY，并不是因为OATLY，而是因为"喜欢自己"。OATLY是承载新生活方式的载体，燕麦奶也是这样的载体。除此之外，OATLY不能单纯地停留在一个食品、饮品或咖啡场景，在2021年年初，OATLY探

索更多可能的场景，万物皆可OATLY，在消费者各个场景里都可以找到OATLY能够代表的生活方式和理念。很多人将OATLY理解为一种咖啡场景，实际远远不是。未来OATLY想要把品牌变成一种精神，一种可持续发展、商业向善的理念，这样它才会长久存在。

七、空刻意面

在早期的方便食品行业中，大部分成熟企业的产品都集中在 3 元到 4 元的价格范围内，只有少数公司开始着眼于消费升级，推出了客单价在 20 元左右的方便食品。东方方便素食领域已经建立了一些知名品牌，而西方方便食品中的意面品牌则还没有被完全开发。在 2019 年 9 月，寻求创新的空刻意面开始尝试推出新产品，实践证明，这种产品受到了消费者的青睐和需求。王义超坦言："我们积累了很多忠实粉丝。他们可能是家有老小的社会中坚力量，可能是忙碌的白领，可能是新婚夫妻，在寻求方便美味的过程中不愿放弃仪式感。"

1. 空刻意面：从新锐品牌到行业龙头

回顾空刻一路战绩，空刻意面产品上线仅几个月便在 2019 年天猫"双 11"期间斩获速食意面品类销量 Top1。2020 年，空刻意面的销量突破 1 亿元规模，销量达 1200 余万盒。2021 年"双 11"，空刻意面除了第三年蝉联速食意面品类销量 Top1，更是创下"当天方便速食第一"的傲人成绩。截至 2022 年 2 月底，空刻意面已连续 3 个月位列天猫方便速食 / 速冻食品大类目 Top1。从新锐品牌到行业龙头，从细分赛道头部到行业第一，空刻的 3 年是飞速发展的 3 年。空刻意面之所以能够实现进阶式飞跃，一方面是因为它在产品品类升级上抓住了机会，另一方面则是因为它能够成功获取流量和渠道资源。

2. 意面升级：让消费者在家做米其林级别的意面

随着消费者需求的变化，新的品类机会不断涌现。类似小米生态链中的饮水机、自加热技术的自嗨锅，以及代餐粉等新产品，都是消费者对更多、更方便选择的需求反映。空刻意面正是切中了这个点，将传统的意面市场进行了升级和方便化。之前的意面市场其实是挂面逻辑的市场，消费者需要把面条买回家，然后买一些食材自己做酱料。现在的空刻把意面方便面化，通过在产品中加入最正宗的西式调味料，比如帕玛森芝士、海盐、橄榄油，让消费者能够在家做一道米其林级的意面。

意面和中式面条的主要区别是什么？意面使用的是杜兰小麦，不容易入味。一般在煮意面时，要提前加入橄榄油和海盐来改善这种情况。而把这个故事融入空刻意面产品中，能让消费者在家也能感受到真正的意面美味。在天猫空刻意面旗舰店的买家秀中，消费者可以看到产品实拍，让他们能在家做出米其林级别的意面并在朋友圈里分享。在天猫"618"活动中，空刻意面被评为方便意面类别的开创者，并保持了近一年的市场唯一性。接下来，我们从以下四个要素分析空刻意面是如何抓住品类升级机会并成为类似产品中的龙头的。

要素一——产品升级：以消费者需求为导向的产品创新。

面对纷繁复杂的品类选择，现代消费者对产品的需求随之变得挑剔，他们既要好吃，又要健康，需求呈现多元化发展。针对这一情况，空刻采取的应对方法是不断创新产品。为了提升口感，空刻采用了低温慢煮技术，从而达到食物锁鲜的效果。同时，空刻还致力于研发"原创口味"，拥有超过50人的研发团队和意大利星级主厨的顾问支持，以及超过40000平方米的自建厂房，为产品研发提供了技术和供应链支持。目前，空刻主打的口味有"黑椒牛柳""番茄肉酱"和"咖喱鸡肉"，并且还在不断研发像"墨西哥香烤火鸡"等新口味，这些口味不仅美味可口，还非常有趣，充满仪式感。

除了产品本身，年轻消费者对产品使用体验提出了更高的要求。空刻的意面包内有 6～7 袋料包，为了不影响用户的使用体验，空刻精心设计了料包的摆放，不会乱七八糟，令人眼花缭乱，开箱体验很棒，自然不会影响用户接下来的食欲。此外，空刻还根据消费者的反馈，不断优化使用体验，将一些材料分开放，比如之前的"干酪欧芹粉包"，升级之后干酪和欧芹分开放，既满足了用户的口味偏好，又解决了干湿配料的储存保鲜问题。空刻根据消费者的需求从内到外对产品进行创新，只为让用户享受美味，感受惊喜和快乐。

要素二——视觉升级：高颜值包装升级视觉体验。

空刻的目标消费者包括职场人、宝妈和"涂口红的女孩"等人群，他们往往追求小资情调和体验感。因此，为了让产品不至于在"茫茫货海"中淹没，空刻选择打造高颜值的产品吸引他们的注意力。与其他食品品牌不同，空刻意识到目标用户主要是女性，于是提出了一个大胆的想法：将产品包装设计得"像一个化妆品"而非食品。这个想法的灵感来自一支口红的包装。因此我们能够看到，空刻的产品包装只有明亮的色块和醒目的 logo，非常符合潮流，引起了目标消费者的共鸣。

除了外包装的设计，空刻还在每个产品包装上印上二维码，方便消费者扫码了解产品背后的故事。这样做不仅赋予了产品更多的内涵和价值，还加强了品牌和消费者之间的情感联系。

要素三——推广升级：利用直播电商获得精准的种子用户。

随着网络通信技术的发展，移动互联网经历 2G 文字、3G 图文、4G 视频等不同阶段。在当前的移动互联网时代，抖音和淘宝直播成了最受欢迎的两大流量口。空刻利用超级头部主播的影响力进行冷启动，并战略性地押注了抖音和短视频。在 2020 年年中，李佳琦带着他的团队进行了一次选品，彼时"口红一哥"的称号已经打得响亮，一句"OMG，买它"便能轻易"掌控"万千女生的钱包，众多品牌排着队希望进入这个"赚钱机器"的法眼。

比较克制的李佳琦拒绝掉了 90% 以上的合作。一件商品从招商同事开始接触，到经过 QC（质检）团队检验，再到登上李佳琦直播间的可能性大约只有 5%。而这一次，创立不到一年的空刻意面脱颖而出，通过严格的筛选程序成功进入了李佳琦的直播间并获得了巨大的成功。"让产品自己说话，让产品自己推荐自己"。空刻意面的联合创始人兼总经理王义超认为，直播使空刻意面获得了非常精准的种子用户，并在这批用户中逐渐发酵并传播。因此，空刻意面将产品打造成最好的推荐者，让产品本身去推销自己。

之所以要推广升级，很大程度上与消费者接受信息的渠道变化有关，之前的消费者看电视广告，现在消费者主要是通过手机上的 App 来接收信息。抖音的广告逻辑很有趣，每看 3 条原生内容就会插入一条信息流广告，就像电视广告在抖音里一样。内容载体的变化打破了原有的流量定价，尤其是抖音和快手的流量非常庞大，但市场化和定价不够成熟。这使得买家可以以较低的价格购买大量流量，从而产生流量红利。空刻意面在线上渠道的成功让他们对未来充满信心，同时员工也希望空刻意面能成为下一个重要的增长点。

要素四——渠道升级：线下渠道的新机遇。

随着线上流量的高速增长和高回报时代的到来，竞争对手们正在不断地追赶。然而，随着越来越多的玩家涌入速食领域，曾经的方便意面蓝海已经变成了红海。一方面，传统的方便面销量飙升，另一方面，资本开始涌入速食领域，新型的方便食品逐渐崛起。阿宽、今麦郎争相上市，康师傅、统一也在推出新品，自嗨锅、莫小仙、拉面说等品牌也成为直播间的常客。此外，百草味、三只松鼠等网红休闲零食巨头也开始涉足方便速食产品领域。新锐品牌也开始探索新的产品类别，推出各种口味的创意产品，并复刻当地的美食文化，如螺蛳粉、热干面、重庆小面等。凭借新颖的速食概念和营销模式，速食品牌正在争先恐后地攻占年轻人的心智。

不过，比谈论速食意面门槛和红海更有意思的问题是，当前市场下还有哪些机会点？空刻意面在其中处于什么位置，下一个赛点在哪儿？在空刻意面展现活力和创新的同时，铺展线下渠道成为另外一个重要的策略。

线下商超的卖场布局非常完整。如果在美团上搜索"空刻意面"，可以发现附近几千米范围内的 BLT 精品超市、Ole' 精品超市、麦德龙、沃尔玛代购、优先云超市均可以在线上进行配送。在 BLT 精品超市，可以在柜台显眼位置看到空刻意面的展位。一位店员透露，空刻意面是该店销售最好的速食意面产品，在促销时的表现比平时更火热。这种产品口味更多，包装更时尚，很容易吸引年轻人和白领阶层，有些用户是因为这种产品才来到该店的。

该店员还提到，空刻意面单独将海盐、橄榄油等小调料包装在产品中，省去了更多自主烹制的步骤。虽然单独销售的意面产品更受习惯做饭的家庭主妇欢迎，但销售量和盈利方面却比不上空刻意面。Ole' 精品超市的一位店员也承认，他们也在寻找自己的特色或与其他渠道区别开来的地方，空刻意面这类产品正好满足这一点，不仅能带来"增量"，还能提供差异化的竞争优势。渠道变革和消费需求的变化一直在影响着空刻意面的商业模式，也影响着该公司的底层文化和价值观，新型冠状病毒感染疫情也促使整个方便食品行业迎来了爆发式的增长。

八、小米移动电源

本章的最后一节，说说小米移动电源的品类升级之道。作为小米"手机 X AIoT"战略的重要组成部分，物联网与生活消费品业务在小米的发展历程中扮演着重要的角色。这部分业务既包括小米自有的产品，又包括来自小米生态链的产品。雷军曾表示，AIoT 的底层逻辑是"用小米做手机成功的经验去复制 100 个小小米（产品）"。因此，在推出第一款专为手机控发烧友打造的高品质智能手机"小米 1"后不久，小米团队就开始考虑做移动电源。毕竟，手机离不开移动电源，公司组织了一个小分队开始研发移动电源。

1. 小米的移动电源业务：尾货生意的启示

小米首先推出一款 4000 毫安的移动电源，成本大概 100 多元，售价 200 多元，一年下来，总销量大概 2 万多个。当时小米副总裁、小米生态链负责人刘德商业嗅觉极其灵敏，人称"捕风手"，他认为单品 2 万多个的销量，对于小米生态链的业绩贡献太小，于是就决定暂时搁置移动电源业务。

2013 年年初，小米生态链负责人刘德接待了一位深圳供应商，对方带来了一款移动电源，希望小米能够销售。然而，刘德发现这款移动电源内部采用的是山寨电芯，存在一定的安全隐患。但是供应商坚称，这个电芯是从苹果那里获得的，应该非常安全。刘德对此提出了疑问，如果是苹果电芯，为什么售价如此便宜？供应商告诉他因为电芯是尾货，因此价格相对便宜。这时，刘德意识到移动电源这个生意的本质是尾货生意，也就是销售已经下架或库存过多的产品。这位深圳供应商的提醒对小米后来成功开展移动电源业务起到了重要的启示作用。

什么是尾货生意？每年电芯厂给各个手机公司提供电芯，到年底的时候某型号可能有几十万库存，把这些电芯集结在一起，包装后组装成充电宝，所以这个产业的本质是尾货生意。小米曾经考虑再次投入移动电源业务，但是深入市场调研后发现，如果只是靠尾货做生意，库存必定会有限，无法支撑长期的供货量。而小米一贯的产品逻辑是爆品策略，也就是通过推出海量单品来实现业绩增长，因此小米决定暂不涉足移动电源业务。

通吃一个产品的逻辑是减少 SKU 数量。如果只有 30 万～50 万库存的电芯，可能很快就售完，因为小米很多都是几百万甚至上千万的单品售卖记录。所以，小米团队还是认为这个尾货生意的特点不适合他们。时间来到 2013 年 4 月，联想电脑发布公告，已经取代惠普成为世界电脑市场的第一大供应商，成为全球最大的笔记本电脑供应商。

2. 小米移动电源的创新之路：从尾货生意到产品外观设计

商业社会的本质是信号学，每个商业信息都传递着特定的信号。当联想说它是全球最大的笔记本电脑供应商的时候，刘德认为这背后有两个信号：第一个信号是很多主力厂家放弃做笔记本电脑了，这使得联想成了最大的供应商。第二个信号是全球可能存在着大量 18650 标准电芯尾货，因为当时 PAD 销量很大，而笔记本电脑销量则在下降。当然今天这个局面又改变了，这个商业信号有趣就有趣在于它是随着时间轴不断变化的，所以我们捕捉到了一点信息：全球 18650 标准电芯可能有大量尾货出现。

如果说移动电源的本质是尾货生意，那么全球大量 18650 标准电芯的尾货为小米提供了一个很好的机会。于是，小米团队立即投资了一家南京的小公司，它原来是给日本做手机 ODM 服务的，投资后刘德跟其负责人说，不要再做 ODM 手机了，全力转做移动电源。

刘德团队带着这个公司去与三星和 LG 谈判，说："我知道你们手里会有大量的 18650 标准电芯的库存，你把产线开足全卖给我，条件只有一个，就是给我联想的价格，因为联想是全球最大的笔记本电脑供应商，他拿到的电芯价格肯定是最低的，你们可以给我同样的价格，要不你们就留着停产，要不就以这个价格卖给我。"

众所周知，工厂的生意逻辑是：不能停产。停了以后就要把工人遣散，工人遣散以后，等到产能恢复时，你再找工人不一定能找到。所以工厂必须要维持运转。因此，小米很快与供应商达成了协议，以优惠的价格从供应链中获取 18650 标准电芯。就是用这个逻辑，小米才能以全球最低的成本获取最好的价格来生产这款产品。

随后，小米的产品设计团队开始进行产品外观设计。极致的外观设计一直是小米的特长，他们将移动电源的外观设计得美轮美奂，采用了与 MacBook Pro 相似的表面工艺，使用 CNC 高精度数控机床切割，一体成型的金属外壳具有极高的结构强度和防摔、防撞能力。同时，它的表面防汗、防腐蚀，非常适合携带。这款小米移动电源采用了来自 LG、三星等国际顶尖电芯供应商的原装定制电芯，电量高达 10400 毫安，为手机、平板电脑、数码相机等提供了超乎想象的续航时间。小米移动电源还采用了世界最大的模拟电路供应商美国德州仪器的最新 USB 智能控制芯片和充放电芯片，不仅提供 9 重电路保护，还能全面提升充放电效率。

3. 小米移动电源：商业红利时代的开端和变革

2013 年 12 月 3 日晚上 9 点，雷军发布微博，宣布小米移动电源即将上市，售价仅为 69 元。这个消息震动了整个移动电源行业，标志着行业高利润时代的终结。在仅仅 10 个月后，小米移动电源已经占据了中国市场 40% 的份额。据了解，从 2014 年到 2018 年这 5 年时间里，小米移动电源的全系列销量累计突破 1 亿，成为全球销量最多的移动电源。如今，小米每年在 18650 电芯方面的采购量大约占全球总采购量的 1/7。

这是一个非常有趣的例子。在进入任何一个行业之前，首先要了解这个行业的本质。其次，要在最佳的时机入手。刘德认为，现在已经不是移动电源的最佳时机了，因为面临几个压力：第一，来自供应链端的压力，例如笔记本电脑的销量正在上升，而平板电脑的销量正在下降。第二，电动车的销量增长也使得对 18650 标准电芯的供应非常紧张。第三，共享充电宝的出现改变了消费者的生活习惯，也对移动电源的盈利能力造成了影响。

在商业世界中，唯一不变的是变化。小米移动电源的第二代产品采用锂聚合物电芯，取代了 18650 标准电芯，更薄、更安全。商业世界就是如此有趣，它随着时间和环境的变化而变化。这种变化可能带来危机，也可能带来机遇，当一个红利出现时，马上会有新产品来享受这个红利。例如，当你销售 2000 万个移动电源时，你给这个移动电源设计一个小台灯、小风扇，也能卖出几百万个，因为这是一个商业红利。刘德的团队很快跟进并推出了这两款产品，都是海量销售额。借助小米的生态链思维诞生了多个爆品，例如小米手环和小米移动电源，并带出了华米、石头、九号和云米等多家百亿元、千亿元级的上市公司。

小米移动电源之所以成功升级，是因为它找到了商业的本质。它利用了供应链趋势和尾货逻辑，抓住了上游供应链中 18650 标准电芯产能过剩的机会，以此获得了红利。此外，小米还在手机快充领域上取得了里程碑式的成就——300W 5 分钟充满电的快充技术。

4. 小米的 300W 神仙秒充技术：5 分钟充满手机电的快充新纪录

2023 年 2 月 28 日，小米公司发布了一项名为"300W 神仙秒充技术"的创新。该技术源于 Redmi Note 12 探索版的改良，从充电器端、手机端充电架构，到电池端采用了创新性的设计和新材料引入，实现了手机快充系统的重大技术突破。经过实测，该技术可在 43 秒内充电 10%，在 2 分 13 秒内充电 50%，在 5 分钟内充满手机电量，打破了手机快充纪录，这次品类创新有以下亮点。

亮点一，300W 神仙秒充技术：硬碳混合负极与新型工艺的完美结合。

300W 神仙秒充技术采用全链路自主研发的充电架构。其中，定制的 6∶2 电荷泵芯片具有高达 98% 的转换效率，多颗电荷泵并联后直接向电池充电，实现了 300W 超大功率充电。相比常规的 4∶2 电荷泵方案，该方案解决了充电输入通路中大电流发热的问题，从源头上降低了充电温度。

同时，多颗电荷泵采用分散式布局，有效避免了发热集中，延长了高功率充电时长。实测峰值功率高达 290W，280W 以上的功率可以持续 2 分钟以上。

300W 神仙秒充技术基于双串电池设计，要求电芯输入电流高达 30A，需要电芯具备 15C 超高充电倍率。但常规石墨负极难以提供更快的反应速度，成为限制电池充电速度的最大瓶颈。

为此，小米在手机电池中引入了新型硬碳材料。相比石墨，硬碳结构更疏松无序，为锂离子提供更宽松的反应通道。通过特定比例混合制成的"硬碳＋石墨"混合负极能够大幅提高充电速度，同时兼顾高能量密度。

此外，通过新制程工艺和流程优化等措施，300W 神仙秒充技术还将正负极片的厚度大幅压缩，相比常规极片减薄了 35%。同时，引入了新型锂盐添加剂和核心溶剂配比调制等措施，实现了超高电导率电解液，有效提升了锂离子迁移速率并降低了充电升温。

亮点二，小米最新充电器：功率提升、体积不变，安全更有保障。

在电池结构上，300W 神仙秒充采用了创新性的"三明治"堆叠方案，与常规的双电芯并排形式不同。该方案中上下两块超薄电芯与中间填充的相变散热材料充分接触，能够将热量快速吸收并导出，快充的同时能够有效降低温度。匹配的电池 PCM 保护板也是双层设计，有效减少了所占用的空间，提高了空间利用率。

300W 充电器采用了第四代 GaN 集成化方案，可实现更高的功率输出、更小的体积和更低的发热。平面变压器采用了更高集成度的模组化设计，进一步减少了器件的占用空间。在散热方面，300W 充电器采用了灌胶均热技术，同时增加了大面积石墨烯辅助散热，实现了双重散热，大幅提高了功率输出。在功率提升 43% 的同时，300W 充电器的体积与小米上一代 210W 充电器相同，功率密度达到 $2.31\text{W}/\text{cm}^3$。

为了确保安全性，300W 神仙秒充在方案设计和元件选型上都进行了充分考虑。整机有 50 多项安全防护措施，例如每个电荷泵在充电架构中都有独立的输入过压、过流、过温和输出过压保护。电池 PCM 方面，小米采用了比业界常规方案多 5 重核心硬件保护的措施，以确保用电安全。小米在半年的时间内，从 210W 到 300W，从 10 分钟到 5 分钟，多次突破技术瓶颈，取得了翻倍的好成绩，这是"技术为本"铁律的必然结果。

以上就是品类升级的全部案例分享，通过对这几个案例的分析解读，不难看出一个企业品牌在初创期、发展期、成熟期采用的定位及策略，每一步的选择都至关重要。无一例外，任何一个品牌的成功，背后都离不开品类的成功，可以是新品类开辟新市场，也可以是品类升级成功后继续深耕市场，继而反哺品牌，发展超级品牌。同时，当一家企业能在市场上站稳脚跟后均不忘初心，牢记企业最初的质量和服务上的精益求精，且时时刻刻心系百姓，自觉承担大品牌应有的责任与担当。

后记 POSTSCRIPT

其实这本书，我早在2022年春节就写完了，因为它是过往几年的战略咨询经验积累，思路比较顺畅。春节后我跟企业管理出版社的朱新月老师沟通，准备直接出版。后来我拜访了《大国品牌》出品人吴纲大哥，他操盘的大国品牌传媒旗下拥有日播品牌栏目CCTV-1《大国品牌养成记》、CCTV《品牌责任》，以及《N年N品牌》《大国商会》等多个知名IP产品，以独特的稀缺性、权威性、专业性受到众多企业的高度认可。

他建议我不要让这本书"悄无声息"地出版。他跟我讲述了做《大国品牌》的缘由，引用《孙子兵法》中的"先胜而后求战"的思想，意思就是胜利的军队往往在战争之前就取得了优势。这也就是战略为先、全局思路的重要性。

他建议我要有终局思维，把这本《品类升级战略》打造为一个企业最关键性的决策依据，于是我花了差不多半年时间，拜访了很多商学院教授、品类冠军品牌的创始人、知名学者，向他们求教，同时也获得了他们对本书的推荐。基于一种利他思维，我决定与这群知识合伙人共同成长，互相赋能，帮助他们一起做关键决策。

在这里，我特别感谢这些商学院教授、投资人、企业家、学者朋友，他们在百忙中为这本书提供了非常多真挚的建议，并且愿意推荐本书。他们是——

【知名商学院教授和经济学家】

廖建文：长江商学院战略创新与创业管理实践教授、创新研究中心学术主任、京东集团前首席战略官

周春生：长江商学院金融学教授、长江商学院教育发展基金会理事长

陈威如：中欧国际工商学院战略学教授

郑毓煌：清华大学经济管理学院市场营销系博士生导师、世界营销名人堂中国区评委

周宏骐：新加坡国立大学商学院兼任教授

蔡舒恒：中欧国际工商学院战略学及国际商务副教授

向松祚：著名经济学家、《新资本论》《新经济学》作者

滕泰：著名经济学家、万博新经济研究院院长

朱武祥：清华大学经济管理学院金融系教授、清华大学经济管理学院商业模式创新研究中心主任

芮萌：中欧国际工商学院金融与会计学教授

刘纪鹏：著名经济学家、中国政法大学资本金融研究院院长

王全喜：南开大学商学院财务管理系教授

李克：日本大学商学院终身正教授、JETIA理事长

胡海波：江西财经大学工商管理学院院长、专精特新企业研究中心主任

林惠春：赫尔曼·西蒙商学院（中方）常务院长

丁俊杰：中国传媒大学教授、国家广告研究院院长

蔡江南：上海创奇健康发展研究院创始人和执行理事长、前中欧国际工商学院卫生管理与政策中心主任

【知名投资人】

邹静：摩根士丹利北京首席代表、执行董事

江平：远望资本创始合伙人

黄勇：宝洁（中国）校友会会长、宝捷会创新消费基金创始合伙人

冯卫东：天图投资创始合伙人、《升级定位》作者

沈中华：中信建投资本管理有限公司副董事长

黎媛菲：兴旺投资创始管理合伙人

李剑威：真成投资创始合伙人

由天宇：凯联资本董事总经理、亿欧智库创立人

谭长春：华夏基石首席专家、《要学就学真华为》作者

王健：Global Innovation Investment（GII）董事长

【品类冠军代表】

杨飞：瑞幸咖啡联合创始人和 CGO

张勇：白小 T 创始人

施威：榴莲西施创始人

苗树：小仙炖鲜炖燕窝董事长、CEO

周泽普：北京南城香餐饮有限公司总经理

苏旭翔：遇见小面联合创始人

梅江：小罐茶副总裁

林海平：八合里海记牛肉火锅创始人

赵刚："重力星球"潮玩 3C 联合创始人、原良品铺子 / 名创优品 VP

张传宗：肆拾玖坊创始人、CEO

唐万里：叮叮懒人菜创始人

单卫钧：沪上阿姨创始人、CEO

张强：嗨特购创始人

贾伟：洛可可（LKK）创新设计集团董事长

王阳：能链智电（NASDAQ：NAAS）创始人、CEO

叶兵：ITO 旅行高级副总裁

张月佳：VIPKID 联合创始人

袁泽陆：夸父炸串创始人

张赢：海底捞社区营运事业部总经理

张蕴蓝：青岛酷特智能股份有限公司董事长

王越：5100 西藏冰泉矿泉水总经理

王鑫：万达酒店及度假村市场营销中心总经理兼电商科技公司总经理

陈志涌：vivo 印度首席执行官

夏华：中国民间商会副会长、依文集团董事长

郭金铜：用友集团副总裁、中国上市公司协会信息与数字化专委会主任

路凯林：青岛雷神科技股份有限公司创始人、董事长

姬十三：果壳网 CEO

关海涛：荣耀中国区副总裁、电商部部长

刘幸鹏：秋田满满创始人

崔俊秀：悟空祛痘合伙人

朱小平：半天妖烤鱼合伙人、品牌官

郭建恒：北京市盈科律师事务所高级合伙人

胡明义：火星人集成灶营销总裁

陈颢：锅圈食品（上海）股份有限公司 CMO

曾花：思凯乐创始人

万方圆：万方圆餐饮集团股份有限公司创始人兼 CEO

王兴水：fudi 创始人、北京尧地农业董事长

宋婷婷：快手科技副总裁

齐辉：京东零售平台运营与营销中心整合营销负责人

李静：梵客家居董事长

周蔚：珀莱雅公司总参谋长

拉飞哥：酒仙网联合创始人

赵志强：比格比萨创始人

陈冠伟：好心情董事长、创始人兼 CEO

朱国凡：良子健身创始人

吴岚：TCL 集团副总裁

罗清：蛙来哒联合创始人

李小白：新丝路时尚集团创始人

黄水荣：迪阿股份董事副总裁（DR 钻戒母公司）

麻兆晖：海氏海诺集团创始人

陈兴荣：须眉科技创始人兼 CEO

王斌：书亦烧仙草品牌创始人

张天一：霸蛮创始人兼 CEO

郭家学：东盛集团创始人、小犀牛健康科技董事长

【名人及学者】

杨迪：知名演员、主持人

谭北平：秒针营销科学院院长、明略科技集团副总裁

吴声：场景方法论提出者，场景实验室创始人

唐文：氢原子 CEO

肖利华：智行合一创始人，阿里巴巴集团原副总裁、CEO 特别助理、阿里云智能新零售总裁、阿里云研究院院长

高建华：中国惠普公司原助理总裁、CKO，著名实战派营销战略专家

何伊凡：《中国企业家》杂志副总编辑

张丽俊：创业酵母创始人、知名组织创新专家、《组织的力量》作者

秦朝：餐饮老板内参创始人

顾立民：国际绩效改进协会（ISPI）主席

许晓辉：万物天泽营销咨询创始人

潘国华：南极圈创始人

褚世元：北京心康联信息科技有限公司创始人、京东3C事业部营销中心原总经理

罗蓓：氢原子创始人、《化繁为简》作者

陶大友：复星集团数智化委员会秘书长、"平安好医生"原产品运营总经理

王鸿杰：佰川产融产业发展有限公司董事长

（以上排名不分先后）

同时，感谢《品类升级战略》知识合伙人，他们成为本书的第一批购买者和赞助者，并且为读者们提供了营销实战锦囊。他们分别是——

吴纲：《大国品牌》创始人

鉴锋：零一数科CEO兼运营深度精选创始人

李云龙：增长研习社发起人、"增长思维"系列商业理论体系创建者

韦宗骏：立英汇科技创始人、置益盛咨询联合创始人

潘轲：顺知战略定位咨询创始人，《细化定位》作者

许晓辉：万物天泽营销咨询创始人

陈勇：转化率"特种兵"、六要素营销咨询创始人、《超级转化率》作者

黄智威：混沌学园南京分社社长&CEO

夏小虎："小虎企业实战派"创始人

李浩：卡思咨询创始人

高辉：北京天元世纪装饰工程设计有限公司 CEO

黄小平：锐仕方达人才科技集团创始人兼董事长

张瑞海：百悟科技创始人

蒲世林：微梦/爱设计联合创始人

王振同：爱设计联合创始人、内容数字新基建工程师

雷文涛：有书创始人兼 CEO

梯之星：基于 AI 云梯技术的数字化梯媒营销平台

长江商学院北京校友会掼蛋俱乐部

韩雨霏：女主人幸福力商苑——中国独家女性财商、亲子财商教育平台创始人

马润：中国平安财富传承管理师（CWM）

冯世涛：资深户外媒体投放专家

鱼跃机构品牌设计公司

李皇子："公关界的007"创始人兼主笔

刘利君：德悦财富管理有限公司负责人、浙江省阳光教育基金会理事

张娜：北京央广时代文化传播有限公司创始人

周兵：北京华商互通酒业有限公司合伙人

何支涛：欧赛斯创始人及 CEO

最后，我想跟企业管理者们说——

品类升级，是一场持久而激烈的竞争之旅，正如埃隆·马斯克所说："当别人在玩游戏的时候，我们要做的是改变游戏规则。"

我们不满足于现状，努力推动行业发展，引领未来的潮流。

当然，品类升级需要坚定的信念和毅力，要有耐心，因为伟大的事物需要时间。

我们相信，只要坚持不懈、努力奋斗，必将取得辉煌的成就。